MARGIT WAGNER

JURA

MARGIT WAGNER

JURA

zwischen Rhein und Rhone

PRESTEL VERLAG MÜNCHEN

Für Catharina und Cornelia

Fotos
Werner Neumeister

Passavia Druckerei GmbH Passau
ISBN 3-7913-0832-7

Inhalt

DER LAUF DES DOUBS

DRÜBEN IN FRANKREICH

Ich brauche Gießbäche, Felsen, Tannen,
dunkle Wälder, Berge, bergauf und bergab holpernde Wege ...
Jean-Jacques Rousseau

Fragen und Antworten

»Was ist Ihr Thema«, fragte Philippe, »der Kanton Jura oder die Jurakette?« Philippe ist dort zu Hause.

Die Kette, sagte ich.

Eigentlich keine Kette, sondern ein Zug der Höhen, die in geordneten Formationen nebeneinanderher wandern: an der Rhone südlich von Genf anhebend, von Südwesten nach Nordosten gehend bis Basel und zum Rhein, in mehr als dreihundert Kilometern Länge, auf Landkarten deutlich erkennbar. Zum Schweizer Mittelland bricht das Gebirge mauerartig ab; drüben in Frankreich, in der Franche-Comté, senkt es sich sanft in Terrassen, den ›Plateaux‹.

Die Grenze zwischen beiden Ländern läuft mitten durch den Jura – aber hüben wie drüben die gleiche Landschaft, dieselbe Sprache. Unser Buch versucht, diese Region so zu zeigen, wie die Natur sie geschaffen hat, wie der Besucher sie sehen sollte: als ein Ganzes.

Kaum einer bei uns kennt die Gegend. Fragen über Fragen, Neugier:

»Seid Ihr immer mit dem Auto unterwegs gewesen?«

Meistens mit dem Auto. Am liebsten zu Fuß. Manchmal mit der Eisenbahn. Besonders gerne da, wo sie über kühne Trassen sich durch die Berge schraubt, wo die ›Türen im Fels‹, die Tunnels, einander so rasch folgen, daß man dazwischen nur für Augenblicke eine Schlucht, einen Wasserfall bewundern kann. Der Jura ist reich an Hindernissen. Wer im Auto sitzt, darf Steilstrecken und Haarnadelkurven nicht scheuen.

»Gibt es sehenswerte Städte?«

Gegenfrage: Wer kennt Besançon, wer weiß, wo Saint-Claude, Poligny, Porrentruy liegen? Alle im Jura.

»Wie sind die Quartiere?«

Zumeist altmodisch-gemütlich.

»Kann man wandern im Jura?«

Bis zu den unendlich weiten Horizonten und darüber hinaus.

»Reiten?«

Sogar im Schnee.

»Skifahren?«

Beim Langlauf wird, wer Glück hat, für Stunden ein Hochtal für sich allein haben.

»Was gibt es Gutes zu essen?«

Forellen mit Mandeln. Forellen im Kräuterbett. Forellen mit Knoblauch. Käse, der ›Tête de moine‹ heißt, Mönchsschädel. Schwarze Morcheln in Sahnesoße, auf geröstetem Brot. Käse, der ›Vacherin‹ heißt, aber nur im Winter zu haben ist. Die runden Laiber der Gruyère-Sorten. Geräuchertes, das lange in riesigen schwärzlichen Kaminen hing. Berghonig.

»Trotz allem – wenn man die Alpen nebenan hat, warum in den Jura fahren?«

Gletscher und Kulmhotel, Skizirkus und Alpenglühen – das gibt es im Jura freilich nicht. Dafür die Weite seines Himmels, seine Einsamkeit und Stille. Waldweiden, deren Riesenfichten rund und makellos hochwachsen, jede für sich allein, in starker, stärkender Luft. Wasser quillt aus Höhlen, fällt über Felsen, entzieht sich plötzlich meinem Auge, versickert in steinernen Spalten, wird in einem entfernten Tal wieder auftauchen. Grüne Talkessel, ›Cirques‹ genannt, sind von weißen Felswänden gesäumt. Raubvögel überfliegen sie. Freundliche Ortschaften an den Ufern des Doubs und der Loue: Der Zeiger am Uhrturm ist stehengeblieben; altersbraune windschiefe Veranden spiegeln sich im Wasser.

Keine himmelstürmende Gotik im Jura. Die alten Klostersiedlungen verstecken sich in laubüberschatteten Gründen: Romainmôtier, Montbenoît, Saint-Ursanne. Kleine romanische Landkirchen wie Gigny oder Saint-Hymetière liegen abseits.

Im Winter, auf den Höhen, wenn über dem gewaltigen, alles bedeckenden Dach des Jura-Hauses der Schnee sich meterhoch türmt: eine schweigende Welt. In den Straßen von La Chaux-de-Fonds, der Großstadt auf einer Hochalm, ist man um diese Jahreszeit mit Skiern beim Einkaufen. Im Frühjahr überziehen gelbe Narzissen die Wiesen, ihnen folgen die buntesten Sommerblumen. An manchen Tagen liegt ein unglaubliches südliches Licht über allem, als sei man schon in der Provence. Droben aber, vom Chasseral etwa oder vom Mont-Rond aus, sah ich an klaren Herbsttagen über dem Nebelmeer des Mittellandes einer Fata Morgana gleich die Reihe der Alpengipfel.

Wir sind zu jeder Jahreszeit und bei allen Wetterlagen im Jura gewesen. Und so, wie mir unsere Wege und Begegnungen in Erinnerung blieben, finden sie sich auch in diesem Buch. Mal bevölkern Schlittschuhläufer den zugefrorenen Doubs, mal stehen Angler an seinen Ufern. Eben noch fuhren wir mit der Eisenbahn durch ein Bergmassiv – schon sitzen wir im Auto. Werden die Gießbäche schäumend überfließen, oder liegt ihr Bett trocken? Möge sich jeder heraussuchen, was ihn interessiert und freut – und dann seine eigenen Routen und Wege planen. Schön ist es im Jura überall.

Am Jura haben teil: die Schweizer Kantone Solothurn, Bern, Jura, Neuchâtel/Neuenburg und Vaud/Waadt, auch Aargau und Basel-Land; in Frankreich die Départements Doubs, Jura und Ain. Doubs und Jura sind der Franche-Comté zuzurechnen.
Die Vielfalt des Themas machte Abgrenzungen notwendig. Auf Schweizer Gebiet wurden die letzten Ausläufer der Jurakette in den Kantonen Aargau und Basel-Land nicht mehr einbezogen.
Die Michelin-Karte 243 umfaßt das gesamte beschriebene Ge-

biet mit Ausnahme des südlichsten Zipfels, für den man die Karte 74 zu Rate ziehen muß.
In den zahlreichen Offices du Tourisme in der Schweiz und in Frankreich erhält der Reisende ausreichend Informationsmaterial. Es beschränkt sich aber fast immer auf einen Ort, eine Region, einen Kanton oder ein Département. Erst in neuerer Zeit ist man bemüht, Auskünfte über den gesamten Jura zu erteilen, vor allem auf dem Gebiet der Veranstaltungen und der Sportmöglichkeiten. Eine ›Route Horlogère‹, eine Straße der Uhrmacher, die Besançon, Le Locle, La Chaux-de-Fonds und Neuchâtel miteinander verbindet, könnte beispielhaft sein für weitere Strecken, die den Reisenden zum ›patrimoine‹, dem kulturellen Erbe auf beiden Seiten der Grenze, führen.

Unterirdisch und Oberirdisch

Pernod ist, wie man weiß, ein französischer Apéritif, der nach Anis schmeckt. Er kommt glasklar aus der Flasche; aber wenn man ihm, wie üblich, Wasser zufügt, färbt er sich milchig trüb. In früherer Zeit, auch noch um die Jahrhundertwende, wurde er auf der Basis von Absinth hergestellt. Am 11. August 1901 schlug ein Blitz in die Fabrikgebäude der Firma Pernod in Pontarlier ein und setzte sie in Brand. Die riesigen Absinth-Tanks explodierten. Eine Million Liter der Flüssigkeit ergossen sich über das Gelände und in den benachbarten Doubs.

Zwei Tage darauf stand André Berthelot, Sohn eines Chemikers, an jener romantischen Stelle im Jura, die sich ›Source de la Loue‹ nennt, mehr als fünfzig Kilometer von Pontarlier entfernt, in nördlicher Richtung. Der junge Mann war allein. Er sah bewundernd, wie das durchsichtig klare Wasser aus der Felswand strömte und in Kaskaden ins Tal fiel. Plötzlich begann der Quell seine Farbe zu verändern. Das kann im Jura des öfteren geschehen – als Spiegelung des Himmels, über den dunkle Wolken ziehen, nach einem Regenguß oder im Spiel des Windes. Monsieur

Berthelot sah hinauf zum Blau über dem tannenbestandenen oberen Rand der Felswand: keine Wolke, kein Wind. Das Wasser neben ihm floß nun gleichmäßig milchig-trüb. Dazu begann ein Dunst aufzusteigen, der Herrn Berthelot in die größte Verwunderung setzte. Es roch im Felsrund wie in einem Stehausschank. Er bückte sich zum Wasser, steckte einen Finger hinein und probierte: Absinth, kein Zweifel.

Die Bestätigung dieses Naturereignisses gelang neun Jahre später dem Höhlenforscher Edouard-Alfred Martel. Er fand im Doubs unterhalb von Pontarlier eine Spalte im Flußbett und füllte einen stark-grünen Farbstoff ein. Vierundsechzig Stunden später konnte er an der ›Source de la Loue‹ das Schauspiel einer grün fließenden Quelle beobachten. Daraufhin begannen die Besitzer kleiner Fabriken am Doubs, die schon lange mit dem Phänomen eines unerklärlichen Niedrigwassers zu kämpfen hatten, in Zeiten großer Trockenheit nach weiteren Spalten im Flußbett Ausschau zu halten und sie mit Betonmasse zu schließen. Das wiederum konnte den Anliegern der Loue nicht recht sein. Sie fürchteten um ihren Fluß. Man ging vor Gericht. Das salomonische Urteil: Was zubetoniert ist, darf es bleiben, aber weitere Eingriffe in den Lauf der Gewässer werden unter Strafe gestellt.

So narrt die Natur des Jura den Menschen. Manchmal scheinen mir seine unterirdischen Welten nicht weniger faszinierend als das, was man im hellen Tageslicht sieht.

Wir stehen, klein wie Ameisen, am Fuß einer kahlen Steilwand, aber in genügendem Abstand, um alle Einzelheiten wahrnehmen zu können: Licht und Schatten und die ebenmäßigen Linien, mit denen die Schichtungen des Gesteins sich gegenseitig abgrenzen: »Wie mit der Reißfeder gezogen.«

Der Jura ist das Land der großen Horizontalen; wir werden sie immer wieder antreffen.

Nur der rechte äußere Teil der Wand über uns muß noch

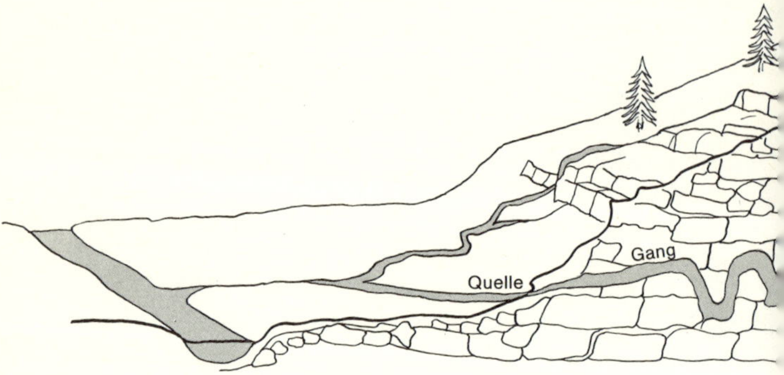

einmal in Bewegung geraten, hochgepreßt worden sein. Hier sind die Schichtungen nicht mehr gleichmäßig, sondern verworfen, und ihre Nahtstellen gleichen schlecht verheilten Narben. Weiter westlich verläuft ein Riß durchs Gestein, als habe der Blitz es gespalten.

Wie viele solcher nackter Felswände haben wir in diesem Lande studiert: sich aufbäumende, ebenmäßige oder seitlich sich neigende – oft in so steilem Winkel, als würden sie im nächsten Augenblick ins Tal abrutschen. Ihnen allen gemeinsam: daß sie wie die aufgeschlagene Seite eines Lehrbuchs vor uns lagen. Die Geologen waren seinerzeit so erfreut über diese bloßgelegte Vergangenheit, diese Möglichkeit eingehenden Studiums, daß sie die erdgeschichtliche Periode, aus der das Gestein stammt, nach dem Gebirgszug ›Jura‹ nannten.

Wir versuchen uns vorzustellen, was sich hier einmal zugetragen hat. Dabei müssen wir in Millionen von Jahren rechnen. Wir drehen den Zeiger einer geologischen Uhr der Erdgeschichte ein Stück zurück. Auf ihrem Zifferblatt nehmen Urzeit und Frühzeit den größten Raum ein. Erst im Laufe des erdgeschichtlichen Vormittags werden einzelne Perioden in kürzeren Abständen unterschieden; und erst

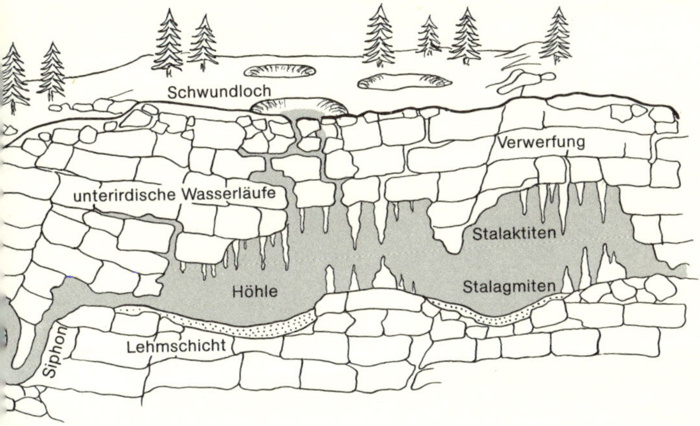

von etwa halb zwölf Uhr an bewegen wir uns auf vertrauterem Boden. Zwischen Trias und Kreide finden wir die relativ schmale Zone, die ›Jura‹ genannt wird.

»Und wann ist der Mensch erschienen?«

»Neun Sekunden vor zwölf.«

Vor etwa 180 Millionen Jahren hätten wir hier, wie fast überall in Mitteleuropa, auf dem Grund eines Meeres gestanden. Sein Schlamm, über wasserundurchlässigem Ton, mischte sich mit Muschelschalen, Fischskeletten, in Wasser gelöstem Kalk. Es entstand eine poröse, zusammengepreßte und -gebackene Schicht, die zu Kalkstein verhärtete. Vor etwa 60 Millionen Jahren geriet der Meeresboden in Bewegung, wurde von Süden her aufgefaltet. Das »Trokkene wurde sichtbar«, wie es in der Bibel heißt. Zuerst tauchten in unseren Breiten die Pyrenäen auf, dann die Alpen, schließlich der Jura: Durch die Schubkräfte absinkender und wegrutschender Gesteinspakete und -platten aus dem Alpenraum wurde er hochgepreßt und gefaltet, dann zwischen dem französischen Zentralmassiv und den Vogesen in die Zange genommen und sichelförmig verbogen. So entstand aus den Ablagerungen des jurassischen Meeres ein Gebirge. Diesen Vorgang muß man sich in verschiedenen Phasen über unendlich weite Zeiträume hinweg vorstellen. Im Süden des Jura sehen wir eine junge und starke Faltung. Wie die erstarrten Wellen einer Brandung reihen sich dort die Bergketten bis zu den Felsabstürzen über dem Mittelland. Weiter nördlich wurde die Region der Freiberge – und drüben in Frankreich die der Plateaus – früher und schwächer gefaltet; sie ist stärker verwittert, durch Erosion abgetragen. Vom Flugzeug aus bietet sich das Bild eines grünen, in Falten verrutschten Teppichs mit weißen Flecken dort, wo das Gestein bloßliegt. Ganz im Osten, dem Rhein zu, sitzt der am stärksten verwitterte bröckelnde Fels dem Untergrund eben auf. Man unterscheidet Kettenjura, Plateaujura, Tafeljura.

Die starke Faltung des Jura zwang seine Flüsse zu einem bizarren Zickzack: Durch enge Querschluchten, Klusen genannt, wurden sie von ihrem ursprünglichen Lauf abgelenkt ins jeweils nächste untere Tal. Nahezu alle Gewässer des Jura münden ins Mitttelmeer.

Eiszeiten kamen und gingen. Gletscher reichten bis an den Jurafuß und trugen dort zur Erosion bei. Im Jura sehen wir keine Zacken und Zinnen wie in den Alpen drüben, aber auch keine Rundungen wie in den weit älteren Vogesen oder im Schwarzwald. Die Gipfel des Jura verlaufen in Geraden. Man kann auf weite Strecken hin fast eben über sie hinwegspazieren. Seine größte Höhe, 1718 Meter, erreicht das Gebirge nordwestlich von Genf mit dem Crêt de la Neige. Im äußersten Nordosten sinkt es auf 900 Meter ab.

Kalk ist ein faszinierendes Gestein. Und da der Jura-Wanderer es fast ständig unter den Füßen hat, möchte er vielleicht noch mehr von seinen Absonderlichkeiten und Launen erfahren.

Kalk ist ursprünglich weißlich, aber Beimengungen ändern sein Aussehen. Eisen färbt ihn goldgelb. Er kann aber auch rötlich oder rot aus dem Grün der bewaldeten Höhen leuchten, sogar schwarz werden.

»100 Liter reines Regenwasser vermögen 1,3 Gramm

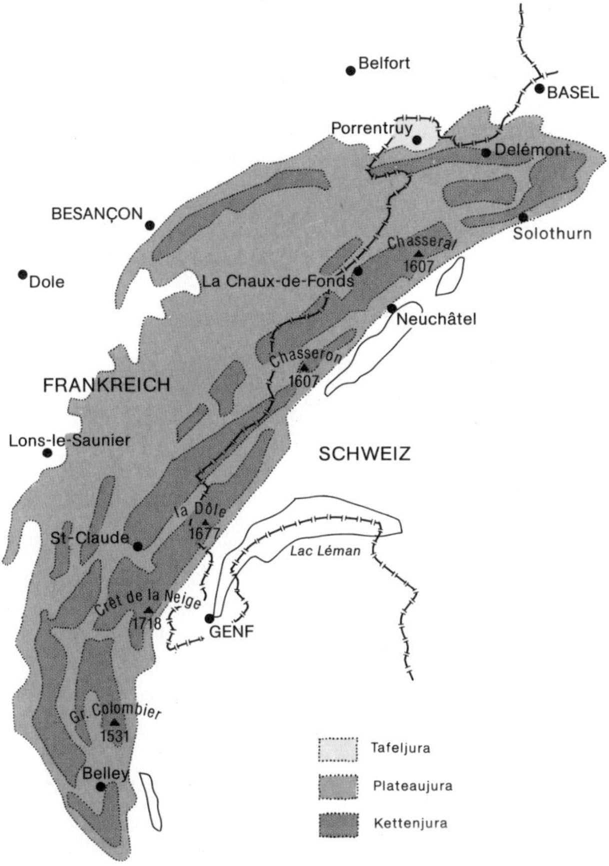

Kalk zu lösen. Enthält das Wasser aber Kohlensäure aus der Luft oder aus der Bodenschicht, kann dieser Betrag auf 20 bis 30 Gramm pro 100 Liter ansteigen.«

Nun wissen wir's. Jetzt verstehen wir, wieso das Wasser, durch die poröse Oberfläche der Kalklandschaft rasch abgesunken, im Kalk sein unterirdisches Spiel treiben kann, aus Ritzen und Spalten allmählich Gänge, Galerien und

Grotten entstehen läßt. Auch riesige Höhlen, die in Ausmaß und Aussehen dem Inneren einer Kirche ähnlich scheinen. Während indes, oberirdisch, die von Menschenhand geformten Bauten und ihre Kunstwerke langsam, aber unaufhaltsam dem Verfall preisgegeben sind, können jene Hohlräume in den Felsen fortbestehen, noch prächtiger werden, indem sie sich mit Stalaktiten und Stalagmiten schmücken. Erst dort, wo eine undurchlässige Tonschicht anhebt, beginnt das Sickerwasser zu fließen, bis es talwärts wieder zum Vorschein kommt, als Quelle.

Wörter

Bei einer ersten Annäherung an mein Thema ›Jura‹ mußte ich feststellen, daß es fast keine einschlägige Literatur in deutscher Sprache gibt. Mit meinem Französisch haperte es aber; das war eingerostet. Also las ich mit dem Wörterbuch neben mir und einem Vokabelheft; alle Ausdrücke, die mir typisch erschienen, wurden aufgeschrieben. Nun, Jahre später, nehme ich das Heft wieder zur Hand. Da sind aus den Fremd-Wörtern vertraute, mir geläufige Begriffe geworden. Und noch eine Überraschung stellt sich ein: Indem ich blättere, Zeile auf Zeile mit den Augen verfolge, steht hinter den Wortreihen plötzlich das Bild der Juralandschaft. Ja, sage ich mir, so ist es dort, unverwechselbar, unvergeßlich.

Perte: Da geht ein junger Fluß verloren, verschwindet einfach vor unseren Augen. Kommt er, talwärts, an ganz anderem Ort wieder zum Vorschein, so nennt man es *résurgence*. Bildet ein Gewässer im Absinken ein trichterförmiges Loch, so spricht man von *entonnoir*. Ein solches Phänomen hat Eduard Mörike sehr schön beschrieben – in einem verwandten Jura, dem schwäbischen. In der ›Historie von der schönen Lau‹ »... sieht man nächst einer jähen Felswand den großen runden Kessel einer wundersamen Quelle, der ›Blautopf‹ genannt. Gen Morgen sendet er ein

Flüßlein aus, die Blau, welche der Donau zufällt. Dieser Topf ist einwärts wie ein tiefer Trichter ...« Der schönen Lau, die den Blautopf bewohnt, würde es auch an der Lisonquelle gefallen, von der ich erzählen werde. Manchmal glaubte ich dort einer ihrer Schwestern zu begegnen.

Couches obliques, schräg liegende, abrutschende Felsschichten, trifft man im Jura allenthalben an. *Reculées* sind jene ausweglosen Kerbtäler, die sich förmlich in die Berge hineinfressen, bis nackte Felswände, *parois,* sie aufhalten. *Bout du monde* heißt es dort, wo die Welt zu Ende ist, wo in bösen Zeiten der Weg eines Fliehenden versperrt war – es sei denn, es bot sich als *faille,* als Spalte im Gestein, der geheime und versteckte Eingang zu einem Höhlensystem.

Die Schrecken der Tiefe werden wieder lebendig, wenn ich nachlese, was ich bei der Lektüre über Höhlen, *grottes,* aufnotierte: »Felsen, an denen Wasser herabläuft – stolpern – Widerhall aus dem Jenseits – Kreuzweg geheimnisvoller Labyrinthe.«

Von den Eigenschaftswörtern scheint mir *boisé,* bewaldet, das häufigste zu sein. Die Grundfarbe dieses Landes ist grün. Nur im Frühling, wenn auf den *prés-bois,* den Waldweiden, gelbe Narzissen die Herrschaft übernommen haben, ändert sich das Bild. Im Dialekt nennen die Jurassier diese fröhlichen Wiesenbewohner *cocattes.* Und da wir gerade bei den Blumen sind, sollte ich vielleicht den *sabot de Vénus* erwähnen, den Holzpantoffel der Göttin. Wir sagen Frauenschuh. Oder *lis martagon,* den blauen Türkenbund, der im Juli und August geheimnisvoll auftaucht und wieder verschwindet. Oder *droséra,* Sonnentau, der in Hochmooren wie dem Étang de la Gruère tückisch auf Insekten wartet.

Häufig liest man *insolite,* ungewöhnlich.

Typisch für den Jura ist das flache, fast ebene ›Streichen‹ der Höhen, der *crêts* oder *crêtes.* Jene langgezogenen Hochtäler, die sich unterhalb der *crêts* und parallel zu ihnen in die Felsen eingeschliffen oder eingeschwemmt haben, nennt man im Jura *combes.* Die Geologen sprechen von ›Erosionsmulden‹. *Joux* schließlich, ein Wort, dem wir in Orts- und Flurnamen immer wieder begegnen, kann man mit ›großer Wald‹ übersetzen.

Goethe beschreibt den Jura

Man sagt das so, beinahe achselzuckend: Goethe war ja überall. Aber im Juragebirge, wo die Kraft seines Sehens, die Klarheit seiner Sprache mit einer ihm gemäßen Landschaft zusammentrafen, möchte ich ihn gerne zitieren.

Ende Oktober 1779 bereiste Goethe einige Tage lang den Jura, zusammen mit seinem Herzog, Karl August von Sachsen-Weimar, der ein Incognito zu wahren suchte und nur als »der Graf« erwähnt wird. Goethe war damals dreißig Jahre alt. Er registriert »eine große, ruhige Empfindung«. Aber hier soll nur von der staunenswerten Genauigkeit die Rede sein, mit der der Dichter die jurassische Natur im Vorüberreiten erfaßt und später beschreibt. So gelangt er in eine Kluse, einen jener von einem Gewässer geschaffenen Engpässe, die zwischen zwei Tälern die Berge durchbrechen. »Durch den Rücken einer hohen und breiten Gebirgskette hat die Birs, ein mäßiger Fluß, sich einen Weg von uralters gesucht. Das Bedürfnis mag nachher durch ihre Schluchten ängstlich nachgeklettert sein.« Nicht nur der Fluß, auch der Mensch mußte das Hindernis dieser Kluse überwinden – und das war kein ungefährliches Unterfangen. Wie oft, wenn wir auf schmaler Straße, durch Felstore, zwischen Steilwand und Abgrund eine Kluse durchfuhren, kam mir dieser Satz wieder in den Sinn: »Das Bedürfnis mag ängstlich nachgeklettert sein.«

Später am Tag sieht Goethe sich um ersten Mal den nackten Felswänden dieser Region gegenüber: »Bald steigen aneinander hängende Wände senkrecht auf, bald streichen gewaltige Lagen schief nach dem Fluß und dem Weg ein, breite Massen sind aufeinander gelegt, und gleich daneben stehen scharfe Klippen abgesetzt. Große Klüfte spalten sich aufwärts ...« Am Ende der Schlucht steigt Goethe ab, kehrt noch einmal um, allein, und untersucht die Gesteine: »Sie scheinen innerlich von gelblicher Farbe zu sein; allein das Wetter und die Luft verändern die Oberfläche ins Graublau, daß nur hier und da in Streifen und in frischen Spalten die erste Farbe sichtbar ist. Langsam verwittert der Stein selbst und rundet sich an den Ecken ab, weichere Flecken werden weggezehrt, und so gibts gar zierlich ausgeschweifte Höhlen und Löcher ...«

Die Gesellschaft gelangt in das einsame und abgelegene Tal des Lac de Joux und nimmt dort in einem Jura-Haus Quartier, wie wir es heute noch manchmal antreffen können: »Es unterschied sich in der inneren Bauart von gewöhnlichen Gebäuden in nichts, als daß der große Raum mitten inne zugleich Küche, Versammlungsplatz, Vorsaal ist, und man von da in die Zimmer gleicher Erde und auch die Treppe hinauf geht. Auf der einen Seite war an dem Boden auf steinernen Platten das Feuer angezündet, davon ein weiter Schornstein, mit Brettern dauerhaft und sauber ausgeschlagen, den Rauch aufnahm ... übrigens rings herum, auch in der Höhe über den Balken, eine Menge Hausrat und Gerätschaften in schöner Ordnung angebracht, alles nicht unreinlich gehalten.«

Am nächsten Morgen wird ein 1500 Meter hoher Berg bestiegen, der mit einer seltsam gezackten Nase das Bild der Gegend beherrscht, die Dent de Vaulion. »Im Aufsteigen wurde von der großen Strecke Landes und den Herrschaften, die man von oben unterscheiden könnte, gesprochen, und in solchen Gedanken betraten wir den Gipfel; allein uns war ein ander Schauspiel zubereitet. Nur die hohen Gebirgsketten waren unter einem klaren und heitern Himmel sichtbar, alle niederen Gegenden mit einem weißen wolkigen Nebelmeer überdeckt, das sich von Genf bis nordwärts an den Horizont erstreckte und in der Sonne glänzte. Daraus stieg ostwärts die ganze reine Reihe aller Schnee- und Eisgebirge, ohne Unterschied von Namen der Völker und Fürsten, die sie zu besitzen glauben, nur einem großen Herrn und dem Blick der Sonne unterworfen, der sie schön rötete.«

Goethe wendet sich um und notiert: »Gegen Abend schließt die Franche-Comté mit flachstreichenden waldigen Bergen den ganzen Horizont.«

Da am nächsten Morgen das Wetter noch schöner zu werden verspricht, beschließt die Gesellschaft, einen weiteren Berg zu besteigen, die Dôle. Der fast 1700 Meter hohe Gipfel gehörte damals Frankreich, heute der Schweiz an und ist über Saint-Cergue erreichbar. »Wir packten einem Boten Käse, Butter, Brot und Wein auf, und ritten gegen achte ab.« Der Tag bleibt klar und nebelfrei. »Wir konnten hoffen, vom Glück alles zu erlangen.« Goethes Wunsch geht in Erfüllung: Auf dem Gipfel bietet sich ihm und den Freunden eine Aussicht von größter Klarheit. Bis zum Abend werden sie nicht müde, mit dem Teleskop und dem bloßen Auge immer neue, ihnen bekannte Ziele auszumachen und zu benennen. Und wieder überwältigt sie der Sonnenuntergang, auf der »Reihe der Eisgebirge gegenüber«:

»Die letzten, links im Oberland, schienen in einen leichten Feuerdampf aufzuschmelzen; die nächsten standen noch mit wohlbestimmten roten Seiten gegen uns, nach und nach wurden jene weiß, grün, graulich. Es sah fast ängstlich aus. Wie ein gewaltiger Körper von außen gegen das Herz zu abstirbt, so erblaßten alle langsam gegen den Montblanc zu, dessen weiter Busen noch immer rot herüberglänzte und auch zuletzt uns noch einen rötlichen Schein zu behalten schien, wie man den Tod des Geliebten nicht gleich bekennen, und den Augenblick, wo der Puls zu schlagen aufhört, nicht abschneiden will. Auch nun gingen wir ungern weg. Die Pferde fanden wir in St. Cergue, und daß nichts fehle, stieg der Mond auf und leuchtete uns nach Nyon ...« So verließ Goethe den Jura.

Johann Wolfgang Goethe, Briefe aus der Schweiz 1779, in Sämtliche Werke, Bd. 12, München 1977.

ENTSTEHUNG EINER KLUSE

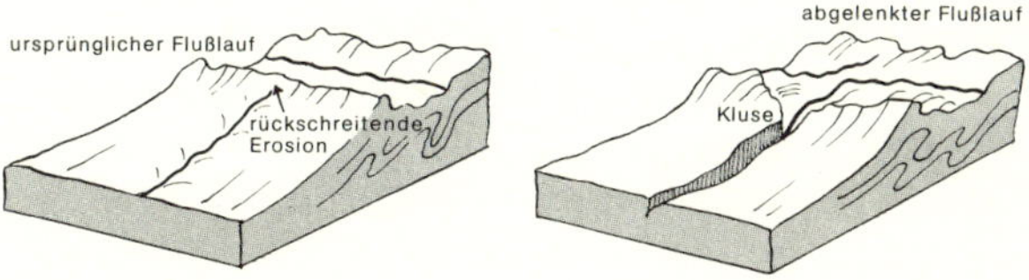

Die von Goethe beschriebene Kluse befindet sich im oberen Birstal in der Nähe von Moutier. In diesem Ort soll der Dichter im Gasthof ›Zum weißen Lamm‹ übernachtet haben.

Von Bäumen und Menschen

Weißtannen sind im Jura die Könige. Sie ragen hoch auf, können bis zu fünfzig Metern messen. Ihre Wipfel sind gerundet, ihre Zapfen stehen kerzengerade auf den weit ausladenden Zweigen. Fichten sind die nächsten im Rang. Man erkennt sie an ihren schlanken Spitzen und ihren Zapfen, die wie Weihnachtsschmuck an den abwärts schwingenden Ästen hängen. Diesen ernsten Bäumen, auch Kiefern und Lärchen, gehören die Kammlagen in über tausend Metern Höhe.

Wo sich der Wald talwärts lichtet, liegen die schönsten Reviere des Jura, die *prés-bois,* Waldweiden, Heimat des gelben Enzians, mit Nadelbäumen bestandene weite Wiesen, über die man stundenlang wandern kann wie in einem Park.

Nur Fichten können hier bestehen. Sie allein setzen sich, mit spitzen Nadeln und struppigem Geäst, erfolgreich gegen Viehverbiß zur Wehr. Geht der Wanderer bergab, so trifft er auf die ersten Buchen; und je weiter er zu den unteren Plateaus und in die Täler hinabsteigt, umso mehr gewinnen die Buchen die Oberhand, mischen sich mit Eichen, Ahorn und Kastanien. Nadelbäumen begegnet man hier kaum noch.

Den Rand des Jura säumen Weingärten.

Aber zurück auf die Höhen. Das Klima dort ist rauh, der Wind weht stark, die Winter sind hart. Aber die Luft ist von einer wunderbaren Reinheit.

Ich denke an den Mont Risoux, den sich Frankreich und die Schweiz teilen, der sich fünfzig Kilometer weit ausdehnt, in einer Tiefe von beinahe fünf Kilometern. Er »reitet auf der Grenze«, wie man im Französischen sagt, in fast 1400 Metern Höhe.

In solch grünen Einsamkeiten, die einstmals fast den ganzen Jura bedeckten, bekamen Caesars Legionäre Angst und wollten umkehren: »... der Feind mache ihnen nicht bange, nur die ungeheuren Wälder seien ihnen bedrohlich ...« Nach den Römern kamen die frommen Männer des frühen Christentums als Einsiedler und fürchteten sich nicht. Sie setzten ihre Rodungen in die Wildnis, schufen Oasen der Zivilisation. »Wir leben auf Lichtungen«, sagen die Jurassier noch heute.

Im Wald des Mont Risoux fahren keine Autos, sind keine Picknickplätze angelegt. Pilzsammler kommen. Es geht um *morilles,* schwarze Morcheln. Die Jurassier sammeln von frühester Jugend an und mit Leidenschaft diese Pilze. »Es ist so etwas wie eine Erbanlage. Das Suchen ist eigentlich mehr ein Aufsuchen, Be-suchen von seit Generationen bekannten Plätzen. Diese Stellen sind insofern geheim, als man immer alleine hingeht und ihre genaue Lage nur innerhalb der Familie weitergibt.«

Die Bäume dieser Wälder sind noch gesund; man meint, ihren Atem zu verspüren. Ihr Holz ist den Instrumentenmachern lieb. Es ergibt die besten Resonanzböden. Auch Schmuggler schätzten den ›grünen Tann‹: Eine Zeitlang war Samen von Stieren der Montbéliard-Rasse, die zuerst in Frankreich gezüchtet wurde, ihre bevorzugte Ware – für Schweizer Kühe bestimmt.

Noch einmal: »Wir leben auf Lichtungen«. Das Dasein ihrer Vorfahren, sagen die Jurassier, habe sich – von der aus Rinden geflochteten Wiege bis zum Fichtensarg – im

9.7.85
Abend unterm Chasseral ES

Schweiz

Wald, mit dem Wald und vom Wald lebend abgespielt und ihren Charakter geformt. »Es ist, als ob der stärkende Duft, der morgens durch die Tannen strömt, ihnen von Jugend auf einen freieren Atem, ein klareres Auge und einen festeren, wenn auch rauheren Mut gegeben hätte als den Bewohnern der Stromtäler und Ebenen.«

In gewissem Sinn gilt das noch heute. Sie sagen nicht: »Ich liebe meine Heimat«, sie sagen: »Ich liebe meine Erde«. Damit meint der Jurassier ganz wörtlich das Erdreich, die Erdkrume, die man in die Hand nehmen, zwischen den Fingern spüren kann. Mit herandrängenden Wäldern und Weiden hat die Natur selbst jene beeinflußt, die im Tal und in Städten leben. »Ich trage noch viel Walderde an meinen Schuhsohlen«, sagt ein Politiker, und ein Dichter: »Mein Vater lehrte mich das Umgraben, das Säen, das Heumachen und wie man einen Baum beschneidet. Er hatte einen Garten, eine Wiese und einen Weinberg. Aber wir lebten in einer Stadt, in Lons-le-Saunier.«

Wenn ein Jurassier an seine Heimat zurückdenkt, spricht er von Bäumen: »Bei uns im Jura hatte jedes Kind seinen eigenen Baum, auf dem er sich eine Hütte oder einen versteckten Platz bauen konnte.« Auch im Alter erinnert man sich noch an die Technik des Hinaufklimmens: »Wie Saugnäpfe hafteten die Handflächen an allen Knoten der Rinde, die Beine überkreuzten sich und formten einen Ring, wie die gekrümmten Äste eines Weinstocks.«

Kinderspiele im Jura. Eines hieß ›über die Grenze laufen‹. Man ging, klopfenden Herzens, meist dort, wo die Wälder am finstersten sind, so weit bis man wußte: Jetzt bin ich drüben. Und kam zurück als Sieger, keine Schlagbäume angetroffen, keinem Zöllner begegnet. Der Wald gewährte Zuflucht und Schutz.

Auch Höhlen konnten zu Mutproben für Jura-Kinder werden. Selbst in den gezähmten, elektrisch beleuchteten Schaugrotten für Touristen ahnt man, wie schrecklich hier eine hallende, tropfende Finsternis sein muß. Das Atmen fällt plötzlich schwer, die Sekunden dehnen sich, Rufe scheinen ungehört zu verhallen. Wenn schließlich das erste blasse Tageslicht wieder auftaucht, atmen die kleinen Höhlenforscher erleichtert auf. »Ein Stück Wildnis, leidenschaftliches Leben.«

Wer so seine Jugend verbrachte, kennt keine kleinlichen Gedanken, wird kein Spießbürger. »Sie haben ein unendliches Bedürfnis, sich umzutun, sich auf die andere Seite des Spiegels forttragen zu lassen.« Wen wundert es, daß dieser Jura Träumer und Freiheitskämpfer, Erfinder und Genies hervorbrachte?

Aus den Reihen der Jurassier, die von ihrer Jugend unter Bäumen erzählt haben, kamen in diesem Kapitel zu Wort:
Roland Béguelin, Politiker, Vorkämpfer für ein ›Jura libre‹
Bernard Clavel, Dichter des französischen Jura
Jean Cuttat, Dichter und Agronom, Schweizer Jura
Louis Pergaud, jurassischer Schriftsteller (›Der Krieg der Knöpfe‹)
Vincent Philippe, Journalist, Schweizer Jura
Alexandre Voisard, Dichter des Schweizer Jura
ferner: Wilhelm Hauff, der zwar den benachbarten Schwarzwald beschreibt, dessen Schilderung aber ebenso auf den Jura und seine Bewohner zutrifft.

Stichwort Freiheit

Wieviel gemeinsame Vergangenheit kann es bei den Jurassiern beiderseits der Grenzen geben, die heute – politisch gesehen – sieben verschiedenen Schweizer Kantonen und drei französischen Départements angehören? Eines ist sicher: Von mächtigen Nachbarn umstellt, haben sie selten etwas zu sagen gehabt, waren ihre Gebiete Durchzugsland, Tauschobjekt und Morgengabe, Faustpfand mit Rückkaufrecht und, ob ihrer strategischen Lage und ihrer Salzvorkommen, Zankapfel im großen Spiel der Mächtigen Europas. Die Bewohner der Juraberge haben immer nur eines versucht und zumeist auch erreicht: ein möglichst großes

Maß an Freiheit und Unabhängigkeit sich zu bewahren.

Ich will es nun wie die Geologen halten und nur von Fall zu Fall Proben aus den tieferen Schichten der Vergangenheit heraufholen, Spuren sichten, plötzliche Einschübe und Narben untersuchen.

Da wäre, etwa vom 4. vorchristlichen Jahrhundert an, eine keltische Schicht – in La Tène, am Fuße des Jura, durch ein Inselkastell bezeugt. Im Jura saßen die Sequaner, ihr Gebiet wurde Sequanien genannt; Hauptstadt war Vesontio, das heutige Besançon. Benachbart der kleine Stamm der Rauraker, südlich die Helvetier, nördlich die Gallier – Kelten sie alle. Druiden ernteten Misteln von den Bäumen am Ufer des Doubs. Noch in unseren Tagen lebte in Saint-Ursanne ein bretonischer Maler und Sonderling, Lionel O'Radiguet, dem die ferne druidische Vergangenheit ganz gegenwärtig war, der sie an diesem Ort zu spüren vermeinte.

Vom Jahre 59 an – vor unserer Zeitrechnung – finden wir eine römische Schicht über der keltischen. Caesar selbst berichtet, daß er von den Sequanern gebeten wurde, gegen drohende Einfälle aus der Nachbarschaft Hilfe zu entsenden. Seine Legionen kamen und blieben. Daß die Sequaner sich dem großen Gegner Caesars, Vercingetorix, verbündeten, erscheint danach undankbar. Sie wurden mit dem Gallier und seinen Scharen besiegt.

Von dieser Zeit an, fast ein halbes Jahrtausend lang: Pax Romana, friedliche Kolonisation. Römische Zivilisation und Kultur hielten Einzug. Wer in der römischen Schicht nachgräbt, findet Wasserleitungen, Säulenreste, Mauern der Villen, Tempel und Theater, Götterbilder. Manches liegt an der Oberfläche. Auf Römerstraßen sind wir immer wieder gelaufen und gefahren.

Etwa vom Jahre 180 an erschienen die ersten christlichen Glaubensboten; in Besançon, damals noch Vesontio, der Legende nach die Brüder Ferréol und Ferjeux. Dreißig Jahre lang verwehrte man ihnen nicht zu predigen und zu taufen; dann erlitten sie das Martyrium und wurden in der Arena enthauptet. Die Legende berichtet weiter, die Heiligen hätten ihre Köpfe unter den Arm genommen und seien zurück in die Wildnis gegangen – Symbol für die unbeugsame Beharrlichkeit jener Frühchristen.

In die Wildnis als Einsiedler gehen, einen neuen Anfang setzen, dazu müssen die damals undurchdringlichen Wälder des Jura unwiderstehlich gelockt haben. Später kamen die frommen Männer sogar bis von Irland herüber, mit der Zwischenstation Luxeuil. Schüler des Columban nahmen auf die Verbreitung des Glaubens entscheidenden Einfluß. Aus ihrer Heimat brachten sie die Vorliebe für ein asketisches Leben in der Natur mit, das sie ›Grünes Martyrium‹ nannten.

Immer wieder hören wir, aus allen Regionen des Jura: Er saß unter einer Tanne – er trank aus einer Quelle – er schlief auf Rinden – wilde Tiere brachten ihm Nahrung – Schüler folgten ihm – sie rodeten den Wald. Gonzague de Reynold, ein Schweizer Historiker und großer Herr, schrieb einmal: »Die jurassische Geschichte ist die Geschichte der Urbarisierung.« Diesen für das Verständnis meines Juras so entscheidenden Satz werde ich später noch einmal zitieren. Das schweizerische Wort ›urbarisieren‹ bedeutet: urbarmachen, roden.

Noch heute tragen zahlreiche Ortschaften den Namen ›Lieu‹. *Lieu* – das war die Stelle, an der ein Einsiedler sein erstes Obdach fand. *Grange,* Scheune, wurde die primitive Behausung genannt, in der mehrere Mönche nach strengen Regeln zusammenlebten. Diese Vorposten des Christentums überzogen schließlich den ganzen Jura. Aber manchen heiligen Männern strömten die Schüler so zahlreich zu, daß große Klöster entstanden, deren Ruhm über ganz Europa ging. Was ist aus ihnen geworden?

Da wäre Condat, um 480 über der Einsiedelei der Brüder Romanus und Lupizinus erbaut, eine hochberühmte Wallfahrtsstätte. Nicht einmal der Name blieb. Der Ort heißt heute Saint-Claude. Wir werden ihn besuchen und Näheres über seine wechselvolle Vergangenheit erfahren. Oder

Moutier-Grandval, gegen 640 von Germanus, einem Schüler des Columban, gegründet: Nur noch die Kapelle von Chalières mit den Resten ihrer Fresken erinnert an dieses Kloster, und der juwelengeschmückte Abtsstab des Germanus im Musée Jurassien von Delémont. Dort findet sich auch ein Holzmodell der späteren Zisterzienserabtei Lucelle, deren Licht weithin leuchtete, von der aber kein Stein auf dem anderen blieb. An der Stelle der Kirche heute ein Kinderspielplatz mit bunten Geräten. Nein, es lohnt nun nicht mehr, nach Lucelle zu fahren. Von anderen Abteien der Frühzeit blieb zumindest die Kirche erhalten – wir werden Saint-Ursanne, Romainmôtier, Baume-les-Messieurs, Gigny sehen. Aber Kloster ist keines mehr.

Vom Jahre 457 an treten die Burgunder auf den Plan – ein entscheidender Augenblick vor allem für den französischen Jura. Man sagt, daß von diesem Volksstamm, der aus dem Raum der Ostsee kam, lange Wege und schwere Kämpfe hinter sich hatte, nur noch Reste bis ins Gebiet östlich der Saône gelangt seien. Um so erstaunlicher, daß aus ihrer Mischung mit der ansässigen kelto-romanischen Bevölkerung eine unvergängliche und unverwechselbare Wesensart und Geisteshaltung entstand, die burgundische. Sie hat sich in gewissem Sinn bis heute erhalten. Das spürten wir überall in der Franche-Comté, zu der unser französischer Jura zum großen Teil gehört. Begriffe wie ›maßvoll‹ oder ›nobel‹ drängen sich auf. Die Ortschaften zeigen eine verblichene, manchmal sogar schäbige Würde, und fast in jeder von ihnen fanden wir ein schloßartiges Gebäude. Es mochte aus einer sehr viel späteren Zeit stammen, nicht mehr von einem Adligen, sondern von einem reich gewordenen Gutsbesitzer errichtet worden sein, aber es steht in der alten Tradition.

Als wir, sehr viel weiter südlich, plötzlich in Ortschaften kamen, denen die Merkmale burgundischen Geistes fehlen, und fragten, warum es hier so anders sei, erhielten wir die Antwort: »Sie sind nicht mehr in der Franche-Comté, Sie sind in Frankreich.«

Vom Jahre 534 an gehört der Jura zum Frankenreich. Aber ob es nun Merowinger oder Karolinger waren, das Heilige Römische Reich Deutscher Nation oder Spanien – die wechselnden Herrscher des folgenden Jahrtausends saßen zumeist weit entfernt, während im Jura ortsansässige kleine und große Geschlechter allmählich aufstiegen, ihre ›Seigneurs‹ sich einen Anteil an Land und Macht zu sichern wußten, notfalls gewaltsam. In dieser tiefliegenden Schicht finde ich einen raren Edelstein: die Treuga Dei, den Gottesfrieden, um die Jahrtausendwende im Jura von Geistlichen verkündet. Frauen und Kinder werden dem Schutz der streitenden Parteien anempfohlen, alle Kampfhandlungen von jeweils Mittwoch abend mit Montag früh untersagt, dazu zur Advents- und Karzeit, an Weihnachten und Ostern. Krieg nur an drei Tagen der Woche – immerhin ein Fortschritt!

1366 erwähnt eine Urkunde zum ersten Mal den Namen ›Franche-Comté‹, Freigrafschaft, und »bezeichnet damit den freiheitlichen Willen der Bewohner«. Etwa um die gleiche Zeit erlangen die Fürstbischöfe von Basel die – noch mehrfach umstrittene – Herrschaft über den nördlichen Jura, vor allem die Ajoie. Ein Kuriosum: Die Herren im Hermelin üben nur die weltliche Macht über dies Gebiet aus; die geistliche bleibt beim Erzbischof von Besançon. 1384 bietet ein Erlaß des Fürstbischofs Imier von Ramstein jenen, die sich auf den noch immer wilden Höhen des Jura ansiedeln wollen, Befreiung von allen Steuern. Auch sollen sie in ihrer Religionsausübung und in ihren Anschauungen unbehelligt bleiben, solange sie andere nicht behelligen. Franches Montagnes, Freiberge, heißt das Gebiet seither. Die Fürstbischöfe hielten ihr Versprechen stets ein und blieben tolerant. So wurde innerhalb von zwanzig Jahren auf beiden Seiten des Jura das Panier der Freiheit aufgepflanzt.

Im 15. Jahrhundert, seit Philipp dem Kühnen, rückt mit den großen burgundischen Herzögen der Souverän in gefährliche Nähe; den jurassischen Feudalherren ergeht es schlecht. Aber schon 1476 unterliegt der letzte seines Geschlechtes, Karl der Kühne, den Schweizern in drei Schlachten. Bereits die erste, bei Grandson am Fuße des Jura, signalisiert den Untergang eines großen Hauses und einer bedeutenden Persönlichkeit.

Karl der Kühne hatte alle seine Schätze mitgeführt. Nun, am Abend nach der Schlacht, kroch Schweizer Fußvolk mitsamt den Troßbuben, trunken vom Wein, durch Schlamm und Blut, um Gold und Silber aufzuklauben, auch glitzernde Steine. Hinter ihnen her zogen jammernd Goldschmiede und Händler über den verwüsteten Boden und suchten nach den Pretiosen.

Jene Schweizer, die das Heer Karls des Kühnen so vernichtend zu schlagen vermochten, hatten sich damals schon mit acht Kantonen oder Städten zur ›Eidgenossenschaft‹ zusammengefunden. Andere Regionen durften sich zunächst ›zugewandt‹ nennen. Die Fürstbischöfe haben mehrfach vergeblich versucht, ihr Juragebiet diesem Bund anzuschließen.

Ein halbes Jahrhundert später faßten die Schweizer den klugen Entschluß, sich aller weiteren Kämpfe zu enthalten und zufrieden zu sein mit dem, was sie hatten. Aber den kriegführenden Parteien anderer Länder schickten sie gerne ihre Elitetruppen: Das ›Reislaufen‹ begann. Auch Jurassier waren dabei. Manchmal standen Schweizer gegen Schweizer. Man sagt, daß mit dem guten Sold, den die Landsknechte in fremden Währungen heimbrachten, das berühmte Schweizer Bankwesen seinen Anfang genommen habe.

Reformator des Jura war Guillaume Farel, ein Schüler Calvins. Sein Denkmal vor der Kollegienkirche von Neuchâtel zeigt ihn als unbeugsamen Streiter mit der Bibel als Waffe und Schild in der hoch erhobenen Rechten. Im Zuge der Reformation gelangte das Waadtland, zuvor Savoyen zugehörig, an Bern. »Aber da für die Bürger sowohl der savoyische als auch der bernische Herr Fremdlinge waren, arrangierten sie sich.«

Im großen und ganzen verlief die Reformation im Jura friedlich. Das Neuenburger Gebiet galt als Zufluchtsort für französische Protestanten, vor allem Geistliche. In Neuchâtel/Neuenburg druckte Pierre de Vingle die erste Bibel in französischer Sprache. Die Franche-Comté und der nördliche Jura, vor allem die Ajoie, blieben katholisch. Vom reformierten Les Brenets an der Grenze wird erzählt, es habe seine nun überflüssigen Heiligenbilder bei der nächsten französischen Gemeinde gegen ein Paar Ochsen ausgetauscht – und beide Teile seien zufrieden gewesen.

Als Basel zum neuen Glauben übertrat, sahen sich die Fürstbischöfe zum Rückzug nach Porrentruy in der Ajoie veranlaßt. Damit wurde die verschlafene Kleinstadt Residenz und unter bedeutenden Persönlichkeiten wie Blarer von Wartensee ein geistiges Zentrum.

Manchmal genügt ein kurzer Satz in einem Brief, um ein Land auf lange Zeit hinaus ins Verderben zu stürzen: Im Januar 1629 schrieb Richelieu an seinen König, Ludwig XIII., daß man sich vorstellen könnte, Navarra und die Franche-Comté an Frankreich anzuschließen, da sie benachbart liegen und leicht zu erobern wären – »vorausgesetzt, daß wir gerade nichts Wichtigeres zu tun haben«. Schwedische Soldateska, die unter Bernhard von Sachsen-Weimar Richelieu bei dieser blutigen Arbeit behilflich war, hauste so fürchterlich und grausam in den Juratälern, daß man noch Jahrhunderte später in den damals verwüsteten Gebieten von einem bösen Menschen sagte, er sei ›mauvais comme Weimar‹. So hatten die Jurassier während des Dreißigjährigen Krieges von 1635 an ihren eigenen zehnjährigen Krieg: »Blut, Ruinen, Tod. Den Krieg hassen lernen und die Gewalt verabscheuen.«

1648 wird im Westfälischen Frieden die Schweiz – und damit der Schweizer Jura – als europäischer Staat anerkannt, 1674 die Franche-Comté im Frieden von Nymwegen Frankreich eingegliedert.

Nur in den Wirren dieses 17. Jahrhunderts scheint eine Gestalt wie Jean de Watteville möglich: der Franche-

Lac de Joux
24.5.87

Schweiz

Comté entstammend, Haudegen und kaltblütiger Duellant, auf kurze Zeit Mönch bei den Trappisten, denn die Furcht vor ewiger Verdammnis schreckt ihn. Bei der Flucht aus dem Kloster tötet er den Prior. So gelangt er nach Konstantinopel, wird Muselman, tritt als Günstling des Sultans ins Heer ein. Erneuter Gesinnungswechsel. Bei Kämpfen gegen die Venezianer läßt er diesen die Nachricht zukommen, der Papst möge ihm Absolution für alle begangenen Untaten erteilen, ihn dem Weltklerus mit einer guten Pfründe zuordnen – dann sei er bereit, »einige Plätze und viele Geheimnisse der Türken« zu verraten. In Rom sieht man sich aus politischen Gründen veranlaßt, auf diese schamlosen Bedingungen einzugehen. Jean de Watteville beendet seine Tage in Luxus und Wohlstand als Abt von Baume-les-Messieurs im Jura. Seine Mönche soll er wie Soldaten kommandiert haben.

Es wird Zeit, noch einmal von Neuchâtel zu sprechen. Sein Gebiet war – jurassisches Schicksal – jahrhundertelang wechselnden Herren untertan. Als 1707 die Familie der Orléans-Longueville ausstirbt, müssen sich die Neuenburger nach einem anderen Regenten umschauen. Er soll vor allem protestantisch sein. Ferner erwartet man, um sich seine Freiheiten zu wahren, einen liberalen und weit entfernt lebenden Herrscher. Unter siebzehn möglichen Kandidaten fällt die Wahl auf den König von Preußen, Friedrich I. Die Neuenburger hatten es nicht zu bereuen. Bis 1848 blieb, mit kurzen Unterbrechungen, ihr Gebiet preußisch. Es gedieh wirtschaftlich und zahlte milde Abgaben. Neuenburger Söldner konnten sogar auf französischer Seite gegen Preußen kämpfen, ohne sich des Landesverrats schuldig zu machen. Die führenden Familien von Neuchâtel nahmen gerne Titel und Orden an und dünkten sich fortab den anderen Jurassiern, besonders denen der Berge, weit überlegen.

Mit George Keith, einem Schotten, den man ›Mylord Maréchal‹ anzureden hatte, entsandte Friedrich der Große 1754 einen Freund als Gouverneur, der im Schloß von

Colombier fürstlich residierte. Rousseau, nahebei im Exil lebend, pries ihn als Wohltäter. Im Museum von Neuchâtel habe ich ein Porträt des George Keith lange betrachtet, seine große Nase unter der Allongeperücke, seine Augen. »So viele Wohltaten und fast keine Steuern – wenn Ihr nicht glücklich werdet, seid Ihr selber schuld«, schrieb er den Neuenburgern. Andere Statthalter Preußens mögen weniger human und klug und großzügig gewesen sein. Als 1848 überall alles anders werden sollte, beendete eine kleine Revolution im Gebiet von Neuchâtel die preußische Periode endgültig. Manchen Einwohnern mißfiel diese Entscheidung. Noch lange wurde im geheimen das Lied gesungen: »Oh, Dieu, qu'on était bien, quand on était Prussien«, wie gut erging es uns unter den Preußen. Aber der 1. März als Tag der Befreiung wird im Kanton noch heute als Feiertag mit Fahnen, Musik und Salutschüssen offiziell begangen.

Gelegentlich trifft man im Hochjura auf unerwartete Spuren jener Zeit. So heißt, in der Nähe von Cernil, ein Gasthaus am Wege ›Le grand Frédéric‹. Auf dem Wirtshausschild reitet, mit Dreispitz und krummem Rücken, der große Friedrich durch die jurassische Landschaft.

Schon in den ersten Jahren der preußischen Periode warb Graf Alexander zu Dohna-Schlobitten, der in Coppet bei Genf geboren wurde und dessen Mutter Schweizerin war, im Namen seines Königs auf den armen Jurahöhen Siedler für die Ostgebiete. Die Pest hatte dort einen Großteil der Bevölkerung über Nacht hinweggerafft. Zusammen mit Salzburger und fränkischen Protestanten kamen Jurassier nach West- und Ostpreußen. Die Dohnas halfen ihnen bei der Ansiedlung. »Gut wie ein Dohna«, hieß es damals. Auch eine französische reformierte Kirche wurde in der Gegend von Gumbinnen errichtet, ebenfalls von den Dohnas, denn »wenn ich baue und verbessere Land und mache keine Christen, so hilft mir alles nichts«.

Zurück in den Jura. Wie ein Gletscherfluß, unaufhaltsam und alles mitreißend, ging die Französische Revolution über ihn hinweg. Wechselspiel der Kräfte: Aus eben diesem Jura, von Voltaire, der bei Genf lebte, von Rousseau und anderen stammten Gedanken der Freiheit und des Aufbegehrens, die den Revolutionären zuvor Nahrung und Antrieb gegeben hatten. Mirabeau soll der Volksmenge in den Straßen von Paris aus dem ›Contrat social‹ von Rousseau vorgelesen haben.

Die Ajoie und der nördliche Jura wurden französisch, in falscher Deutung eines alten Flurnamens als ›Département Mont Terrible‹. Dabei sind die sanften Höhen bei Les Rangiers gewiß kein schrecklicher Berg.

Napoleon, der wie schon Caesar die strategische Bedeutung dieses Raumes erkannte, besetzte die ganze Schweiz.

Auf dem Wiener Kongreß schließlich erlitt der schweizerische Jura zum letzten Mal das Schicksal, Tauschobjekt zu sein. Mit Ausnahme des Waadtlandes und von Neuenburg wurde er 1815 dem Kanton Bern zugeschlagen. Die Jurassier hat man nicht gefragt.

Der neue Kanton

Seit dem Wiener Kongreß hat Bern mit schwerer Hand im Jura regiert. Das bestätigen selbst jene Schweizer, die den Jurassier und seine Mentalität nicht lieben. Unvereinbare Gegensätze: Die Menschen des Jura hatten in der kurzen Zeit unter französischer Herrschaft freie Gedanken und den Code Napoléon kennengelernt, während, wie sie sagen, die Gedanken der Französischen Revolution nie bis Bern vordrangen. Die Berner dagegen hielten und halten die Jurassier für wirrköpfige Utopisten. Ihr ›Fanfarenstil‹ gefällt nicht. In Bern sind sie Protestanten, die Bewohner des Nordjura aber sind katholisch. Schließlich das Hemmnis der Sprache: Welsche gegen ›Berndütsche‹. Die Berner versuchten zu germanisieren. Mehr als achtzig deutschsprachige Schulen wurden im Laufe des 19. Jahrhunderts eingerichtet – vergeblicher Kulturkampf.

Am südlichen Jura mit seiner aufblühenden Industrie nahm man in Bern ein gewisses Interesse; aber der menschenarme Norden blieb Stiefkind. Dort sammelten sich zuerst, im ›Rassemblement Jurassien‹, jene leidenschaftlichen Geister, die für ein ›Jura libre‹ kämpften.

Nach einer Volksabstimmung am 23. Juni 1974, die ihnen einen knappen Sieg brachte, entstand 1978 zur Verwunderung der Welt in der scheinbar so festgefügten Schweiz die ›Republik Jura‹ als neuer 23. Kanton. Die Glocken läuteten in jenen Tagen, in Delémont und Porrentruy tanzte das Volk auf den Straßen. Harte Kämpfe von beiden Seiten waren vorausgegangen. Der wirtschaftlichen und religiösen Aspekte wegen werden manchmal Vergleiche zu Nordirland gezogen. Die Probleme mögen ähnlich liegen; aber der Vergleich hinkt. Es gab zwar ab und zu rohe Gewalt, aber nur einen einzigen Toten durch die Kugel eines gegnerischen Fanatikers. Ich sehe mich eher an den Freiheitskampf in Dublin im Jahre 1916 erinnert. Hier wie dort war es vor allem ein Ringen mit Waffen des Geistes, in dem Männer der Feder an der Spitze standen.

Nicht ohne Bewunderung las ich, daß sich die Dichter des Jura mit Pamphleten und Gedichten für die Freiheit ihres Landes, ihrer *terre* einsetzten und mit Lesungen die größten Säle füllen konnten, heute noch füllen. Die Lust am Wort, auch die Freude an aktuellen Chansons – die schon Tage nach einem Ereignis überall die Runde machen – ist im Jura groß. Keltisches Erbe? Wie die Schotten beim Klang des Dudelsacks in Kampfstimmung geraten, wie andernorts Trommeln die Herzen höher schlagen lassen, so wird der Jurassier durch Verse entflammt. Die ›Ode au pays qui ne veut pas mourir‹, von Alexandre Voisard verfaßt, ist Kampfgesang und Freiheitslied. »... mein Land, das mitten in den Wäldern aufbegehrt, am Fuß der Tannen ...«, das können alle auswendig und sprechen es im Chor.

Mit Schwung wurden die neuen Aufgaben angepackt. So gilt die Kantonsverfassung, die man sich gab, mit ihrer

Betonung der Menschenrechte und ihrer Hinwendung auch zur übrigen Welt, als besonders modern und fortschrittlich. Der Kanton Jura hatte als erster der Schweiz ein Büro für Frauenfragen.

Zur Kantonshauptstadt wurde Delémont/Delsberg bestimmt, ehemals blühender Markt des fürstbischöflichen Gebietes. Fahne und Wappen des 23. Kantons zeigen, in Erinnerung an die vorbernische Vergangenheit, den Bischofsstab.

Daß mit dem 23. Juni 1974 nur ein Teilerfolg errungen wurde, daß Teile des Südjura, »nach einer Kaskade weiterer Plebiszite«, doch bei Bern blieben, daß dort der Zwiespalt unter der Oberfläche weiterschwelt, steht auf einem anderen Blatt.

Die bereits 1847 gegründete ›Société jurassienne d'Emulation‹ hat sich besonders um die Bewahrung des jurassischen geistigen Erbes verdient gemacht. Die Gesellschaft mit Sitz in Porrentruy gab 1965 eine zweibändige ›Anthologie jurassienne‹ heraus, der 1973, herausgegeben vom ›Cercle d'Etudes historiques d'Emulation‹ eine ›Biographie jurassienne 1928-72‹ folgte.
Auch dem Patois wird neuerdings wieder mehr Interesse zugewandt, durch Sendungen im lokalen Radio-Jura, durch Theateraufführungen vor allem auf den Dörfern, durch besondere Kurse in den Schulen, an denen die Teilnahme freiwillig ist.

Sprache

Noch ein Wort zur Sprache im Jura. Die welschen Schweizer sprechen französisch – elegant und geschmeidig freilich nur dort, wo sie dem Nachbarland nahe wohnen und seiner Kultur zugewandt sind.

Um in die Geheimnisse des Dialektes, des *Patois*, einzudringen, müßte man an Ort und Stelle leben oder ein eigenes Studium beginnen. Nur so viel: Bunt wie in einem Fleckerlteppich mischen sich die Sprachbrocken der verschiedenen Völkerschaften, die hier ansässig waren oder durchzogen. So haben die Kelten in den Namen der Flüsse, in Doubs, Suze, Sorne, Birs ihre Spuren hinterlassen. Ortsnamen, die die Silbe *cour* enthalten, erinnern an das höfische Burgund. Vieles kam aus Frankreich herüber, aus der *langue d'oc*, dem Provenzalischen – selbst dem Fachmann sind die Ursprünge oft unentwirrbar. An Ausdrücken deutschen Ursprungs entdeckte ich *le loustic,* den Spaßmacher, oder *les knepfel,* eine Mehlspeise. Auch *catse* und *chpatse* soll es gegeben haben. *Le beuglise* ist immer noch das Bügeleisen. Zur Zeit des Kulturkampfes waren in den Schulen nur Schriftdeutsch und Französisch erlaubt. Den Kindern wurde untersagt, untereinander Patois zu sprechen. Die alte Sprache ging allmählich verloren. In ihren Aufzeichnungen erinnern sich jurassische Schriftsteller mit Wehmut an die Derbheit, aber auch an die Zärtlichkeit des Dialektes, den sie noch von der Großmutter hörten: *dépatztè, fonfouè,* beeil Dich, mein Kleiner.

Die Schweizer haben, wenn sie französisch sprechen, einen singenden Tonfall. Für den Geschmack der Jurassier reden die Franzosen dagegen »zu trocken, zu kurz angebunden, als ob sie zornig seien …, und weniger drastisch als wir. Eine nackte Felswand am Ende eines Tales nannten unsere Vorfahren *cul,* Arsch, und niemand fand das unpassend – im Gegenteil, es schien die geglückte Beschreibung eines Tatbestandes. Erst eine prüdere Zeit hat *cul* in *col,* Gebirgspaß, umgewandelt.«

Unter den Insassen des Siechenhauses von Saint-Ursanne habe ich noch einige gehört, die miteinander Patois sprachen. Verstanden habe ich kein Wort. Nach der neuen Verfassung des Kantons Jura will man sich die Pflege und Förderung des Patois zur Aufgabe machen. Ich fürchte, es ist zu spät. Mir scheint, als seien die Bewohner des Hochjura ein wenig ärmer geworden, seit sie keine Sprachheimat mehr haben, sondern eine ›fremde Zunge‹ zu der ihren umformen mußten. Da sind die Nachbarn in der Franche-Comté besser dran, die von ihrer Muttersprache und ihren

Dialekten seit altersher wie von einem wärmenden Mantel umhüllt sind.

Uhrenmacher

In einem Buch über die Schweiz fand ich eine Karte, auf der die wichtigsten Produkte der verschiedenen Regionen in Symbolen angegeben sind. Da sieht man über das Gebiet des Jura verstreut nur einige Miniatur-Kühe und viele viele kleine Uhren.

Können wir uns Besseres wünschen, fragen die Jurassier: Das Material für unsere Arbeit hat in einem Rucksack Platz. Bei uns gibt es keine Schornsteine, wir schicken keinen Qualm in die Atmosphäre. Mit Chemie haben wir nichts zu tun. Wir verursachen keinen Lärm – im Gegenteil, wir brauchen die Stille. Unsere Leute hantieren in reiner Luft, denn Staub wäre ihrer Arbeit abträglich. Die fertigen Produkte, jedes ein kleines Kunstwerk, lassen sich in einer Aktentasche forttragen.

Die Jurassier nennen ihre Werkstätten, in denen sie Uhren herstellen, *ateliers*. Darin liegt einmal Bescheidenheit, zum anderen der Respekt vor dem *horloger,* dem Uhrenmacher, der eigentlich ein Künstler ist. Viele dieser Betriebe waren seit Generationen im Besitz ein und derselben Familie, manche sind es noch.

Die Ateliers, mit den Reihen der breiten Fenster nach Süden, wird der Unkundige vielleicht für eine Hotelfachschule oder für ein Mädchenpensionat halten – auch sie Spezialitäten der Schweiz. Der *horloger* braucht helles Licht für seine Arbeit. Sein Handwerkszeug kann er auf kleinstem Raum unterbringen. Die Kommode mit den Reihen der Schubladen, die sich vor allem bei den Heimarbeitern vom Vater auf den Sohn vererbt, wird *layette* genannt. *Layette* bedeutet auch: Babyausstattung. In beiden Fällen dient sie der Pflege von etwas gerade Geborenem. Die alten *layettes,* aus kostbaren Hölzern, mit winzigen hellen

Elfenbeinknöpfen an den Schubfächern, haben inzwischen bedeutenden Sammlerwert.

Uhrenmachen: Arbeit in höchster Konzentration, Versenkung. Eine einsame Tätigkeit, auch wenn man nicht allein ist. Der Gefährte zur Rechten, der Gefährte links, mit denen der *horloger* in langer Reihe, fast Ellbogen an Ellbogen an der Fensterwand sitzt – sie entschwinden seinem Blick und seinem Bewußtsein, sobald er die Lupe von der Stirne abwärts vors Auge schiebt und eine andere Welt sich ihm auftut, »die treibende Feder, die pulsende Unruhe, der blockierende Anker«. Wen wundert es, daß die *horlogers* – intelligente und selbstbewußte Persönlichkeiten, Tüftler und Schweiger sie alle – zu Philosophen werden? »Wir flicken die Zeit, damit sie weiterläuft. Wir kürzen die Unruhe, die Uhr läuft schneller. Wir verlängern die Unruhe, die Zeit vergeht langsamer. Es ist nicht unser Beruf, sie stillstehen zu lassen.«

Natürlich gab es auch auf dem hellen Bild der Ateliers dunkle Flecken. Im Zeichen wachsender Konkurrenz verlangten manche Unternehmer von den Uhrmachern Akkordarbeit, was dem Wesen ihrer Tätigkeit zutiefst widerspricht. In harten Kämpfen mußten sie ihre Rechte durchsetzen, auch bessere Löhne. Viele Unternehmer gingen dazu über, nur noch Einzelteile anzufertigen. Sie haben keine Ateliers mehr, sondern Werkstätten oder kleine Fabriken. Einfache Vorgänge können sie Maschinen überlassen, hier auch Frauen beschäftigen. Aber die eigentliche Kunst des Uhrenmachens üben weiterhin nur Männer aus.

Ein Freund aus La Chaux-de-Fonds bekam zur Konfirmation eine Uhr, an der jeder Verwandte seiner großen Familie ein Teil verfertigt hatte. Brüder, Onkel, Vettern, Uhrmacher sie alle, arbeiteten Werkplatte und Rädchen, Unruhe und Spiralfeder, Zeiger, Zifferblatt und Gehäuse. Der Vater setzte alles zusammen, und der Großvater, ein Graveur, ritzte zum guten Ende die Initialen des Enkels in den silbernen Deckel.

Dieser Großvater muß ein ungewöhnlicher Mensch gewesen sein, phantasievoll und starrköpfig zugleich nach Art der Bergjurassier. Ein Heimarbeiter, wie viele damals. Bis ins hohe Alter zog er mit ruhiger Hand seine kunstreichen Linien ins Metall. Er pflegte die fertigen Stücke den Bestellern selbst ins Haus zu bringen, zu Fuß. Als ihm das Gehen mühsam wurde und er den Bus nehmen mußte, war der Fahrpreis fast ebenso hoch wie die Summe, die er für seine Arbeit verlangte. Da hörte er auf.

Das Gespenst, das man in den Jurabergen fürchtet, heißt Rezession. Wenn das Leben ganzer Gemeinden und Städte so ausschließlich von einem Produkt abhängt, müssen Zeiten rückläufiger wirtschaftlicher Entwicklung verheerende Folgen haben. Als in den siebziger Jahren die Quarzuhren aus Fernost plötzlich den Markt überschwemmten, wäre es beinahe zur Katastrophe gekommen. Man war sich seiner so sicher, zu sicher gewesen. »Wir dachten, daß es zum Erfolg genüge, wenn wir fleißig sind und gut arbeiten.« Ateliers standen damals leer, Facharbeiter verließen ihre Täler. Aber die Jurassier wären ja nicht sie selbst, wenn sie aus einer schlimmen Lage nicht einen Ausweg fänden. Sie entfalteten die Flügel der Phantasie, schufen ganz neue Modelle, überraschend bunt und amüsant, dabei preiswert und trotzdem schweizerisch-solide. Die Uhrenhersteller des ganzen Landes fanden sich damals zu dieser Rettungsaktion zusammen. So sind sie noch einmal davongekommen.

Im Jura arbeitet man heute zweigleisig: Zum einen werden Modeuhren geschaffen, die jeder sich leisten kann, zum anderen kostbare Einzelstücke, auch solche, die *grandes complications* genannt werden. Sie vereinen alle je ertüftelten Besonderheiten in einem Werk, von der Angabe der Mondphasen bis zum ewigen Kalender. Ein Atelier hat sich auf so kostbare, mit Diamanten besetzte Modelle spezialisiert, daß es seine *horlogers* in einen bunkerartigen Bau hinter Scheiben aus Panzerglas setzen muß. Mögen Quarzzeitmesser auch zwölfmal genauer sein, wie behauptet wird – sie werden die Uhr alter Art nie ganz verdrängen, weil diese ein Kunstwerk ist, eine Seele besitzt, unser Freund wird.

Auch auf den Plateaus und in den Tälern der Franche-Comté drüben haben die Bewohner sich auf Gegenstände spezialisiert, die früher, in langen Wintern, als Einzelstücke, man könnte sagen als Bastelarbeiten entstanden. Sie waren die ersten, die im Jura Uhren machten. Auf diesem Gebiet wurden sie jedoch von den Schweizern überflügelt. Andere *petits objets* wurden außerdem ihre Spezialität: Pfeifen, Kämme, Brillen, hölzernes Spielzeug. Mit ihnen kam der Wohlstand in Orte wie Saint-Claude, während La Chaux-de-Fonds zum Beispiel, im anderen Teil des Jura, durch Uhren reich wurde.

Im übrigen: ›High-Tech‹ hat ein neues und weites Feld für Leute mit geschickten Händen eröffnet – und diese scheinen sich im Jura von Generation zu Generation zu vererben.

Vom Jurassier, der heute Herzschrittmacher anfertigt und jedes Stück auf einem anhängenden Zettel mit seinem Namen versieht, ist es ein weiter Weg zurück zum *paysan-horloger,* mit dem hier alles begann. Er arbeitete im Sommer auf seinem Hof und auf den Weiden, brachte das Heu ein. Aber wenn der Winter kam und Schnee ihn zum Gefangenen auf seiner *ferme* machte, saß er am großen Südfenster, die Lupe vorm Auge, und schuf Uhren.

AUF SCHWEIZER SEITE

Im Birstal
Der Rösti-Graben

Rösti sind, wie man weiß, auf besondere Art zubereitete, wohlschmeckende Bratkartoffeln, eine Spezialität der deutschen Schweiz, insbesondere der Stadt Bern. Sie sind auch ein Symbol. Wenn man im Jura oben von denen ›da drunten‹ spricht, dann sagt man, sie kämen von jenseits des Rösti-Grabens.

Die Verschiedenartigkeit der Menschen hüben und drüben ist stark ausgeprägt und scheint in gar keinem Verhältnis zur geographischen Entfernung zu stehen. Aber hat nicht jeder Schweiz-Reisende mit Verwunderung bemerkt, wie grundverschieden sein kann, was dicht beieinanderliegt, so rasch zu erreichen ist? Angesichts eines nicht eben billigen Hotels, in dem sich ausschließlich Fremde aufhielten, fragte ich einmal einen Freund: Wo übernachtet Ihr Schweizer, wenn Ihr innerhalb Eurer Landesgrenzen unterwegs seid? »Zu Hause«, sagte er.

Zurück zum Rösti-Graben. Wir fuhren, von Basel aus, das Birstal hinauf mit der Eisenbahn; sahen, wie rasch die Großstadt zurückblieb, die Hügel sich zusammenschlossen, höher und grüner wurden. Noch heißt es draußen ›Restaurant Bahnstübli‹, aber bald, sehr bald, wird man ›Buffet de la Gare‹ lesen. Die Birs unter uns rauschte wunschgemäß; eine Ruine hält den Felsen zur Linken besetzt. Sie heißt Angenstein, gehörte den Fürstbischöfen von Basel und erfuhr einst das für Burgen ungewöhnliche Geschick, durch ein Erdbeben zerstört zu werden. »Bald rund, bald spitz, bald bewachsen, bald nackt sind die Firste» – so beschreibt Goethe die Felsen, welche oben im Birstal aus dem Grün treten.

Die nächste Stadt ist Laufen: zwei wehrhafte Tore, mehrere Brunnen. Der erste Gasthof am Platz heißt ›zum Lamm‹. Alles in allem ein Ort, wie wir ihn vom Unterland her kennen. Trotzdem, man könnte statt Laufen auch Laufon schreiben und den Namen französisch aussprechen, aber noch tun wir das nicht.

Die Baseldütsch ›Schwätzenden‹ haben hier den Zug verlassen. Wer jetzt noch im Abteil sitzt, liest eine französische Zeitung oder unterhält sich mit seinem Gegenüber in dieser Sprache. Die Stimmen sind merklich leiser geworden.

Nun müßten, hoch droben und an beherrschender Stelle, von Wald gesäumt, die schönen Umrisse der Ruine Vorbourg auftauchen; aber sie sind durchs Zugfenster schwer auszumachen. An dieser Vorbourg scheiterten die andrängenden Alemannen der Völkerwanderungszeit; diesem Wachtposten ist es zuzuschreiben, daß später hier die Sprachgrenze verlief und noch heute verläuft. Delémont: französisch tönt es aus den Bahnhofslautsprechern. Nur an Wochenenden, wenn ›die anderen‹ zum Wandern in den Jura heraufkommen, gibt man ihnen die notwendigen Auskünfte in ihrem Deutsch. Die Einheimischen wandern nicht, sie sind einem zielstrebigen Gehen eher abgeneigt. Sie ziehen es vor, in den Wäldern herumzustreifen, lange Tage unter Bäumen zuzubringen. Dort sind sie zu Hause, fühlen sich frei.

Wer von Basel aus in den Jura hinauffährt, sollte den Dom von Arlesheim nicht versäumen: 1680 von Jakob Engel aus dem Misox erbaut; reiche Innenausstattung, Stukkaturen (Johann Michael Feichtmayr) und Deckenfresken (Joseph Appiani), beide von 1760; Silbermann-Orgel.
Vor der Kirche weiter Platz mit den ehemaligen Häusern der Domherren, die nach der Reformation in Basel von 1678 bis 1798 hier ihren Wohnsitz hatten, während ihr Fürstbischof sich nach Porrentruy bezw. Delémont zurückzog.
Dornach: Goetheanum, Sitz der ›Gesellschaft für allgemeine Anthroposophie‹ und der ›Hochschule für freie Geisteswissen-

schaften‹, 1927 nach Plänen von Rudolf Steiner errichtet, Monumentalbau in Sichtbeton. Steiner, der sich viel mit den Wechselwirkungen zwischen Mensch und Mineral beschäftigt hat, wählte vermutlich nicht zufällig diesen Standort auf Juraboden.

Von Laufen aus lohnende Bergstrecke zur Paßwang-Höhe (bei klarer Sicht Rundblick vom Gipfel auf Jura, Schwarzwald, Vogesen und Alpen).

Delémont
Nachts hört man die Brunnen

Delémont, die Hauptstadt des neuen Kantons Jura, ist bei Tage betriebsam und laut. Rings um den Schloßhügel, in Bahnhofsnähe und an den Ausfallstraßen drehen sich die Baukräne, entstehen Bauten für Ämter und Firmen. Man entwirft und plant: die ›Transjurane‹ zum Beispiel, eine Autobahn, die, oft unterirdisch durch Felsmassive oder über Schluchten hinweg, das französische Verkehrsnetz mit dem des Schweizer Mittellandes verbinden und damit die abgelegene Juraregion aus ihrer Isolierung holen soll.

In der Altstadt auf dem Schloßhügel gehen wir erst am späten Abend spazieren, wenn es ruhig geworden ist. Unser Begleiter ist hier zu Hause. In der Porte de Porrentruy hallen unsere Schritte. Und schon hören wir den ersten Brunnen. Daß die Farben an seiner bemalten Mittelsäule und an der Figur des Herkules im Laternenlicht matter scheinen als am Tage, ist mir nur lieb. Ich mag es nicht, wenn ein Kunstwerk des 16. Jahrhunderts wie neu glänzt. Die Freunde stimmen mir zu. »Ja, das kann hierzulande eine Unsitte sein.«

In den Gassen ist es still; das Schloß, ehemals Sommerresidenz der Fürstbischöfe, zeigt nur seinen leeren, kiesbestreuten, von beschnittenen Bäumen umstandenen Vorplatz. Im Musée Jurassien sind die Fenster dunkel. Im Tresorraum liegt, gut verwahrt, der wunderbare Abtsstab des 7. Jahrhunderts aus Moutier-Grandval. Die alten Häuser ringsum mit ihren schönen Türen, mit den Verzierungen der steinernen Umrahmungen, reihen sich unter steilen rostbraunen Ziegeldächern. Im Graben der alten Stadtmauer blühen in den Anlagen die Fliederbüsche; eine Amsel rührt sich noch. Aus einem Mansardenfenster nickt ein Pferd, jawohl, ein Pferd, dreht den Kopf – eine naturgetreue Attrappe, vom Wind bewegt. Licht fällt aufs Pflaster, wo die Kneipenwirte ihre Türen weit geöffnet, Tische und Stühle in die warme Nacht hinausgestellt haben. Das zweite Tor: Porte au Loup. Wölfe hat es im Jura sehr lange gegeben; kamen sie von den Bergen herunter bis in die Stadt? Die Natur ist überall ganz nahe vor den Mauern. Draußen der freie Platz heißt Place Brulée. Das erinnert an die frühe Zeit der Rodungen, an das Abbrennen der Wälder. Am Vortag begegneten wir hier einer Prozession, ohne Fahnen und Geistlichkeit, laut betend: »Ave Maria, pleine des grâces.« Sie kam von der Wallfahrtskapelle auf der Vorbourg herunter, wo zu Füßen der Madonna viele Kerzen brennen.

Wir kehren um. Die Gasse mit den Antiquitätenläden heißt, wie ein Schild besagt, Rue sans Nom. Das Rathaus drüben, so hoch und so vielfenstrig, scheint noch schräger als bei Tage im ordentlichen Geviert der übrigen Häuser zu stehen. Warum hat Giovanni Gaspare Bagnato, in den vierziger Jahren des 18. Jahrhunderts, den schönen Bau so schief hingesetzt? Die hohen Stufen des doppelten Aufgangs heischen Respekt; das dunkle Portal ist eher abweisend als einladend. »Weshalb tagt das neue Parlament des Kantons Jura eigentlich nicht hier oder drüben im Schloß, sondern in einem modernen Bau?« – »Wir wollen keine Vergangenheit mitschleppen, auch äußerlich nicht.«

Saint-Marcel nahebei ist weiß, kühl, klassisch. Die mit Pilastern gegliederte Fassade der Kirche schaut nach Frankreich hinüber.

Wir gehen zurück zur Place du 23 Juin, der ehemaligen Grand' Rue, und setzen uns vor unserem kleinen Hotel zu den anderen. Halblautes Reden, als wolle man die Nacht nicht stören. Zur Rechten ein Brunnen mit einem silbern glänzenden Ritter, St-Maurice. Zur Linken, entfernt, auf dem schönsten Brunnen der Stadt, die Madonna auf der Mondsichel, wie schwebend.

Es wird spät. Nachts kann ich besser französisch sprechen als bei Tage. Nicht mehr lange, dann wird in der Backstube um die Ecke der Meister mit den Gesellen ans Werk gehen, um uns morgen früh mit Croissants und gutem Brot zu erfreuen. Zur Stunde unseres Frühstücks pflegen an den Nebentischen die Hausfrauen von Delémont zwischen zwei Einkäufen schon ihre erste Kaffeepause einzulegen.

Aber jetzt über die steinerne Wendeltreppe hinauf und zu Bett.

Die Kirche Saint-Marcel wurde 1762-1766 nach Plänen von Pierre-François Pâris und Paolo Antonio Pisoni als dreischiffige Basilika errichtet.
Brunnen und Tore 16., Bürgerhäuser 18. Jahrhundert.
Vorbourg: Wallfahrtsort, viel besuchtes Gnadenbild des 16. Jahrhunderts in der ehemaligen Schloßkapelle. Zahlreiche alte Votivtafeln, bei deren Betrachtung vor allem der Wandel der Tracht auffällt.
In Delémont werden ›Schweizer Offiziermesser‹ hergestellt, die – am weißen Kreuz auf rotem Grund erkennbar – zum weltweiten Exportschlager wurden.

Gorges du Pichoux und Moron
Regen

In einem Mai des Mißvergnügens – es regnete überall in Europa – fuhren wir von Delémont aus mit dem Auto die Pichoux-Schluchten hinauf, um wenigstens von ferne die Hochebene der Freiberge zu begrüßen, das schönste Revier weit und breit.

Es ist schon ein Kreuz mit den jurassischen Klusen.

Man möchte ihre erstaunlichen Steilwände, ihre bizarren Felsformationen eingehend studieren; aber hier wie andernorts, etwa in den Birs-Schluchten bei Moutier und Court, ist die Straße zwischen Wasser und Felsen kurvenreich und oft belebt; sie zwingt den Autofahrer unerbittlich weiter. Oben, an den Rändern der Klüfte, neigen sich zerzauste Bäume über den Abgrund, als wollten sie neugierig beobachten, wie da unten die rasch fahrenden Wagen der Einheimischen und die langsam dahinziehenden der fremden Betrachter unvermeidlich einander im Wege sind.

Irgendwo in den Gorges du Pichoux, zwischen den Steinen, endet hier der Kanton Jura. Wir fuhren auf Berner Gebiet weiter aufwärts und hinaus ins Land der Waldweiden.

Bellelay lag am Wege, sechshundert Jahre lang Prämonstratenserabtei, eine Leuchte der Wisssenschaft mit berühmter Schule. Nach der Säkularisation zunächst Uhrenfabrik, später Bierbrauerei, dient das Gebäude heute einer Nervenheilanstalt. Die Barockkirche, mühsam wieder zusammengestückelt, findet als Ausstellungsraum Verwendung. Nur in den weitläufigen Fluren und Gewölben des ehemaligen Klostergasthofs ahnt man, wie großzügig und nobel hier einst gelebt wurde.

Bald hinter Bellelay weist ein Schild nach Moron. Es geht steil bergan. Mennoniten haben sich dort oben, wie das Gesetz es befahl, in über tausend Meter Höhe angesiedelt. Auch sie sind Bewohner einer Lichtung; ihre friedliche Oase ist von Wäldern umstanden. Sie sprechen, in einem sonst welschen Gebiet, das Berndeutsch ihrer Vorfahren. Die älteren unter ihnen heißen noch Isaak oder Samuel mit Vornamen, und von alttestamentarischer Einfachheit ist das Leben, das sie führen. Man sieht es den Gesichtern an, vor allem den Augen, aus denen eine beruhigte Seele spricht. Schön ist es hier oben, auch unter Regenschauern und Wolkenfetzen. Wege gehen über die Hügel. Die Gärten leuchten bunt. In die Mitte der Ansiedlung haben die Mennoniten ihre weiße Kapelle mit den hohen Fenstern gesetzt.

Der Kirchenraum ist streng und karg. Holz herrscht vor, in den Bänken und am Pult des Predigers. Ein Altar fehlt. Die weißen Wände sind nur mit Sprüchen geziert. Im Vorraum heißt es: »Bewahre deinen Fuß, wenn du zum Hause Gottes gehst.«

Unter der Kirche der Schulraum. Adrian Loosli, eines der acht Kinder, die hier in deutscher Sprache unterrichtet werden, zeigt uns das helle Zimmer, in dem alle Altersstufen zusammensitzen, vor den neuesten Landkarten, mit dem besten Lehrmaterial zur Hand – und dem Blick hinaus in die stille Welt ihrer Siedlung. Da möchte man noch einmal Schulkind sein.

Später Nachmittag. Die Wolken schienen des Regnens müde zu sein, sie legten sich feucht und dicht auf alles Land ringsum. Wir dankten für die Gastfreundschaft und sagten Adieu. Bei der Talfahrt tauchte unversehens ein Mann aus dem Nebel auf, der Pferde von der Weide heimholte. Von seinem breiten Hutrand tropfte es, das Fell der Tiere glänzte vor Nässe. Auch sie trugen Glocken wie Kühe, aber kleine mit hellem, eifrigem Geläute.

Als es dämmerte, waren wir wieder in Delémont.

Auf dem Wege von Delémont zu den Gorges du Pichoux: Kirche von Courfaivre. Farbige Glasfenster von Fernand Léger, Tapisserie von Jean Lurçat.

Bei einer erstaunlich großen Anzahl von Landkirchen des Jura wurden die alten bleigefaßten farblosen Scheiben durch moderne starkfarbige Fenster ersetzt, zum Teil von der Hand bekannter Künstler. Der Kontrast zum schmucklos-strengen Inneren der Bauten ist groß, häufig zu groß.

Von Delémont aus in südlicher Richtung lassen sich das Tal von Saint-Imier, auch die Stadt Biel erreichen: über Courrendlin (alter Uhrturm), Roches mit der Kluse der Birs, Moutier (Industriestadt, Kunstmuseum), Court (Schluchten der Birs) und die Höhe von Pierre Pertuis (Petra Pertusa), wo ein Tor im Fels die alte Grenze zwischen Helvetiern und Raurakern anzeigt.

Les Rangiers
Die Tochter des Mai und der Fritz

Nordwestlich von Delémont beginnt jener Höhenzug, dem die frühesten Bewohner den Namen ›Mont Terri‹, Berg ohne Wasser, ohne Brunnen, gaben. Die Landschaft ist freundlich und zahm, kein ›Mont Terrible‹ kein fürchterlicher Berg, wie die Franzosen der napoleonischen Zeit ihr Herrschaftsgebiet irrtümlich nannten.

Am Nordhang dieses Kammes, der bei hohem Schnee unpassierbar wird, liegt für Keltenforscher eine Sehenswürdigkeit versteckt. Beim Weiler Bourrignon, in einem Seitental, einem Tälchen, das alle Lieblichkeit dieser Gegend en miniature aufweist, gibt der Laubwald auf der Höhe den Blick auf eine merkwürdige Erscheinung frei: eine Riesenfrau aus Felsgestein. Ihre Rundungen sind unübersehbar, wenn auch von Grün übersponnen. Das ist ›la Fille-de-Mai‹, die Tochter des Mai. Vor mehr als zwei Jahrtausenden haben die keltischen Rauraker diesem Felsen Opfer dargebracht, als einer Göttin der Fruchtbarkeit. Fachleute befanden: eine natürliche Formation, nicht von Menschenhand bearbeitet.

Nur einige Kilometer entfernt, auf den Höhen, trafen wir auf eine andere Figur. Auch sie ist überlebensgroß. Doch während die ›Tochter des Mai‹ von Raubvögeln bewacht in tiefer Einsamkeit geheimnisvoll und unerklärlich die Zeiten überdauert, steht das Manns-Bild von Les Rangiers am Kreuzungspunkt zweier Paßstraßen im Verkehr; es ist von Menschenhand aus grünem Granit gehauen, äußerst naturgetreu, uniformiert und bewaffnet dazu. ›La Sentinelle‹ erinnert an die Verteidigung Schweizer Neutralität im Ersten Weltkrieg. Aber für den Geschmack der Jurassier, die französischer Eleganz huldigen und ihr nacheifern, ist dieses Denkmal auf der Höhe wohl zu germanisch-martialisch geraten; sie nennen es ›Le Fritz‹.

Jedesmal, wenn ich vorüberfahre, fällt mir die Geschichte vom verhinderten Panzerübungsplatz ein: Auf einer nahen Hochfläche, La Caquerelle genannt, wo im Frühsommer die Rapsfelder gelb leuchten, findet jedes Jahr im August eine patriotische Erinnerungsfeier statt. Als 1964 zwei Herren der Regierung, Bundesrat Chaudet und Regierungsrat Moine, sich als offizielle Redner zu diesem Ereignis einfanden, sahen sie sich einer unübersehbaren erzürnten Menschenmenge gegenüber, die gegen einen geplanten Panzerübungsplatz im schönsten Revier ihrer Heimat, in den Freibergen, lautstark protestierte. Die Herren mußten das Feld räumen, ohne ihre Reden halten zu können. Schon wenige Tage später sang man überall im Hochjura das neue Kampf- und Spottlied zur zündenden Melodie eines französischen Chansons, eigentlich eines Gassenhauers:

A la Caquerelle on attendait
Moine et Chaudet
Aux abords de la sentinelle
On attendait – Qui, ça?
Moine et Chaudet – Où ça?
A la Caquerelle

Auf der Caquerelle
wartend auf Moine und Chaudet
beiderseits des Pfades –
wartend auf wen?
Moine und Chaudet.
Wo das?
Auf der Caquerelle ...

Die Panzerübungsplatz wurde in einen anderen Landesteil verlegt. Ich habe diese Geschichte aus erster Hand erfahren, von einem Betroffenen, der seine Weide, bereits enteignet, nach dem Tag auf der Caquerelle zurückerhielt.

Von Les Rangiers aus schöne Höhenstraßen mit Ausblicken (Corniche du Jura) über Saint-Brais nach Saignelégier.

Saint-Ursanne
Die Flut kommt und geht

Für den Eisenbahnreisenden liegt Saint-Ursanne jenseits eines Tunnels und vor dem nächsten. Man kennt ja solche kühnen Konstruktionen als Schweizer Spezialität.

Wir hatten in Delémont den Zug bestiegen, waren pünktlich abgefahren, nicht nur pünktlich, sondern eine halbe Minute eher. Ich kann mehrere Freunde als verläßliche Zeugen aufführen: Züge, auch Autobusse, fahren hierzulande gelegentlich zu früh ab.

Ein weites Tal, löwenzahngelbe Weiden; die Lokomotive pfiff, und an den kleinen Stationen der kleinen Ortschaften machte eine Glocke ding-dong, wie bei uns in meinen Kinderzeit-Reisetagen. Bei Glovelier standen Fabriken in den Wiesen. Dann kam der Tunnel: länger andauernde Finsternis, Sausen vor den Fenstern, Knacken in den Ohren, schon war ein Bergmassiv durchquert. Hinaus ins Helle, eine hochbeinige Brücke und der Bahnhof von Saint-Ursanne, an eine Felswand hingebaut, über dem engen, grünen baumbestandenen Tal des Doubs; der Fluß lehmgelb hochgeschwollen nach Tagen heftigen Regens.

Die Häuser von Saint-Ursanne, dicht um ihre Kirche geschart, waren drunten schon zu erkennen; aber eine Beförderung hinunter, für uns und unser Gepäck, schien um diese Stunde nicht möglich. Ein Bus fuhr gerade nicht, Taxis gab es nicht. Daß man, auf diesem Bahnhof am Ende der Welt, im ›Buffet de la Gare‹ hätte warten und gut essen können, sogar von einer Terrasse aus ins Tal schauen, wußten wir noch nicht. So ließen wir unsere Sachen beim freundlichen Vorstand. Für den Preis der Aufbewahrung hätte ich mehr als vier Tafeln Schweizer Schokolade kaufen können.

Steil bergab gelaufen, durch ein Tor mit Türmchen hinein ins Mittelalter. Kein museales, aufgeputztes, sondern ein beinahe ärmliches graues Gemeinwesen, mit Supermarkt und Tearoom. Aber jedes Haus steht noch, wie es einst stand. Jede der neun krummen Gassen führt, wie immer schon, auf die Kirche zu. Drei Stadttore, nicht breiter als damals, als man sie erbaute, empfangen und entlassen den Gast. Häuser zum Doubs hin tragen altersbraune Altanen. Eine Brücke von 1728 schwingt sich über den Fluß, mündet in einem der Stadttore, trägt auf ihrem Steingeländer das Standbild des St-Jean Nepomucène. Der Heilige aus Böhmen blickt sanftmütig auf die, die vorübergehen und leider auch -fahren. Und über allem die Landschaft der braunen Steildächer, der Bodenluken, Dachreiter und Türmchen, immer auf die Kirche in ihrer Mitte hin ausgerichtet, ihr zugewandt.

Der Platz vor der Kirchentreppe heißt Place du Mai und erinnert an die Französische Revolution, aber die Figur auf dem Brunnen in seiner Mitte stellt den hl. Ursicinus dar, nach dem diese Stadt benannt ist.

Ursicinus, Ursanne, gälisch Mathghamhain, der Bär, soll zu jener Schar verwegener Heiliger gehört haben, die mit Columban, ihrem Anführer, »um Christi willen« Anfang des 7. Jahrhunderts die irische Heimat verließen. Sie wagten sich, in Booten aus Weidengeflecht und Tierhäuten, auf die »pfadlose See« und gelangten so bis ins Frankenreich, auch zum Königshof. Ihre Sprachgewalt, ihre unbeugsame Glaubensstrenge müssen überall einen unauslöschlichen Eindruck hinterlassen haben. Sie wagten es, den Zorn der Herrschenden auf sich zu ziehen, indem sie zu Umkehr und Buße mahnten. Sie gründeten Klöster: Annegrey, Luxeuil. Singend, so heißt es, ruderten sie weiter den Rhein hinauf, noch zu zwölfen. Dann begann die Schar sich zu zerstreuen.

Auch wenn es die Überlieferung nicht bestätigte, gäbe es für mich keinen Zweifel daran, daß Ursicinus ein Ire war. Sie alle suchten sich, als Ort ihres Refugiums, grüne wald- und wasserreiche Verstecke. »Sehet, Freunde, wie lieblich dieser Ort ist.« St-Ursanne soll sechs Jahre, bis zu seinem Tod um das Jahr 620, in einer Höhle über den Ufern des Doubs gelebt haben.

Er war nicht der einzige in jener Frühzeit, den die Landschaft des Jura anzog und festhielt. In Romainmôtier oder in Baume-les-Messieurs sind ebenfalls Spuren der Iren zu finden. Durch ihre nie endenden Gebete verliehen sie dem Ort, an dem sie lebten und wirkten, eine unvergängliche Aura des Friedens.

Auch Saint-Ursanne ist, wenn der Touristenstrom sich verlaufen hat, eine sehr friedliche kleine Stadt. Man muß nur den Lahmen und Betagten zuschauen, wie sie zufrieden ihre Wege zwischen dem Siechenhaus, ihrem Heim, und den Bänken am Kirchplatz gehen, um zu wissen: Hier ist es gut sein.

Hinterm Altersheim versteckt klettern bemooste, überwachsene unebne Steinstufen, 180 an der Zahl, durch wucherndes Gesträuch leitersteil den Hang hinauf. Oben angelangt, steht man vor einer Höhle. Durch Jahrhunderte war dieser heute verlassene Ort Ziel einer Wallfahrt und so vielbesucht, daß jeweils ein Einsiedler, in der Nachfolge des Ursicinus, hier seine Klause hatte und die Pilger betreute.

Heute begegne ich, allein, einem freundlichen Gips- oder Holz-Ursicinus, der, durch ein Gitter geschützt, gewiß schon lange da am Boden lagert. Die Höhle mag tatsächlich Zufluchtsort des Heiligen gewesen sein, aber er selber hat sicher anders ausgesehen: mit einer Tonsur nach irischer Art, die quer übers Vorderhaupt ging, mit Augen, in denen ein Feuer brannte.

Dieses Feuer wurde weitergetragen. Zunächst durch einen fränkischen Edelmann, St-Wandrille oder Wandregiselus, der im Jahre 635 die Gebeine des Ursicinus entdeckte und über ihnen, »auf eigenem Grund und Boden und aus eigenen Mitteln« eine klösterliche Niederlassung gründete. Seit dieser Zeit und bis zur Französischen Revolution ist die Tradition einer frommen Wache über dem Grab des Iren nicht mehr abgerissen.

Zunächst waren es Benediktiner, die den strengen Geist der christlichen Frühzeit hier in ihrem Kloster bewahrten.

Erst 400 Jahre später, nach dem Investiturstreit, wurden sie durch Augustiner-Chorherrn abgelöst. Von denen durfte jeder sich sein eigenes Haus bauen, wenn sie auch zu Gebet und Gottesdienst regelmäßig zusammenkamen. Sie verfügten zudem über größere Mittel als ihre Vorgänger. So ist, zwischen dem 12. und 13. Jahrhundert, das Saint-Ursanne entstanden, das wir – trotz eines Brandes im Jahre 1403 – heute noch erkennen: die ›Collégiale‹, die Stiftskirche, als geistiges Zentrum im Mittelpunkt, umlagert von der Herde der Kanoniker-Häuser. Später schlossen sich weiter östlich die Behausungen der Handwerker und Krämer an, in strenger Trennung vom Quartier der geistlichen Herren. Ihnen stand ein Probst vor. Sein Haus – heute Pfarrhof – war das prächtigste von allen. Auf einer Steintafel im nahen Kreuzgang der Kirche sind 47 ›reverendissimes prévots‹ aufgeführt, die von 1119-1793 über Saint-Ursanne herrschten. Die meisten tragen große schweizerische Namen: Asuel, Landskron, Hallwyl, Wattenwyl und Blarer.

Den Chorherrn mangelte es nicht an Besitztümern und Einkünften. So verfügten sie über ausgedehnte Weingüter im Elsässischen drüben, in der Nähe von Sigolsheim. Zur Zeit der Lese zogen die Kanoniker mit Wagen und Gesinde dorthin. Bei ihrer Rückkehr hatten auch die Armen teil an der Gottesgabe: ›Le part à Dieu‹ nannte man ihre Ration an gewiß ausgezeichnetem Wein.

Daß der feurige Geist der Frühzeit allmählich erlahmte, daß die Herzen träge wurden, Bequemlichkeit und Nepotismus überhand nahmen – dieses Schicksal teilt Saint-Ursanne mit anderen Klostergründungen. Teilweise waren nur noch wenige Kanoniker anwesend. Auch die geldlichen Mittel wurden spärlicher. So ist es zu erklären, daß die dreischiffige spätromanische Stiftskirche des 12. und 13. Jahrhunderts rein erhalten blieb, nicht etwa barock überbaut wurde – für uns heute ein Glücksfall, wie er noch öfter im Jura anzutreffen ist.

»J'aime la simplicité de cette église«, ich liebe die Einfachheit dieser Kirche. Madame Scherrer, die Organistin, achtzig Jahre alt, übt seit 56 Jahren ihr Amt aus. An diesem Nachmittag saß sie an ihrem Instrument, spielte zu ihrem Vergnügen – und zu dem meinen. Sie stimmte Präludium und Fuge an; ich besuchte Burchinus, den ersten Probst des Stiftes, und Ursicinus, deren primitive Darstellungen an den ältesten Kapitellen im südlichen Seitenschiff ich nicht müde wurde zu betrachten.

Das Innere der Stiftskirche ist in einem lichten Grau gehalten. Dreimal in der langen Geschichte der Stadt brach eine Seuche über Saint-Ursanne herein; dreimal wurden die Wände ihrer Kirche frisch gekalkt, zur Desinfektion; die alte Malerei verschwand unter dem Putz, eine neue wurde aufgetragen. In den letzten Jahren hat ein Team äußerst geschickter Restauratoren jeweils jene Malereien wieder ans Tageslicht geholt, die es zu bewahren lohnte. Am schönsten scheinen mir die Darstellungen an einigen Pfeilern des nördlichen Seitenschiffs: ein mit dem Kopf nach unten gekreuzigter Petrus; Johannes, das Gotteslamm tragend; Michael mit der Seelenwage. Man muß oft lange hinschauen, das dargestellte Ereignis aus der Wand herausbuchstabieren. In eben diesem nördlichen Seitenschiff hat man ein Stück Wand unverputzt gelassen. Unter einem etwas schiefen Spitzbogen, erster Andeutung der Gotik, ist noch der ältere Rundbogen zu erkennen.

Aus der Kirche geht es hier hinaus in den Kreuzgang. Ein Verkündigungsengel ließ mich von neuem den Schritt anhalten. Die Töne der Orgel folgten mir nach, während ich langsam das Viereck umwanderte, hinter dem die steil ansteigenden Berge wie eine grüne Wand stehen.

An der Nordseite des Kreuzganges gerät man plötzlich in die früheste christliche Zeit dieses Tales. Die ›croix pattée‹ dort hat an den Enden sich öffnende Arme und scheibenförmige Erhöhungen auf jedem von ihnen, auch eine solche in der Mitte. Am Kreuz vorbei geht es ins Museum, genauer gesagt Lapidarium, am Ort einer frühen Kirche, erster Vorgängerin der Collégiale. Auf einem Rost stehend sieht man hinunter auf monolithische Sarkophage

1 ◁ *Saint-Ursanne am Doubs*

2, 3 *Saint-Ursanne*
Muttergottes und Ursicinus
am Südportal der Stiftskirche

4 *La Chaux-de-Fonds*
Villa von Le Corbusier in der Rue du Doubs

HOUT
HOUT

6 *Neuchâtel, Maison des Halles*
7 *Besançon, Porte noire und Turm der Kathedrale*

8, 9 Besançon
Treppe im Hof eines Bürgerhauses und Blick von der Zitadelle auf den Doubs

10 *Besançon, Palais Granvelle*
11 *Salins-les-Bains, Unterirdisches Gewölbe einer Saline*

12, 13 *Ornans, Geburtshaus und Grabstätte von Gustave Courbet*

Brückenkonstruktionen bei Bellegarde und Morez ▷ 14, 15

›Königliche Saline‹ von Claude-Nicolas Ledoux, Arc-et-Senans ▷

FIN
D'INTERDICTION
DE
STATIONNER
DIJON

des 7. bis 10. Jahrhunderts, gewaltig wie Findlinge, alle von Ost nach West ausgerichtet, so wie man sie entdeckt hat. Hier mögen auch die Gebeine des irischen Heiligen gelegen haben, ehe sie in die seiner würdigen Krypta der romanischen Zeit überführt wurden, um schließlich unter dem Hochaltar der Stiftskirche, von einem barocken Baldachin überwölbt, ihre endgültige Ruhestätte zu finden.

Der Pfarrer der Collégiale, Abbé George Schindelholz, weilt in diesen Tagen in Rom. Ein junger Mann seiner Gemeinde wird als Soldat der Schweizer Garde vereidigt. Das ist nun, dachte ich mir, ein friedfertiger Nachfahre jener ›Reisläufer‹, die Jahrhunderte lang unter allen Fahnen Europas, auf allen Schachtfeldern zu finden waren, deren Landsknechtsallüren Maler wie Urs Graf so großartig festhielten. Der junge Mann muß heutzutage eine abgeschlossene Ausbildung vorweisen – er ist Elektriker –, seinen Wehrdienst abgeleistet haben und vom Pfarrer empfohlen sein. Er wird jetzt, neben dem Italienischen, Schwyzerdütsch lernen müssen. Das erfahre ich im Gespräch mit dem pfarrherrlichen Stellvertreter, in einer Kirchenbank sitzend.

»Hier in Saint-Ursanne sprechen alle nur französisch und alle sind katholisch. Aber weiter südlich reden sie berndeutsch und sind Protestanten. Das geht nicht ineinander über. Das ist eine Grenze wie mit dem Messer gezogen.« Die Hand des jungen Geistlichen durchschneidet die Luft. »Wir sprechen freilich kein schönes oder elegantes Französisch. Man merkt das schon den Kindern an: Sie meistern die Sprache nicht, sie benützen sie.«

Ich mußte an Madame G. im Laden denken, der das »Messieurs, Dames« so glatt über die Lippen geht; aber der Tonfall tut den Ohren weh. Französisch-höflich sind sie übrigens alle hier; des Grüßens ist kein Ende.

Von meinem Zimmer am Doubs aus konnte ich das stetige Steigen des Wassers beobachten. Jeden Morgen war wieder eine der Eisenklammern, die die Steinquadern der alten Brücke zusammenhalten, in der reißenden Flut verschwunden. In der Gasse vor unserem Hotel wurde das Pflaster naß. Man sperrte ab. Aus Porrentruy, jenseits der Berge, war zu vernehmen, die Allaine und der Creugenat seien über die Ufer getreten, »ils sont sortis«. ›Sortir‹: herausgehen, überfließen, ›sortir de son caractère‹: wütend werden, sich nicht mehr beherrschen können – nein, der Doubs konnte sich wirklich nicht mehr beherrschen, trotz der Staustufen, mit deren Hilfe man ihn zu zähmen versucht. Ganze Baumstämme kamen dahergeschwommen und drehten sich in der Strömung.

Man sagt aber auch in der Gegend: »Le Creugenat est sorti; il fera beau demain.« Der Regen hörte auf. Die Wasser der Flüsse beruhigten sich, sanken, zogen sich in ihr gewohntes Bett zurück. Der Sonntag war ein Sonnentag, dazu ›Fête des Mères‹, von den Jurassiern mit einem Ausflug und gewaltigen Festmählern gefeiert, bei denen sich die Großfamilien um die Mütter scharen, nach Art der französischen Nachbarn. Wieder kam die Flut nach Saint-Ursanne, diesmal die der Autos. »Das ist im Sommer an jedem sonnigen Wochenende so.« Am schlimmsten muß es an einem Tag im August zugehen, wenn auf den Serpentinen von Les Rangiers ein Bergrennen ausgetragen wird. Der hl. Nepomuk im Stau ... Aber im Hotel de Ville steht bereits unter einem Glassturz das Modell einer Umgehungsstraße für Saint-Ursanne. Zwei neue Brücken werden sich über den Doubs spannen, und auf der alten soll es ruhig werden, so ruhig wie an den Abenden, wenn der Spuk verweht ist. Dann erheben sich die Lahmen und Gebrechlichen von ihrer Bank unter den gestutzten Linden am Kirchplatz und machen sich auf den Weg zurück ins Altersheim. Im Vorübergehen wenden sie den letzten Fremden, die noch auf der Straße stehen, ihr Gesicht zu und wünschen ihnen eine gute Nacht. Die Fremden danken. Auch sie gehen nun nach Hause – in den Gasthof zum Halbmond, zu den zwei Schlüsseln, zum Storchen, oder wie er heißen mag, und warten auf ihre Forelle. Aus dem Doubs? Nein, das nicht mehr. So viele Gäste verlangten nach dieser Delikatesse, daß höheren Ortes verordnet wurde: Nur wer den Fisch selber im Fluß fängt, darf ihn hier auch verspeisen.

Willkommen und Abschied: Immer, wenn ich in Saint-Ursanne bin, gelten mein erster und mein letzter Besuch dem Südportal der Collégiale. Was schadet es schon, daß diese Glorie des Jura – romanisch, burgundisch beeinflußt, in Teilen farbig gefaßt – an die falsche Stelle gesetzt wurde, daß die Widerlager der Kirche andrängen? Die Gottesmutter in ihrer Nische blickt mit ruhigen Augen im schönen bäuerlichen Gesicht über ihr gekröntes Kind hinweg, das segnend zwei Finger hebt. An den Kapitellen der schlanken Säulen, die das Giebelfeld tragen, hat der stierköpfige Lukas rote Flügel und ein patina-grünes Gewand. Löwen-Markus, Adler-Johannes und Matthäus mit dem Menschenantlitz weisen ähnliche Farben auf. Ihnen gegenüber, an den Kapitellen der rechten Seite, geht es weniger heiligmäßig zu. Da tauchen Gestalten auf, in denen man Erinnerungen an die Zeit der keltischen Druiden zu erkennen glaubt. Eine fischschwänzige Sirene säugt ihr Kind. An der äußersten Säule schließlich wird die Fabel vom Wolf erzählt, der zur Schule geht, das Alphabet, also Ordnung und Gesittung, lernen soll, beim Vorüberlaufen eines Lammes aber wieder zur Bestie wird, sich als unzähmbar erweist. Über dem Tympanon, in dem Christus herrscht, spreizen sich schwarze Drachen, so als wollten sie Luft holen nach den langen Jahrhunderten, während derer Putz sie zudeckte. Zur Rechten, in einer Nische, von einem Dächlein geschützt, sitzt Ursicinus – und sieht aus wie ein Ire von heute.

Die romanische Krypta der Stiftskirche ist über zwei Treppen hinter dem Hochaltar erreichbar. Eindrucksvolles Gewölbe mit vier freistehenden Säulen (gotisch), den ursprünglichen kleinen Rundbogenfenstern und einer quadratischen Nische, die, bis zur Überführung in den Chor der Kirche, die Gebeine des Ursicinus barg.

Ein silberner Büstenreliquiar des Heiligen (1519) wird bis zu einer Renovierung der Sakristei nicht gezeigt.

In der Stiftskirche ist das spätgotische Chorgestühl beachtenswert (Ende 15. Jahrhundert).

Der Stiftskirche gegenüber: Rathaus, ursprünglich Markthalle, von 1492. Erdgeschoß mit vier offenen Gewölbejochen, die sich auf eine Mittelsäule stützen.

Interessante Details an den ehemaligen Häusern der Chorherren nahe der Kirche.

Stadttore aus dem 16. und 17. Jahrhundert. Steinbrücke über den Doubs von 1728/29 mit Nepomuk-Statue gleichen Datums (Kopie, Original im ›Lapidarium‹ im Kreuzgang der Stiftskirche).

Ajoie
Niemandsland

Wer über die Höhen von Les Rangiers in die Ajoie fährt, wird überrascht sein, die Straßen plötzlich mit Sprenglöchern bestückt zu sehen. Metalldeckel verschließen sie. Beiderseits der Wege gewahrt man im Unterholz Panzersperren aus Stahlbeton. Überall in diesem Gebiet, auch am Hochufer des Doubs, läuft die schwer befestigte Verteidigungslinie der Schweiz mit eisernen Steigleitern an Steilwänden, Stahltüren zu Felskammern, versteckt hinter Gips und Draht. Was jenseits liegt, die Ajoie, die auf der Landkarte wie ein Hundekopf in französisches Terrain ragt, gilt von vornherein als aufgegeben. »Wir sind Niemandsland«, sagt man drüben und zuckt die Achseln. Zwölf Straßen führen nach Frankreich hinein, aber nur zwei, im Winter manchmal unpassierbare, hinauf in den Jura.

Die Ajoie ist weiträumig; Hügelland unter hellen Himmeln. Der Boden gilt als fruchtbar. Mit den benachbarten Bergen, die doch am Horizont sichtbar bleiben, hat diese Landschaft nichts mehr gemein. Sogar Tabak gedeiht. Die Pflanzen hängen in großen braunen Holzschuppen zum Trocknen und werden noch diesseits der Grenze verarbeitet. Man kann nicht umhin, aus zahlreichen Reklamen zu erfahren: die Zigarette heißt ›Parisienne‹.

Im lichten Wald von Fahy ruft der Kuckuck. In den Dörfern stehen die Häuser nicht einzeln wie sonst im Jura. Sie reihen sich, auch bei unterschiedlicher Dachhöhe, an breiten Straßen, weisen dem Vorübergehenden ihre Fassaden und stattlichen Misthaufen, blicken zuweilen auf einen von Linden gesäumten Bach, auf kleine Brückchen und unverzierte steinerne Wassertröge von ungewöhnlichen Ausmaßen. Durch weit ausladende, schön gewölbte Tore wird die Ernte eingebracht. Auf den Kirchtürmen sind bunt glasierte Ziegel zu Mustern und Ornamenten gefügt. Muster und Ornamente auch in den starkfarbigen Kirchenfenstern. Das ist neu. Die Künstler versuchen, Fernand Léger und seiner Gestaltung der Fenster in den Kirchenbauten von Courfaivre und – drüben in Frankreich – Audincourt nachzufolgen.

Miécourt, Charmoille, Alle ... eine stille und friedliche Gegend, deren Bewohner viel von gutem Essen und Trinken halten, Sauerkraut einstampfen, saftige Würste in die Rauchkammer hängen, aus Äpfeln, Kirschen und kleinen roten Damaspflaumen ihr ›Eau de Vie‹, einen Obstler, destillieren, dunklen Wein aus Burgund in gewölbten weitläufigen Kellern bewahren. Martin, der großzügige und freigebige Heilige, ist ihr Patron. Zur Zeit seines Namenstages, im November, feiert man zwei Tage lang in der Ajoie. In jedem Haus wird »mindestens ein halbes Schwein geschlachtet« und von kundiger Hand die ›Pastete der Fürstbischöfe‹ bereitet, in der sich Filets vom Kalb und Schwein mit Kräutern, Kalbshirn und Burgunder köstlich mischen.

Aber auch unter dieser harmlos-heiteren Oberfläche existiert eine zweite, unheimliche Welt. So ist das Flußbett des Creugenat – von dessen Launen schon die Rede war – den größten Teil des Jahres über ausgetrocknet und grün bewachsen. Aber von einer Stunde zur anderen brechen, ohne Vorwarnung, die Wasser aus der Tiefe, füllen nicht nur ihr vorbestimmtes Bett, sondern treten alsbald über die Ufer, überschwemmen das Land ringsum. ›Hexensabbat‹ sagte man in alter Zeit und fürchtete die Naturgewalten. Heute sind Höhlenforscher dem unterirdischen Lauf des Flusses auf weite Strecken hin nachgestiegen. Sie gaben ihm sogar einen eigenen Namen. So heißt das ungebärdige Gewässer unter der Erde ›Ajoulote‹, aber oben im Tageslicht ›Creugenat‹.

Die Naturgewalten fürchten – soll ich in diesem Zusammenhang die ›Pierre Percée‹ nennen? Man stelle sich einen übermannshohen Felsblock vor, grau, ebenmäßig durchschlagen mit einem kreisrunden Loch, das von Nord nach Süd ausgerichtet ist – ein Kultstein, der in keltischer Frühzeit gewiß von dunklem und undurchdringlichem Wald umgeben war, dem man sich nicht ohne Furcht und andächtig näherte. Heute wird das Gebilde aus Muschelkalk an drei Seiten von Autos umfahren, mitten im Ort Courgenay; Blumenbeete, Abfallkörbe und eine Ruhebank sind seine Nachbarn. Trotzdem – wir haben uns nicht ohne Zögern durch die Öffnung im Stein die Hände gereicht.

In der Ajoie können zwei Höhlensysteme besucht werden: Die Grotten von Réclère nahe der Straße Porrentruy-Besançon und die Tropfsteinhöhlen von Milandre bei Boncourt.

Porrentruy
Hier spielt man Bach

Damals, als ich noch ahnungslos war, fragte ich, über eine ältere Landkarte gebeugt, mit dem Finger nahe der französischen Grenze: Wie heißt eigentlich Pruntrut im Elsgau auf französisch? »Falsch herum gefragt«, wurde ich belehrt, »Sie müssen es heutzutage so sagen: Wie heißt Porrentruy in der Ajoie auf deutsch?«

Hinter ›Pruntrut‹ ahnt man Uraltes, Keltisches: Brunnentrud vielleicht – Name einer Göttin des Wassers, der Fruchtbarkeit? Porrentruy hat das vergessen, wenn auch seine Bewohner sich Bruntrutains nennen. Porrentruy ist Schulstadt, Stadt der Musik, der guten Buchhandlungen und der Verlage, in die Wiesen gesetzt wie alle Jura-Orte, sozusagen im Niemandsland, und trotzdem geistvoll und weltoffen und sehr französisch. Wenn man bei uns nach Porrentruy fragt: Achselzucken. Keiner kennt diese Stadt, niemand war da. Und das ist schade.

Vom Schloßberg aus, wo die Tour Refous steht, deren Grundmauern vielleicht noch aus der Römerzeit stammen, und die weitläufige noble Residenz der Fürstbischöfe von Basel, sieht man hinunter auf die wohlgeordneten Zeilen der bräunlichen Steildächer an den Hauptstraßen. Sie sinken in eine Mulde ab und steigen wieder auf bis zum höchsten Punkt der Gegenseite, wo sich Schulen und Internate um die ehemalige Jesuitenkirche scharen. In Musik gesagt: Tonleitern, zwischen zwei Akkorde gesetzt. Hie Residenz – und heute Verwaltung –, dort das Nest der Kollegs und Internate. An der Place Blarer-de-Wartensee, unter beschnittenen Linden, vor Jesuitenkirche und -kolleg, summt es in den Schulpausen wie in einem Bienenstock. Man sieht ungewöhnliche Gesichter, hört Fetzen ungewöhnlicher Gespräche in einem raschen, eleganten Französisch, mit dem die drüben in Delémont nicht Schritt halten können. Deutsch scheint hier kaum einer zu verstehen. Die rühmliche Ausnahme, die ich antraf, eine rundliche Emmentalerin in ihrem verlockenden Käseladen, erklärte das so: »Sie chönntets scho, aber sie wönt's nöd.« Sie wollen nicht. Nicht etwa aus Abneigung gegen die Deutschen, sondern als immer noch flammender Protest gegen die ungeliebte ehemalige Berner Herrschaft.

Der Fluß Allaine, in einen Kanal gefaßt, durchquert die Stadt am Grunde der Mulde. Er führte, wie drüben der Doubs, reißendes Hochwasser. So kam ich zu dem Vergnügen, der örtlichen Feuerwehr zu begegnen, die in Mannschaftsstärke auszog, um nach dem Rechten zu sehen, mit

Helmen und Uniformen von so bizarrer Form ausgestattet, als kämen die festen Männer geraden Weges aus dem Dreißigjährigen Krieg.

Bergauf, bergab durch Porrentruy, auf altem Pflaster, durch die Rue des Annonciades zum Beispiel, vorbei an so edlen Fassaden wie der des Hôtel de Gléresse, und hinein in dieses Haus, hinauf in den zweiten Stock, wo das Archiv der Fürstbischöfe damals untergebracht war und ich manche Stunde in Filzpantoffeln über die spiegelblank gebohnerten Böden rutschte, auf der Suche nach jurassischer Literatur, gelenkt und beraten von der klugen Direktorin der Bibliothek. Die sprach natürlich ein makelloses Hochdeutsch und mußte auch keine Filzpantoffeln tragen.

Ich möchte ein Loblied auf Porrentruy und seine Bürger anstimmen. Der Ort hat nur etwa siebentausend Einwohner, bewahrt aber die kunstsinnige Atmosphäre einer geistlichen Residenz. Schon 1592 ließ der damalige Fürstbischof, Christoph Blarer von Wartensee, ›Evêque de Bâle et Prince de Porrentruy‹, hier eine Druckerei einrichten. Vor mir liegt eine Broschüre, die für die Jahre 1940 bis 1976 dreiundzwanzig Verlage aufführt – solche, die schon seit langem in Porrentruy existierten oder jene, die erst in dieser Zeit gegründet wurden. Gewiß, manche waren Eintagsblüten, Bestrebungen von Idealisten, denen nur die Herausgabe einiger weniger Bücher gelang. Aber da gab es auch, im Jahre 1940, drei sehr junge Männer, Studenten, die Jean Cuttat, Pierre-Olivier Walzer und Roger Schaffter hießen, »von der Poesie bezaubert, glühend in edlem Streben, mit Träumen getränkt«. Ihnen ging das Schicksal des benachbarten besetzten Frankreich zu Herzen. Sie fürchteten um seine Kultur, seine Sprache. Wo konnte noch unzensiert französische Literatur gedruckt werden? So entstand der Verlag ›Portes de France‹. Seinen Gründern hat er keine Reichtümer gebracht, aber viel Ehre. Sie verstanden sich als Hort eines kulturellen Widerstandes. Als diese Aufgabe beendet war, wandten sich die drei Idealisten neuen Tätigkeiten zu. Walzer verfaßte eine bedeutende jurassische Anthologie, Schaffter kämpfte als Politiker für ein ›Jura libre‹ und Cuttat wurde, wie er selber sagt, »jurassischer Dichter, der seinen heimatlichen Boden liebt und seiner Sprache treu bleibt«.

Als ich zum ersten Mal den weißen festlichen Raum der ehemaligen Jesuitenkirche betrat, unter den fast heidnisch-wilden Stukkaturen der Wessobrunner Schule stand, war von der Empore her Hämmern und Sägen zu vernehmen. Ich entdeckte an einer Säule den Zettel, auf dem in klarer Handschrift die Worte zu lesen waren: Hier spielt man Bach. Gleich darauf setzte mächtig, fast übermächtig die Orgel ein. Hämmern und Sägen hörten trotzdem nicht auf. Ich ging bis dahin, wo graue Vorhänge eine Bühne vom übrigen Raum trennten und drehte mich um. Das hatte ich selbst im faszinierenden Porrentruy nicht erwartet: Das Modell einer Silbermann-Orgel stand oben auf der Empore, bis ins Kleinste getreu dem Vorbild in Glauchau in Sachsen, aber offensichtlich noch nicht ganz vollendet, der Prospekt noch zu farbenfrisch, der Ton vielleicht noch um eine Nuance zu schrill. Als Toccata und Fuge verklungen waren, flatterte der so offenkundig beeindruckten Besucherin von der Orgel herunter ein rosa Zettel vor die Füße: eine Einladung zu den Einweihungsfeierlichkeiten zu Pfingsten 1985. Guy Bovet würde – wie konnte es anders sein – Bach spielen und die Musik seiner Zeitgenossen; Ewald Koiiman am Tage darauf die ›Messe pour Orgue‹, ebenfalls von Bach. Dieses Pfingstfest habe ich leider nicht miterlebt. Der Einladung war noch zu entnehmen, daß ein Deutscher die Orgel gebaut hat, Jürgen Ahrend aus Leer in Ostfriesland.

Bei einem zweiten Besuch der Jesuitenkirche bevölkerten Gaukler den Bühnenraum. Sie leuchteten ihn für ihre Abendvorstellung aus, taten das lautlos, sich nur mit Gesten verständigend, denn wieder wurde Bach gespielt. Paul Flückiger saß an der Orgel, dem, wie ich inzwischen wußte, als leidenschaftlichem Interpreten der Bachschen Musik der Auftrag an Jürgen Ahrend zu danken ist. Monsieur Flückiger muß zahlreiche Schüler haben; wann immer ich in Porrentruy einen Kirchenraum betrat – etwa um Freunden Saint-Pierre über der Stadtmauer zu zeigen –, war schon von weitem Orgelklang zu vernehmen, manchmal noch zaghaft, aber stets in einer sauberen Folge der Töne.

Nur siebentausend Einwohner hat Porrentruy, aber zweitausend Schüler lernen dort. Auch diese Schultradition ist alt. Das Jesuitenkolleg – dessen Bau heute mehrere Schulen beherbergt – wurde schon im 16. Jahrhundert begründet. Nebenan liegt der ausgedehnte Botanische Garten, ebenfalls mit der Würde des Alters, in dem alle Pflanzen nach Linnéscher Ordnung aufgereiht stehen. Wenn ich dort von weitem sah, wie ›am Objekt‹ Botanikunterricht erteilt wurde, mit viel Gekicher seitens der Schülerinnen, aber auch mit ernsthafter Arbeit, dann kam mir ein Aquarell des Jahres 1878 in den Sinn, das beim Direktor einer anderen Schule, des Lycée Stockmar, hängt. Es zeigt den ›Professor Carnal, der den jungen Damen der Oberklasse eine Botanikstunde gibt‹, im fortschrittlichen Porrentruy schon damals im Freien. Dargestellt ist eine typische Juralandschaft: Wiesen, in denen Tannen stehen, Berge im Hintergrund. Nur die braven und die interessierten jungen Damen scharen sich um den dozierenden Professor. So hat sich seit hundert Jahren nichts geändert.

Von den zweitausend Schülern ist ein Teil in Pensionaten untergebracht. Die übrigen wandern – sofern sie nicht in Porrentruy zu Hause sind – nach Schulschluß in langen Kolonnen dem entfernten Bahnhof zu, durch Straßen mit Vorortcharakter, vorbei an den Jugendstilvillen der Wohlhabenden dieser Stadt. Dann fahren sie in alle Richtungen.

Ein Abglanz der fürstbischöflichen Kultur hat sich bis zu diesem Bahnhof verirrt: Im Restaurant dort speist man, auf weißem Damast, unter Spiegeln, ganz vorzüglich.

Fürstbischof Jakob-Christoph Blarer von Wartensee (1575-1608) hat mit seinen Baumaßnahmen der Stadt ihr heutiges Aussehen gegeben. So ließ er das 1558 durch einen Brand zerstörte Schloß (heute Verwaltung) wieder aufbauen.

Zu Füßen des Schlosses und der Tour Réfouse (schöne Aussicht) die Porte de France, Teil der ehemaligen Befestigung.
Im Stadtzentrum mehrere Barockbauten des späten 18. Jahrhunderts: Rathaus von Pierre-Francois Pâris, ebenso Hôtel des Halles (ehemalige Markthalle mit Logis für fürstbischöfliche Gäste, heute renoviert und für die Aufnahme mehrerer für den Jura wichtiger Archive und Bibliotheken bestimmt; und ehemaliges Hospital (mit kunstvoll geschmiedetem Hofgitter und kleinem Heimatmuseum, in dem u. a. die frühere Spitalsapotheke gezeigt wird).
Nahebei zwei Brunnen des 16. Jahrhunderts: Brunnen der Samariterin und Schweizerbrunnen mit Bannerträger und einem Eber, dem Wahrzeichen der Stadt. Dieses Wahrzeichen auch vor dem Rathaus, wo an die Hinrichtung von Pierre Péquignat und kleinem Heimatmuseum, in dem u. a. die frühere Spitalsapotheke gezeigt wird).
Die Pfarrkirche Saint-Pierre an der Stadtmauer wurde im 14. Jahrhundert erbaut, 1924 vollständig restauriert. In der Sakristei bedeutender Silberschatz, u. a. Monstranz von Georg Schongauer (1493).

Franches Montagnes
Beinahe ein Paradies

In die Freiberge hinauf und durch den magischen Bezirk der *prés-bois,* der Waldweiden da oben, führen gute Autostraßen mit den schönsten Aussichten. Aber einmal sollte man sich das Vergnügen machen, mit der Jura-Bahn zu fahren.

Im Wartesaal des Bahnhofs von Glovelier ist ein altmodischer Musikautomat angebracht, eine Walzenuhr. Funktioniert sie etwa noch? Warum nicht, fragt der Schalterbeamte zurück, beinahe gekränkt. Richtig, wir sind ja in der Schweiz. Sobald ich zwanzig Centimes eingeworfen habe, beginnen sich die drei etwas verstaubten Puppen im Vordergrund zu drehen. Hinter ihnen heben drei bärtige Männer die Trommelschlegel, und die Musik setzt ein: schöne altmodische Melodien wie ›Guillaume Tell‹ oder ›Le bleu

Danube‹. Der Wartesaal ist nicht mehr kalt und öde, die Frau mit dem Strohkorb gähnt nicht mehr, das unleidliche Kind hält still.

Dann kommt er, mitten auf der Dorfstraße fahrend: ein roter Triebwagen, halb Tram, halb Bergbahn. Gleichzeitig trifft drüben ein Eilzug ein; und da es Sonntag ist, ergießt sich eine Flut von rotbestrumpften, stockbewehrten Wanderern aus den Städten des Mittellandes über die Geleise.

Um diese Jahreszeit ist die Jura-Bahn ein Ein-Mann-Betrieb. Der Kondukteur setzt die Dienstmütze auf und kontrolliert die Billets. Er setzt die Mütze wieder ab, wirft einen Blick zurück auf den nun wieder verlassen liegenden Bahnhof, gibt ein Klingelzeichen und fährt an – durch Dorfstraßen und quer durch Wiesen. Dann biegt unser Zug in eine dunkle, mit niederem Wald bestandene Schlucht ein. Häuser und Kirchturm bleiben zurück; bald geht es steiler bergan, zum Wald hinaus, über die ersten Hochweiden, auf denen Riesenfichten wie Herrscher stehen, frei in Luft und Sonne. Ein Tunnel. Einzelne Felsformationen, auch einsame Gehöfte, breit hingelagert. Wechsel von Wiesenhelle mit flirrendem Licht und Tannendunkel. Wer nun an den Bedarfshaltestellen zusteigt, meist schwerbepackt mit dem Rucksack, oft mit einem Fahrrad, scheint aus einer anderen Welt zu kommen, die Weite der Horizonte noch im Blick zu haben. Dann schließt sich der Wald wieder um uns. Die Rinne, in der wir fahren, ist so schmal, daß nur ein steiniger Pfad, ein Bach und unsere Geleise dort Platz haben. Wir sind inzwischen um fast 500 Meter gestiegen. Es ist beträchtlich kühler geworden. Im Abteil greifen sie zu den Wolljacken. Und wiederum auf die Weiden hinaus. Niedere Steinmäuerchen, lose gefügt, an Irland erinnernd. Pré Petitjean, Le Bémont. An jeder Station steigen die Mitreisenden nun in Gruppen aus, falten Karten auf, beginnen ihre Wanderung auf gelb beschilderten Wegen. Die Weite der Landschaft ohne Grenzen, die Weite des Himmels scheinen sie aufzusaugen. Nach kürzester Zeit hat man sie aus den Augen verloren.

Saignelégier. Wir sind 38 Minuten gefahren. Ich bin angekommen.

Wie wir wissen, war das Gebiet des Hochjura bis ins Mittelalter von undurchdringlichen Wäldern überzogen. »Die jurassische Geschichte« – um noch einmal Gonzague de Reynold zu zitieren – »ist die Geschichte der Urbarisierungen. Man verläßt den Wald nur, um dorthin zurückzukehren.« Wenn man die Orts- und Flurnamen dieses Gebietes betrachtet, so erkennt man an vielen von ihnen den Vorgang des Abbrennens, des Umackerns, des Düngens mit Kalk aus den eigenen Öfen: La Chaux-des-Breuleux, Rouges Terres, Le Noirmont. Man sieht im Geist lichterloh brennendes Gehölz, schwarz versengte Erde. Aber wer, außer den Einsiedlern und ihren Schülern, außer Abenteurern und denen, die sich verstecken mußten, wollte freiwillig da oben leben, wo der Boden so karg ist, der Wind so rauh weht, der Winter lange bleibt? Durch seinen Erlaß des Jahres 1384 befreite der Basler Fürstbischof Imier von Ramstein, als Herr dieses Territoriums, die Siedler des Hochjura von allen Abgaben: Franches Montagnes, Freiberge. Er stellte nur zwei Bedingungen: Die neuen Bewohner mußten sich in über tausend Meter Höhe ihre Heimstatt errichten. Sie durften für ihren Glauben, ihre Überzeugung keine Anhänger suchen. Die da kamen, im Lauf der Jahrhunderte, in immer neuen Wellen, hatten nur eines gemeinsam: Freiheit war ihnen wichtiger als jedes andere Gut. Sie waren verfolgt worden, oft um ihres Glaubens willen; oder sie wollten sich einer verhaßten Ordnung nicht fügen: Wiedertäufer – die man da oben Anabaptisten oder Täufer nennt – Hugenotten aus Frankreich, Revolutionäre; oder einfach Querköpfe, Verfechter einer ganz eigenen Weltanschauung. Die Fürstbischöfe waren und blieben tolerant; die Siedler respektierten die gestellten Bedingungen.

So verschieden ihre Anschauungen waren, so einig sahen sie sich in dem Wunsch, in dieser Einöde zu überleben.

Eine ebenso sinnvolle wie ungewöhnliche Siedlungsweise entstand. Da der Boden kaum Frucht tragen konnte, verlegte man sich auf Viehzucht. Das Gebiet der Franches Montagnes wurde zur riesigen Waldweide, ohne Mauern, Zäune und Gatter.

Diese Reviere gehörten allen gemeinsam. Nur das Gehöft blieb Eigentum der Familie, und der Garten davor, mit dem Hollerstrauch am Zaun, auch der kleine Acker hinterm Haus. In einiger Entfernung lag der gemeinsame Wald. In Dörfern wie Le Cerlatez kann man die alte Anordnung noch sehen: die Gehöfte aufgereiht zwischen Wald und Gemeindewiesen, aber in größerem Abstand voneinander.

»Und wie werden die Weiden und Wälder instand gehalten?« – »Das taten und tun wir in Fronarbeit.«

Die Familie von Monsieur Gerber, der mir diese Auskunft gibt, lebt schon seit acht Generationen in den Freibergen. Sie gehören den Täufern an, jenen Frommen, die sich – wie die Mennoniten von Moron – am Abend zu Gebet und Psalmengesang in der Stube scharten, in der oft ein kleines Harmonium stand. Monsieur Gerber zeigt mir die Familienbibel aus dem Jahre 1735. Das in Leder gebundene, silberbeschlagene schwere Buch, für das es einstmals gewiß ein Holzpult gab, liegt heute im modernen Bücherschrank. Monsieur Gerber ist Abgeordneter des Parlaments im Kanton Jura. Er spricht berndeutsch wie seine Vorfahren. Aber sein Sohn und seine Schwiegertochter reden miteinander französisch, und wenn sie sonntags alle miteinander in ihre Kirche fahren, so muß die deutsche Predigt über Kopfhörer in diese Sprache übersetzt werden.

Immer noch gehen Pferde und Fohlen, Kühe und Kälber, Schafe und Lämmer, manchmal auch Schweine und Ferkel zusammen auf die Weide. Die Kühe tragen große schön verzierte Glocken; man hört ihr Gebimmel weithin. Aber an Straßenrändern sind die Weiden nun durch Drahtzäune abgegrenzt, auf Befehl der Regierung: Es gab zu viele Autounfälle. Auch die Geleise der Jura-Bahn sind jetzt durch

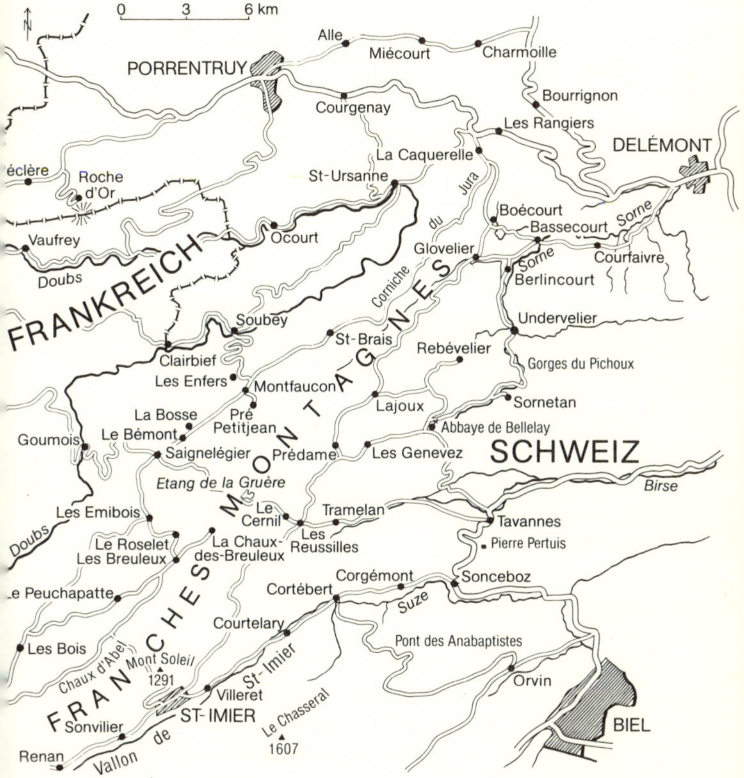

Zäune geschützt, und nicht überall ist das Land noch gemeinsamer Besitz.

Zeit des Übergangs: Verschwunden sind die Zisternen, die Pumpbrunnen mit den langen Holzschwengeln, ähnlich wie in Ungarn, und die hölzernen Röhren, die sich vom riesigen Dach des Gehöfts aus wie eine Narbe schräg über die Front des Hauses zogen. Der Kalkboden des Jura, auf dem Pferde so gut gedeihen, läßt alles Regenwasser rasch versickern. Deshalb gibt es kaum Bäche da oben und wenig Wild. Aber durch ein technisches Wunderwerk wird neuerdings das Wasser aus der Areuse-Schlucht bis zu den einsamsten Berghöfen und zu den Tränkstellen für das Vieh hochgepumpt.

Die neueren Ortschaften in den Freibergen sind eher häßlich. Wo so unbegrenzt Platz ist und so viele Individualisten hausen, baut jeder sein Haus dahin, wo es ihm gefällt, und ganz nach seinem Geschmack. Man sieht erstaunliche Ensembles: ein hohes Mietshaus der Gründerzeit zum Beispiel, dessen Brandmauern rechts und links vergeblich auf Nachbarn warten, ihm gegenüber ein hölzernes Chalet mit geschnitzten Balkongeländern; nahebei eine kleine Kirche im Jugendstil, Türen und Fenster vernagelt. Vielleicht hatte sich hier einmal eine Sekte versammelt.

Aber ist das alles so schlimm? Diese Ortschaften (ich nenne keine Namen) hat man rasch hinter sich gelassen. Schon ist man wieder in den Waldweiden, sieht gelben Enzian hoch aufschießen, hält, bewegt, unter dem kreisrunden Geäst einer Jura-Fichte an: Daß es heute noch so gesunde Bäume gibt!

Die schönsten Waldweiden finden sich, meine ich, zwischen Les Breuleux und La Chaux d'Abel: eine unübersehbare Schar dieser herrlich aufragenden Fichten, und zwischen ihnen der ebene, leuchtend grüne, unter unseren Schritten federnde Weideboden; Gras und Kräuter kurz und glatt, als stehe man auf englischem Rasen. Kein Unterholz, keine toten Äste – so sauber alles, als habe ein Waldgeist hier nächtens ausgefegt. Vögel halten laute Zwiesprache. In der Ferne ist das Läuten einer Herde zu vernehmen. Man möchte immer so weitergehen, von Lichtung zu Lichtung, vom Dunkeln ins Helle und wieder zurück ins Dunkel, unter dem Rauschen der Riesen, in deren mächtige Zweige der Wind fährt.

Die Gehöfte, an denen man vorüberwandert, sind nicht bilderbuchschön, nicht mit Balkonen bestückt und mit leuchtenden Blumen behangen wie in anderen Teilen der Schweiz. Ich mag sie trotzdem. Diese Häuser breiten sich so gelassen aus, in harmonischen Maßen. Sie zeigen, ihrer selbst sicher, in abblätterndem Putz und eingesunkenen Schwellen die Spuren überstandener Mühen. Wie's drinnen ausschaut, will ich im nächsten Kapitel erzählen.

Der Triebwagen der Jura-Bahn fuhr von Saignelégier über Les Reussilles, vorbei an Ahornbäumen, an vielen schwarzen Schafen und späten Narzissen, in Schleifen und Kehren steil bergab, durch den Uhren-Ort Tramelan, wo die Haltestellen ›Dessus‹, ›Milieu‹, ›Dessous‹ heißen: Oben, Mitte, Unten. Wir kamen vorüber an Gehöften aus alter Zeit, an den vielfenstrigen Rückfronten der Ateliers, an Hochhäusern. Endstation ist Tavannes, das grau im Tal liegt, und dessen Fabriken sich in der Zeit einer Rezession auf die Herstellung von Munition umgestellt haben.

Schöne alte Jura-Häuser u. a. in Glovelier, La Bosse, Muriaux, Les Emibois, La Peuchapatte.
Heimatmuseum mit einem gewaltigen Schindeldach der alten Art in Les Genevez.

Alte Geschichten

Das Jura-Haus ist mir immer wie ein lebendes, wachsendes und gedeihendes, auch in Würde alt und unansehnlich werdendes Gebilde erschienen. Tief im Innern das Herdfeuer. In früherer Zeit verbarg es sich in einem gewölbten rußgeschwärzten Raum, der Rauchküche. Und noch heute gibt es in den Küchen mancher alter Jura-Häuser keine Fenster. Mit Hilfe klug ersonnener Abzugssysteme, auch mit Zwischenböden aus Knüppelholz, behält man Wärme und warmen Rauch so lange im Haus wie möglich.

Um das Herdfeuer fügte sich im Lauf der Jahre, in düsterem Gewirr, was das Leben verlangte: Backofen und Holzkammer, steinerner Spültisch und Vorratsraum, über den Köpfen der Bewohner nahrhafte Schinken und Würste baumelnd, an geschwärzten Balken. Die Wölbung der Decke nicht glatt gemauert, sondern aus rohen Steinen in

Kalkmörtel gefügt. Nahm man, was gelegentlich geschah, Holz als Baumaterial, so hieß dieser Teil der Küche, mit seiner dunklen Wölbung über dem Feuer, im örtlichen Patois *tché ai piantchie.* Solche jurassischen Dialektausdrücke für die verschiedenen Räume des Hauses möchte man, wenn es draußen dämmrig wird, am Herdfeuer, *l'aître,* langsam und laut aufsagen wie ein Gedicht – so schön klingen sie: *l'hôta, soitchou, poiye, heuchelas, devant-huis …*

L'hôta ist das Haus selbst, als Gebäude und als Symbol. *Soitchou* nannte man den Trockenraum über der Herdflamme. *Poiye* könnte man mit Guter Stube übersetzen. Hier schliefen, und schlafen gelegentlich noch, Hausherr und Hausfrau in einem Alkoven. Aber ein mächtiger Ofen ist das Hauptstück des Raumes. Für Knechte gab es einen Verschlag im Flur; Söhne und Töchter hatten je ein Gelaß unterm Dach, über eine dunkle Treppe erreichbar. Bei den Söhnen stand die Werkbank, bei den Mädchen die Honigschleuder. Und wieder hinunter im Fast-Dunkeln. Zu den Wiesen hinaus öffnet sich *heuchelas,* der kleine Eingang, oder, wichtiger, *devant-huis,* der Haupteingang. Eine Art Loggia oder Veranda würde das unter milderen Himmeln sein; hier muß man mit Holz verschalen. Wiederum Düsternis.

Draußen wenige magere Blumen an den wenigen Fenstern, aber oftmals schön behauene und verzierte Tür- und Fensterstöcke, von altersher. Ein dreiflügeliges Fenster an der Sonnenseite des Hauses, hinter dem im Winter der *paysan-horloger,* der Bauer als Uhrmacher, bei seiner kunstvollen Arbeit saß, in der Gewißheit langer ungestörter Stunden in einer schweigenden weißen Welt. Und über allem, auch dem Vieh im Stall, den kargen Heuvorräten, den Winterkartoffeln, spannt sich wie eine Haut, schützend und bergend, flach abfallend, fast den Boden berührend, ziegelrot oder schindelgrau, die schwere Last meterhohen Schnees geduldig tragend, in gewaltigem Ausmaß das berühmte Dach des Jura-Hauses.

Nun kennt man die Szenerie und kann sich vorstellen, wie es einst in einem solchen Gehöft zuging, damals, als es galt, irgendwie sein Leben zu fristen, der Natur zu trotzen, mit oft seltsamen Nachbarn auszukommen. Wo alles so karg bemessen war, durfte kein Fremder mehr eindringen, etwa seßhaft werden und eines der Mädchen heiraten. Die jungen Männer formten sich zu Burschenschaften, und deren strenge, oft grausame Regeln waren Gesetz. So soll einst zu Frühlingsbeginn eine seltsame Zeremonie stattgefunden haben. Die Jugend versammelte sich unter einem Baum, einer der Männer stieg ins Geäst hinauf und rief von dort seinen Urteilsspruch hinunter, der gewiß zuvor die Zustimmung der Burschenschaft gefunden, von ihr ausgehandelt worden war. »Wer bekommt Jeanne? Sévère bekommt Jeanne.« Was Jeanne dazu meinte, ist nicht überliefert.

Wie eine Sage klingt die Geschichte vom jungen Mann, der von weither kam und mit seinem Geigenspiel einem jungen Mädchen den Kopf verdrehte. Die Burschen – *les buebes* im Patois – duldeten solches nicht, entwendeten das Instrument, zerbrachen es und warfen die Stücke hoch in den Felsen in einen Spalt. Wenn der Wind, wie es da oben geschieht, sich zwischen den Steilwänden verfing und zu singen begann, dann sagte man noch lange Zeit: Das ist die Geige. Der Musikant bekam sein Mädchen trotzdem, aber er zog fort mit ihr.

Von Allerheiligen an bis zum Beginn der Fastenzeit fanden die *veillées* in den Gehöften mit heiratsfähigen Mädchen statt: Die *buebes* gingen von Haus zu Haus. Hatten die *jeunes filles* sich schon zur Ruhe gelegt, dann wurden sie von den Eltern mit dem Ruf »les buebes, les buebes« wieder in die Stube geholt. Die Umworbene saß am Ofen, und einer der jungen Männer nach dem anderen durfte sich eine Zeitlang neben sie setzen, sie wohl auch um die Taille fassen; mehr zunächst nicht. Nach einer Weile mußte er zum nächsten sagen: »Je te la passe«, übernimmst Du sie?

Daß es im späteren Verlauf des Werbens nicht mehr so sittsam zuging, daß die Bräuche dem bayerischen ›Fensterln‹ ähnelten, kann man einem Donnerwort der allgegenwärtigen Fürstbischöfe entnehmen, in dem die ›conventicules nocturnes‹ bei Androhung schwerer Strafen untersagt wurden. Viel hat es nicht geholfen.

Veillées nannte man auch Versammlungen, bei denen nur die Männer sich trafen, entweder im Stall – dann sprach man von ›Kuhschulen‹ – oder am Destillierkolben. Einer, der dabei war, erzählt, daß sie in seinem Dorf stattfanden, bis das Fernsehen, anläßlich der Krönung von Elisabeth II., seinen Einzug hielt.

Burschenschaften gibt es immer noch, aber sie sind zum Glück nicht mehr so mächtig. Sie können nicht mehr – wie einst – einem nicht genehmen Paar die Hochzeitsnacht auf abscheuliche Weise stören. Andere Bräuche des Hochjura, die sich teilweise bis in unser Jahrhundert erhielten, muten fast alttestamentarisch an. Eine Wöchnerin galt 38 Tage nach der Geburt ihres Kindes als unrein und durfte sich nirgends zeigen. Danach holte sie eine der langen Holzschindeln vom Dach ihres Hauses und band sie mit Hilfe eines Tuches auf dem Kopf fest. Damit war sie, symbolisch, noch daheim. Auf Nebenpfaden schlich sie zur Kirche und gab sich dabei die größte Mühe, von niemandem gesehen zu werden. Unter dem Glockenturm erwartete sie der Geistliche in vollem Ornat, neben sich einen Ministranten mit der brennenden Lichtmeßkerze. Der Pfarrer hielt der Wöchnerin die Stola über beide Hände und sprach ein Gebet. Dann durfte sie die Holzschindel vom Kopf knüpfen, die Kirche betreten. Auf dem Heimweg, der nun offen zwischen den Gehöften entlangführte, traten die Bewohner aus den Türen, begrüßten und beglückwünschten sie. War der erste Mensch, dem sie begegnete, männlichen Geschlechts, würde ihr nächstes Kind ein Knabe sein.

Fand eines der Mädchen keinen Mann, so mußte es, wenn es nicht als alte Jungfer daheim bleiben wollte, *aller aux Allemands*, in der Deutschschweiz sich als Dienstmädchen verdingen. Ihr Klagelied im Dialekt ist überliefert: »Meine Mutter hat einen Mann gefunden, meine Großmutter auch; meine Urgroßmutter ebenfalls, warum ist es mir nicht gelungen?«

Nach: Gilbert Lovis, Du Temps des Veillées, Develier 1981.

La Fée Verte
Aus meinem Notizbuch

Absinth, auch ›Fée Verte‹, die grüne Fee genannt, war das bevorzugte Getränk der Männer der Freiberge, daheim gebraut, oft im Geheimen. Im Heimatmuseum von Môtiers (nebenan wohnte Rousseau) ist eine Stube mit allen notwendigen Gerätschaften für die Destillation des Teufelszeugs ausgerüstet. Man erfährt, daß die Absinthpflanze mit der langen Wurzel vor allem in dieser Gegend heimisch ist. Beim Destillieren können sich geringe Mengen von Methylalkohol bilden – gefährlich genug, wenn man, was damals vorkam, den Schnaps wie Wasser trank, das Glas um fünf Pfennige. Als 1910 die Schweizer Regierung den Absinth verbot, gab es eine großartige Beerdigung der Fée Verte auf dem Marktplatz von Delémont, mit flammenden Nachrufen, Kränzen, Klageweibern und Trauermusik.

Kein Zweifel, daß das Getränk auch weiterhin heimlich gebraut wurde. Wer eingeweiht war und ein einschlägiges Lokal in den Bergen kannte, verlangte dort »ein Glas Milch, bitte«.

Le Roselet
Galopp des Schweigens

So lange ist es gar nicht her, daß die Franches Montagnes eine einzige riesige Weide waren, ohne Zäune. Da alles Wasser hier so rasch versickert, kam das Vieh von allein zur Tränke auf den Hof zurück. Bis heute hat sich der Brauch erhalten, alles Vieh gemeinsam auf eine Weide zu schicken, für uns ein ungewohnter Anblick. Die Kühe gehören, wie fast überall im Jura, der Montbéliard-Rasse an, sie sind rötlich-braun und weiß gefleckt und geben reichlich Milch.

Die Freiberge ohne Zäune lockten zu Ritten über lange Distanzen. Eine Strecke gibt es – sie wurde mir auf der Karte gezeigt –, da konnte man mehr als zehn Kilometer weit ungehindert galoppieren. Hatte sich eine Gruppe von Reitern auf den Weg gemacht, über Waldwiesen, die noch vom Morgentau naß lagen, so war jedes Reden untersagt, um die Stille ringsum und das Glück dieser Stunde nicht zu stören. ›Galop de Silence‹ nannten sie es, Galopp des Schweigens. Heute müssen unterwegs sechs Gatter oder mehr geöffnet und hinter den Reitern wieder geschlossen werden. Der Galopp des Schweigens findet immer seltener statt.

Die Route begann und beginnt bei einem Hof, der ›Le Roselet‹ heißt und nahe der Ortschaft Les Emibois liegt, in über tausend Meter Höhe wie alle alten Ansiedlungen in den Freibergen. Von Le Roselet muß ich ausführlicher berichten. Das Gut ist ein Gnadenhof, eine ›Stiftung für das Pferd‹, 1958 begründet von Hans Schwarz, einem Berner Idealisten. Die Mittel zum Unterhalt der Tiere muß zum kleineren Teil der frühere Besitzer beisteuern, der größere wird durch Spenden aus der deutschen Schweiz, durch Patenschaften und den Verkauf einer kleinen Zeitschrift zusammengebracht, in der die Betreuer der Pferde Geschichten und Anekdoten aus den Ställen und von den Weiden erzählen. Ein zweiter Hof, Jeanbrenin, liegt noch einsamer und so im Wald versteckt, daß dem Besucher die weidenden Pferde wie Märchenwesen zwischen den Bäumen entgegenkommen.

»Der richtige respektvolle Umgang mit Pferden«, so schrieb Hans Schwarz, »soll ein Beispiel für den Umgang mit der Natur überhaupt geben.« In den Ställen von Le Roselet und Jeanbrenin stehen müde alte Gäule; auch Esel und Maultiere sind willkommen. Die Warteliste ist lang. »Wenn ein Pferd 18jährig oder älter ist, insgesamt noch so robust und gut erhalten, daß ihm das recht rauhe Klima der Freiberge wohl bekommt, wenn es kein Schläger und kein Beißer ist, dann hat es die Chance, aufgenommen zu werden.«

Eine kleine Aufzucht wird nebenher betrieben, denn, so sagen sie in Le Roselet, nur die alten Tiere beieinander zu haben, das wäre nicht gut. Wann immer es möglich ist, dürfen alle ins Freie hinaus. Im heißen Sommer, wenn Fliegen und Mücken lästig werden, kann das sogar des Nachts geschehen. Wir kamen im März auf den Hof und fanden die Pferde im Schnee, etwa siebzig an der Zahl, in Gruppen, die sich offensichtlich nicht zufällig zusammengefunden hatten. »Ja«, hieß es, »es gibt Freundschaften und Abneigungen.« Drei kleine Esel, aus einem Zirkus stammend, blieben für sich und gingen, wie früher in der Arena, in geordneter Reihe hintereinander her. Gute Freunde standen regungslos nebeneinander und hatten den Kopf auf den Hals des Nachbarn gelegt.

Hier, in Le Roselet, habe ich viel gelernt. Eine Zeitlang schien es, so wurde mir erzählt, als gehe es mit der Pferdezucht in den Franches Montagnes zu Ende. Das echte Freiberger Pferd von ehedem, mit arabischem Blut eingekreuzt, hat man sich dunkelbraun und ohne Blässen vorzustellen, mit schwarzen Beinen, schwarzer Mähne und schwarzem Schweif. Sein Brand trug die Buchstaben H.P.M.: Haut Plateau Montagnard. Es hatte einen guten Namen, und seine Aufzucht wurde zum nicht unwichtigen Wirtschaftsfaktor des Jura. Die heutigen Tiere sind weniger elegant, aber immer noch zäh, wendig und nützlich. Mit ihrer Zucht geht es wieder aufwärts, seit der Reitsport neue Anhänger fand. Bei vielen Gehöften sieht man nun im Vorüberfahren zwei oder drei Pferde stehen.

Mehrmals im Jahr finden an verschiedenen Orten die ›Concours Cantonaux de chevaux‹ statt. Aber das Hauptereignis bleibt immer der große ›Marché-Concours‹ von Saignelégier, am zweiten Augustsonntag, der nicht etwa eine Veranstaltung für Touristen ist. An diesem Tag feiern die Franc-Montagnards sich selbst und ihr Pferd, mit Prämierungen, Wettbewerben, auch einem Wettrennen nach römischer Art. Das lustigste Ereignis ist wohl das Rennen der Jura-Mädchen, an dem jede Einheimische zwischen zehn und zwanzig Jahren teilnehmen kann: Sie muß ohne Sattel und Steigbügel zum Ziel kommen.

Anschrift der ›Stiftung für das Pferd‹: Le Roselet, CH 2724 Les Breuleux.
Zum ›Marché-Concours national de chevaux‹ von Saignelégier am zweiten Augustwochenende kommen 30-50000 Besucher.

Vallon de Saint-Imier
Bakunin

Von Le Roselet aus kann man über die Höhen ins Vallon de Saint-Imier fahren und damit in eine andere Welt. Im Fahrplan der Bahn, die das ›Tal des Sankt Immer‹ entlangfährt, steht bei einigen Zügen: »sauf les vacances horlogères«, verkehrt nicht während der Uhrmacher-Ferien. Eine der Bushaltestellen heißt ›Longines‹. Ein anderes bekanntes Unternehmen verfügt zwar nicht über eine eigene Station, aber erfreut den Vorüberfahrenden mit dem Duft seiner Schokolade.

Wir sind nun im Berner Jura. Die herbe Schönheit der Landschaft bleibt. Aber das Tal ist stärker besiedelt, die

Ortschaften – Saint-Imier, Courtelary, Corgémont – folgen einander rasch. Die Häuser erscheinen ein wenig behäbiger als manche der oft spartanisch einfachen Behausungen der Uhrmacher auf den Höhen. An der Straße steht, als historisches Zeugnis und fremdes Element, eines der Berner Schulgebäude aus der Zeit des Kulturkampfes im vorigen Jahrhundert. Ich glaube rechts und links etwas mehr Emsigkeit zu verspüren und, etwa im Vorüberfahren am alten ›Cercle Ouvrier‹, klassenkämpferischen Geist zu erahnen. Vielleicht denke ich mir das nur, weil ich weiß, daß Michail Alexandrowitsch Bakunin, russischer Anarchist, nach dem Dresdner Maiaufstand des Jahres 1849 hier Unterschlupf und treue Gefolgsleute fand. Ihnen sagte er damals: »Eure Arbeit ist intelligent und künstlerisch und verdummt nicht wie die Maschinenarbeit.« Heute gibt es, wie wir wissen, in den Ateliers auch Maschinen.

1974 haben hier viele für Bern gestimmt, weil sie um ihre Arbeit fürchteten. »Bleibt bei Bern, und Eure Arbeit bleibt Euch«, hieß es damals. Aber gerade dieses Tal wurde besonders hart von der Rezession betroffen.

Den Arbeitsplatz verlieren – das hat, scheint mir, hier eine zweifache Tragik. Nicht nur um Arbeit und Lohn geht es, sondern auch um den Tisch an der Fensterwand mit den großen Scheiben, an dem man vielleicht seit zehn oder fünfzehn Jahren saß, sich bewußt war, etwas Einmaliges zu leisten, etwas, das nur wenige beherrschen. Hinter dem Atelier der Hausberg, der Mont Soleil, mit seiner alten Drahtseilbahn. Wenn der Uhrmacher von seiner Arbeit aufsah, die Lupe auf die Stirne schob, hatte er den ernsten Umriß des Chasseral vor Augen, sonnenbeschienen, oder um den Gipfel in Nebel gehüllt, von Schnee bedeckt. Man weiß von diesen Männern, daß sie in ihrer Freizeit Vögel beobachten oder seltene Pflanzen suchen. Es gibt ja genug in ihrer Gegend, etwa in den Felsen der Combe-Grède, einem Naturschutzgebiet.

Eine Talbewohnerin, Simone Oppliger, Photographin, schreibt über ihre Jugend: »Wenn ich im Sommer aus dem

Arbeiterzug stieg, dem um 18 Uhr 15, blieb mir noch genug Zeit, um nach Hause zu laufen, etwas Brot und ein Stück Käse einzustecken und in großen Sätzen bergaufwärts zu klimmen, wo ich mit der untergehenden Sonne verabredet war. Unter einer Hecke, immer derselben Hecke, wartete ich auf den Augenblick, in dem der Sonnenball hinter den entfernten Horizont kippte, verlöschte. Wie ich die kahlen Horizontalen meiner Heimat geliebt habe, wie ich sie noch liebe! Nirgendwo sonst auf der Welt habe ich den Drang verspürt, einfach loszulaufen, in ein geheimnisvolles und schweigendes Land, das seine Schätze nicht vergeudet ...«

Ich weiß, wovon die Rede ist. Wir fuhren mit dem Wagen zur Höhe des Chasseral hinauf, standen oben im starken Wind, sahen auf die Spiegel der Seen und das Land in der Tiefe; aber die Alpengipfel hielten sich versteckt an diesem Tag. Wir fuhren wieder talwärts, dieselbe Strecke, nicht zu den Seen hinüber; wir kehrten ein im Gasthof von Les Bugnenets, einer Oase der Gemütlichkeit für müde Wanderer und Skifahrer. Als der Teller mit dem Geräucherten geleert, der Wein vom See unten ausgetrunken war, bogen wir, einer Laune folgend, von der großen Straße ab ins Unbekannte, Ungewisse. »Unsere Gegend wird ›Joux de Planes‹ genannt«, hatte unsere Wirtin gesagt. Ahornbäume in Prachtexemplaren begleiteten unseren Weg. Da fanden wir nun das geheimnisvolle und schweigende Land. In der beginnenden Dämmerung begrüßte es uns mit tannenumstandenen kleinen Weidegevierten, mit gelbem Enzian und mit Orchideen. Ein in sich ruhendes, sich selbst genügendes Stück Natur. Ein Revier, das keine Fernblicke gewährte, nur seine sich stetig wandelnden Kulissen im langsam verdunkelnden Grün zeigte, unter purpurfarbenem Himmel. Wir wußten längst nicht mehr, wo wir waren, bogen, so wie es uns in den Sinn kam, in andere schmale Wege ein, bis auch für uns die Sonne hinter den Horizont kippte, verlöschte. Menschen haben wir nicht getroffen. Wir fanden ins Vallon de Saint-Imier zurück, als dort eben die ersten Lichter aufblitzten.

Zitat: Simone Oppliger, Quand nous étions horlogers, Lausanne 1980.
Ein dem hl. Immer geweihtes Benediktiner-Kloster trug zur Christianisierung der Schweiz wesentlich bei. Es gelangte – wie das übrige Tal – im Jahre 999 an das Bistum Basel. Das Kloster wurde im 12. Jahrhundert in ein Augustiner-Chorherrnstift umgewandelt, dieses zur Zeit der Reformation aufgehoben. Die ehemalige Stiftskirche des 12. Jahrhunderts ist umfassend restauriert.
Von Saint-Imier aus führt eine Fahrstraße auf den Chasseral (1607 m). Großartiger Rundblick vom Gipfel (Orientierungstafel).
Von Saint-Imier aus kann man auch ins Val de Ruz gelangen: stark besiedeltes Tal nördlich von Neuchâtel, zahlreiche Uhrenateliers. Die typischen hohen Mietshäuser der Arbeiter wechseln mit alten Bauernhöfen.
Kirche von Dombresson (1697, mit älterem Turm) gutes Beispiel für die klare Gliederung, den einfachen und doch würdigen Einrichtungsstil einer reformierten Landkirche.

La Chaux-de-Fonds
Stadt auf der Hochalm

Als habe ein riesiger Rechen seine Spuren über einsame Hochweiden gezogen, als seien in diesen Furchen die Häuserblocks nebeneinander gesetzt worden – so muß man sich La Chaux-de-Fonds vorstellen. Die Anlage der Stadt wird in Beschreibungen oft als schachbrettartig bezeichnet, aber das stimmt nicht, meine ich; dazu müßte sie ebenso breit wie lang sein. In ›La Tchaux‹, wie die Bewohner sagen, wurde immer nur in die Länge gebaut. Die Querstraßen sind unwichtig, fallen steil von den Höhen rechts und links und münden in eine kilometerlange Mittelachse, die Avenue Léopold-Robert. Manche Besucher sagen »wie häßlich«; mich fasziniert der Ort. Er ist lebendig, weltoffen, großstädtisch, jung – und unbelastet von Geschichte.

Hier haben keine Mönche gerodet, keine Klöster oder Kathedralen gestanden, Ritter gestritten, Bürger sich mit Mauern umgeben, Patrizier ihre Palais erbaut. Bis zum 17. Jahrhundert überzog undurchdringlicher Wald diese Höhen. Bären und Wölfe fanden Unterschlupf. Dann erst versuchten Bauern einem Boden, der als *peu aimable,* also wenig freundlich, kärglich bezeichnet wird, ihren Lebensunterhalt abzugewinnen. Typisches Jura-Schicksal: lange Wintermonate der Untätigkeit, allmählicher Beginn des Uhrenhandwerks, Anwachsen des Ortes.

Dann kam das Jahr 1794 mit einem verheerenden Brand, der alle Häuser zerstörte. Wiederaufbau zur Zeit und im Zeichen der Französischen Revolution, deren Ideen – Freiheit, Gleichheit, Brüderlichkeit –, wie wir wissen, bei den Träumern der Jurahöhen Anklang fanden. Nun konnten sie solche Gedanken bei ihrem Neuanfang in die Tat umsetzen.

Die Freiheit ihrer einmaligen Lage, in tausend Meter Höhe, Sonne, Stürmen und Schnee offen ausgesetzt, war vorgegeben.

Gleichheit im Bauen: Noch heute stehen in La Chaux-de-Fonds mehr als vierhundert Uhrenbetriebe und Ateliers mit den Wohnblocks der Arbeiter, den Etagenhäusern und Villen der Wohlhabenden in buntem Wechsel.

Brüderlichkeit schließlich: Man wappnete sich gemeinsam gegen die Gefahren einer erneuten Feuersbrunst, aber auch einer Schneekatastrophe, indem man sogenannte ›massifs‹ errichtete: lange und scheibenschmale Baumassen, Häuserblocks, die von den nächsten abgesetzt stehen. »Das in den Hang gestellte und von Straßen umrahmte ›massif‹ bildet somit das Grundelement der Stadt.«

Schön sind sie nicht, diese fünf bis sechs Etagen hohen, gleichförmigen Mietskasernen mit engen Stiegenhäusern und Fensterreihen. Aber eine gewisse altmodische Behaglichkeit glaube ich in den Wohnungen zu verspüren. Und der Uhrmacher hatte nur ein paar Schritte über die Straße zu seinem Arbeitsplatz. Mittags aß man zu Hause. Das ist vielfach so geblieben. Frauen, die in den Ateliers tätig sind, dürfen um elf Uhr die Arbeit niederlegen und an den Kochherd zurückkehren.

Den Häusern der Farbrikbesitzer und Kaufherren ist äußerlich nicht anzusehen, welch hohe Kultur sich oft im Innern verbirgt.

»Seid Ihr, bei dieser Bauweise, ein demokratisches Gemeinwesen?« Kurzes Nachdenken des Befragten. »Im Vergleich zum Hochmut einer alten Stadt wie Neuchâtel: ja.«

Zu dieser Meinung paßt ein Zitat, das ich in einer Stadtgeschichte fand: »Die herrschende Klasse des Unterlands, wenig geneigt, mit der reich gewordenen Bourgeoisie von La Chaux-de-Fonds und Le Locle auf gleichem Fuß zu leben, sah den Aufschwung in den Bergen nicht ohne Mißtrauen. Ohne die Uhrmacher wären die Bergler ruhig ... und ergeben geblieben. Die Industrie ließ sie kritisch werden. Sie kamen so weit, sich den Priviligierten von Adel und Kirche ebenbürtig zu fühlen. Die Uhr übte eine emanzipatorische Funktion aus.«

Auch eine kulturelle, meine ich. Auf die Pflege der Schönen Künste in ihrer Stadt sind die Bewohner von La Chaux-de-Fonds mit Recht stolz. »Wir haben zuerst den Konzertsaal gebaut und dann erst das neue Krankenhaus; erst kamen unsere modernen Schulen und später das Schwimmbad.« Künstler von Weltrang geben in dieser so abgelegenen Stadt regelmäßig Konzerte.

Nicht zufällig stammt einer der größten Architekten unserer Zeit aus La Chaux-de-Fonds. Er hieß Charles-Edouard Jeanneret und nannte sich Le Corbusier. Seine erste Ausbildung erhielt er in der Heimatstadt, aber von den frühen Arbeiten ist nur wenig an Ort und Stelle zu sehen, etwa dieVilla Schwob in der Rue du Doubs. Daß er der »wortgewaltigste« Baumeister des 20. Jahrhunderts wurde, daß »seine gehämmerten theoretischen Forderungen noch einflußreicher waren als seine Bauten, daß die Klärung seiner theoretischen Position seiner Bautätigkeit vorausging« (Hanno W. Kruft) – läßt sich das nicht, wenigstens teilweise, aus seiner jurassischen Herkunft deuten? In La Chaux-de-Fonds sagt man von ihm: »Wäre Le Corbusier bei uns geblieben und Uhrmacher geworden wie wir – wer weiß, welche neuen Wege er uns auf diesem Gebiet gewiesen hätte?«

Kunst des Uhrenbaus: Um sie zu sammeln, an einem Ort zu versammeln, schuf La Chaux-de-Fonds, als Metropole der Schweizer Uhrenindustrie, sein Museum. Mittel gab es genug – eine Zeitlang war man hier reicher als in Zürich. Für den Jura passend und ganz seiner Natur gemäß wurde das Museum höhlenartig in den Berg versenkt. »Der Mensch und die Zeit« steht als Motto über dem Eingang. Im Dämmerlicht, diskret angeleuchtet, reihen sich unter Panzerglas, in Kugelvitrinen, die Meisterwerke. Wir lesen die großen, schon historischen Namen dieses adeligen Handwerks. Eine fast unübersehbare Fülle: Uhren für Könige und plebejische Zwiebeluhren, Kirchturmuhren und Automaten, Pendel- und Stutzuhren, Wecker, Uhren für die Seefahrt und für die Reise. Kuriosa auch: so das millimetergenaue Miniaturmodell einer Uhrmacherwerkstatt samt den Arbeitenden und allen ihren Instrumenten. Louis Houriet aus dem Tal von Saint-Imier hat es hergestellt, um seinem Sohn ein Theologiestudium zu ermöglichen. Dieser enttäuschte den Vater nicht und wurde, wie eine Inschrift besagt, Pfarrer im Jura.

Uhrmacher aus Fleisch und Blut sind im Museum ebenfalls anwesend; man kann ihnen bei der Arbeit zuschauen. Ein Meister und zwei Lehrlinge sind mit der Reparatur alter Uhrwerke beschäftigt. Auch sie: hinter Glas untergebracht. Ihre Abteilung ist so sinnreich beschriftet wie die übrigen: »Der Mensch untersucht, studiert, zergliedert und repariert hier die Instrumente, die dazu dienen, die Zeit zu messen. Hier findet das Museum seine ursprüngliche Berufung wieder, diejenige, den Menschen mit der Zeit zu verbinden – in der bescheidenen, doch begeisternden Perspektive der Arbeit.«

In diesem so vielgestaltigen, lehrreichen, übersichtlichen Museum stört mich nur eines: daß die Automaten stumm und unbewegt bleiben, die meisten Uhren stillstehen.

Wir gehen, nun wieder oberirdisch, über eine Gänseblumenwiese zum Carillon hinauf. Glockenspiele, Zytglogge, haben in der Schweiz eine ehrwürdige Tradition. Sie dienten zur Mahnung und Erbauung, auch als Volksbelustigung.

In La Chaux-de-Fonds hat man sich mit dem Carillon viel vorgenommen. Bunte Figuren, Ritterrüstungen und Trachten nach alter Art wären gewiß unpassend gewesen. So entstand ein Gedanken-Spiel, der Versuch, philosophische Erkenntnisse über den Lauf der Zeit sichtbar zu machen. Im hohen Gestänge aus glänzendem Aluminium hängen als Leitern – Symbole für die Unendlichkeit der Zeit – buntgetönte Lamellen. Ihre wechselnden Farben sollen den Jahreszeiten der jurassischen Landschaft entsprechen. Je zwölf dieser schmalen Elemente sind untereinander angeordnet: zwölf Stunden, zwölf Monate. Jeweils zur vollen Stunde, mit kleinerem Programm auch viertelstundenweise, geraten diese Lamellen in Bewegung, schwingen vor und zurück, drehen sich, blättern um, einzeln und in Reihen: Die Zeit fließt, vergeht, wendet sich. Dazu ertönt Musik. Ich glaube schon zu verstehen, was da gemeint ist. Aber wenn ich, etwa beim großen Getön der vollen Stunde, vor den auf- und abklappenden Elementen stehe, wird mir frostig zu Mute. Ich schließe die Augen und denke an den Vers von Apollinaire:

> Vienne la nuit, sonne l'heure,
> les jours s'en vont, je demeure.
> Die Nacht kommt, die Stunde schlägt.
> Die Tage gehen, ich bleibe.

Das schrieb der Dichter gewiß zum Klang anderer Glocken.

Für dieses Mal nehmen wir Abschied von La Chaux-de-Fonds; aber im Winter werde ich wiederkommen. Ich möchte die Stadt unter Schnee sehen.

Noch ein letzter Rundgang. Verirren kann man sich in diesen Straßen nicht, aber man muß gut zu Fuß sein. Je näher man in der Avenue Léopold-Robert der Stadtmitte kommt, um so moderner und eleganter wird sie, wirkt mit der Doppelreihe der gestutzten Bäume in der Mitte, mit Banken und Boutiquen beinahe pariserisch. Aber aus den Querstraßen schaut von der Höhe der Wald hinein.

Bei der Ausfahrt stehen, wie Ausrufungszeichen, am Stadtrand noch ein paar Hochhäuser an unserer Straße. Dann beginnt, unvermittelt, von neuem die Hochalm mit dem uns vertrauten Bild der Tannen, der weidenden Herden.

La Chaux-de-Fonds ist die höchstgelegene Stadt ihrer Größenordnung in Europa.
Wichtigster Punkt einer Stadtbesichtigung: Musée International d'Horlogerie.
Außerdem sehenswert: Musée des Beaux Arts, vor allem mit Werken Schweizer, auch zeitgenössischer Künstler; Musée Paysan et Artisanal, am Stadtrand in einem alten Bauernhaus der für den Jura typischen Bauweise.
Von La Chaux-de-Fonds aus erreicht man in wenigen Auto-Minuten den berühmten Aussichtspunkt ›Vue des Alpes‹.

MIFLEX

Torrée

Einmal im Jahr zeigen die Bewohner von ›la Tchaux‹ – und die der anderen größeren Ortschaften im Hochjura –, daß auch sie eigentlich Waldmenschen sind. Im Spätherbst, wenn das Vieh wieder in den Ställen steht, zieht an einem schönen Sonntag die Großfamilie aus, vom Baby im geflochtenen Korb bis zum Urgroßonkel im Rollstuhl – in der guten Luft da oben erreicht man ein hohes Alter. Mitgenommen wird, was sich in glühender Asche braten läßt: Kartoffeln, Äpfel und vor allem jene köstlich-fetten Würste, die man heutzutage in Folien steckt, aber früher in dicke Lagen feuchten Zeitungspapiers rollte. Ich nehme an, daß sie damals noch besser schmeckten, so wie in angelsächsischen Ländern ›fish and chips‹ dem Kenner nur dann munden, wenn er sie aus einer Seite der Times wikkeln kann.

Man fährt also hinaus auf die Waldweiden, zu einem Platz, den man seit vielen Jahren kennt. Unter einer Tanne versteckt finden sich noch die schweren Steine vom vorigen Jahr, mit denen man das Feuer abgrenzt. Es raucht und qualmt fürchterlich, und man wird allmählich sehr hungrig. Die Söhne und Neffen, für den Wein zuständig, entkorken inzwischen die ersten Flaschen. Trinken kann man ja schon. Der Wein ist wichtig. Mit ihm opfert man, sehr heidnisch, den Göttern der Bäume ringsum und denen der unterirdischen Gewässer, auch der Sonne, die alle noch einmal warm und freundlich bescheint, ehe die Winterstürme einsetzen und der große Schnee kommt. Das schöne Fest wird ›Torrée‹ genannt, mit der Betonung der ersten Silbe. Zu ihm kommen auch Anverwandte und Freunde, die schon lange in der Fremde leben, in ihre Heimatstadt zurück. Ehe man gegen Abend aufbricht, werden die Männer sorgfältig nachprüfen, ob auch der letzte Funke des Feuers verglüht ist.

La Chaux-de-Fonds
Winter

Nachts wachte ich vom Gepolter der Schneefräsen auf – es schneite also wieder. In unserer Straße in La Chaux-de-Fonds ist im Winter das Parken von 3 Uhr nachts bis 7 Uhr früh untersagt. Wer trotzdem sein Fahrzeug hier abstellt, hat morgens Mühe, es wiederzufinden.

Schneien im Hochjura ist in seiner Heftigkeit einem Tropenguß vergleichbar. Manchmal fällt in einer Nacht mehr als ein Meter Schnee. Man kann solche Massen nicht mehr wegkehren, man muß Schneisen hineinschneiden, mit gedrungenen rotglänzenden Fahrzeugen, denen an der Vorderseite scharf geschliffene gewundene Messer aufsitzen – wie riesige Fleischwölfe. Legt der Fahrer den Rückwärtsgang ein, so ertönt ein Warnsignal. Der abgefräste Schnee wird von diesen Maschinen angesaugt und seitlich in hohem Bogen weggeblasen. So bilden sich, in den Ortschaften und draußen auf dem Lande, an den Rändern der Straßen immer höhere Schneewälle, die dem Vorbeifahrenden die Aussicht versperren. An der Avenue Léopold Robert in La Chaux-de-Fonds reichen sie bis zu den Baumkronen auf dem Mittelstreifen. Selber habe ich es nicht gesehen, aber man hat mir auf Photos gezeigt, wie die Bewohner in manchen harten Wintern sich Tore durch diese weiße eisige Masse schneiden müssen, um auf die Straße zu gelangen. Sonst suchen sie sich ihre Pfade zwischen Haus- und Schneemauern und tragen Sporne unter den Schuhen. Die Jüngeren sind mit Skiern unterwegs, die Alten und ganz Alten machen sich zwischen Weihnachten und Ostern auf eine Art Belagerungszustand gefaßt; sie müssen zu Hause bleiben. Reiche Leute fliehen rechtzeitig, zum Beispiel an die Riviera. Je mehr es dem Frühjahr zugeht, desto unansehnlicher werden die Wälle: schmutzig-braun von den Abgasen der Autos, langsam in sich zusammensinkend nach Sonnentagen. Dann erst kommen die Bagger und Lastwagen und machen dem Schneespuk ein Ende. Jedenfalls verfügt La Chaux-de-Fonds über die teuersten und besten Räumgeräte, und wenn irgendwo in Europa ein Schnee-Notstand auftritt, so bittet man hier um Hilfe. Stadt unterm Schnee: Ihre nachts teilweise beleuchteten Skipisten führen in die Wohnviertel hinein, sozusagen Schußfahrt bis vor die Haustür.

Aber die Jurassier mögen den Winter nicht. »Da ist die Stille zu groß, die Einsamkeit zu bedrückend; das Licht ist zu grell und die Raben sind zu schwarz.« Die Raben sind tatsächlich sehr schwarz, sie kamen mir überdies riesengroß vor, viel größer als zu anderen Jahreszeiten. Trotzdem fand ich den Winter im Hochjura, in den Freibergen und drüben im Waadtländischen, wunderschön. Dann deckt der Schnee gnädig zu, was, vor allem in den Ortschaften, häßlich ist, allzu neu, laut. Er schafft aus Bäumen, Zäunen, Holzstößen bizarre Kunstwerke; er vereinfacht das Bild der Landschaft und beruhigt das Gemüt.

Nein, das Licht war mir nicht zu grell, im Gegenteil. Fremdartig weich lag es über dem Schnee, ganz anders als bei uns, mir unerklärlich. Die dunklen Tannenriesen ließen im Weißen ihre langen Schatten wandern, ihr makelloser Wuchs zeigte sich noch schöner als im Sommergrün. An den Gehöften waren die schweren Schneehauben der Dächer mit dem Schnee des Bodens zusammengewachsen, nur der Kamin der Räucherkammer ragte heraus, und an Nordwänden waren Eiszapfen, von zwei Metern Länge und mehr, wie Orgelpfeifen nebeneinander an der Dachrinne aufgereiht.

Große und mittelgroße Landstraßen werden gut geräumt; man muß als Autofahrer den zuständigen Dienststellen ein hohes Lob zollen. Aber kleinere Nebenwege, die man vom Sommer her kannte, existieren nicht mehr, sind auf Monate versunken, wie die gelben Richtungsweiser der Wanderwege, wie die dunklen aufrecht stehenden Grabsteine der Friedhöfe, wie die Steinsäulen und steinernen Knäufe mancher Brunnen. Das Tal von La Sagne ist eine ununterbrochene, makellos glatte, in der Sonne glitzernde

Fläche geworden. Der Zug nach Les Ponts-de-Martel fährt quer hindurch und ist in dieser weißen Wüste eine so exotische Erscheinung wie ein Schiff auf einem tiefliegenden Kanal, mitten im Land. In der Ferne bewegen sich dunkle Punkte ruckartig vorwärts: Skifahrer. Wir sind im winterlichen Hochjura nicht nur Abfahrtsläufern und Skiwanderern begegnet, sondern immer wieder auch einzelnen Reitern. Jeder von ihnen zog ruhig und gelassen seine Spur, schien Teil der Landschaft und, vor weißem Hintergrund, überlebensgroß, nach Art der Raben.

Im Tal von La Sagne zahlreiche schöne alte Bauernhöfe und Brunnen an der Straße.

Le Locle

Die unterirdischen Mühlen

Es war einmal ein Mann, der wollte am Bache, der Bied heißt, in der Nähe der Ortschaft Le Locle ... die Geschichte klingt wie ein Märchen. Aber sie muß warten. Zuerst will ich die Gegend beschreiben, in der sie sich zutrug.

Le Locle ist die stillere Schwester von La Chaux-de-Fonds; die Orte liegen nur wenige Kilometer voneinander entfernt. Aber in Le Locle treten die Berge bereits nahe zusammen und schließen sich gleich darauf am Col des Roches. Dort ist die Schweizer Welt zu Ende. Nur ein Straßentunnel und eine Eisenbahnlinie führen hinüber nach Frankreich. Vielleicht hat diese Lage im Winkel Le Locle zu dem gemacht, was es ist. Auch hier die Ateliers und die Firmen mit den berühmten Namen zu beiden Seiten der Hauptstraße; ein Rathaus im Jugendstil mit bunten Mosaikbildern drinnen und draußen; verstaubt-vornehme Fassaden in mancher alten Straße; Hochhäuser am Stadtrand – aber man käme nicht, wie bei La Chaux-de-Fonds, auf die Idee, von einer Großstadt zu sprechen. Die Einwohner sagen von sich: »Wir lieben Ordnung und Arbeit.« Sie sagen auch: »Wir haben keine großen Abenteurer hervorgebracht und keine Genies, aber wir haben Menschen guten Herzens unter uns.« Gegen Ende des vorigen Jahrhunderts schien es einmal, als werde mit dem Bau einer Eisenbahn die weite Welt nach Le Locle kommen. »Chemins de Fer Paris–Lyon–Méditerranée« stand hoffnungsfroh auf Plakaten, die 1884 gedruckt wurden und den kleinen Grenzbahnhof zu Füßen der Felswand zeigen. Heute wird er nur noch von einem bescheidenen Triebwagen in Richtung Besançon benützt.

Was soll man sich in Le Locle ansehen? Das Uhrenmuseum. Es ist im noblen ›Château des Monts‹, der ehemaligen Besitzung eines reichen Uhrenfabrikanten, untergebracht. Es lebt: Die Zeiger der kostbaren alten Uhren und Pendulen eilen der vollen Stunde zu; dann rasselt und klimpert und klingt es in allen Räumen. Die perlenbesetzten Vögel in ihren goldenen Käfigen beginnen auf Wunsch zu zwitschern, rühren die Flügel. Zu jeder Zeit kann man im zweiten Stock Monsieur Jacques-Frédéric Houriet in seiner Werkstatt besuchen. Er wird, wenn man bei ihm angeläutet hat, sein Werkzeug niederlegen, erwartungsvoll dem Gast entgegenblicken und ihm mit heiserer Stimme Anekdoten aus seinem Leben erzählen. Er hat vier solcher Berichte vorrätig. Monsieur Houriet ist ein Android, eine mechanisch bewegte Puppe.

Bei dieser ingeniösen Erfindung kommt mir meine Geschichte wieder in den Sinn. Ich fahre fort: Es war einmal ein Mann, der wollte am Bache, der Bied heißt, eine Mühle laufen lassen. Er hieß Jonas Sandoz. Aber die zuständige Obrigkeit gab ihm keine Bewilligung, an den Ufern des Bied seien schon genug Mühlen in Betrieb und kein Platz mehr frei. Jonas Sandoz war Jurassier. Er setzte sich hin und dachte lange nach. Dann fiel ihm ein, daß der Bied über längere Strecken unterirdisch fließt, in einem Höhlensystem. Und da unten war noch kein Terrain vergeben. So holte er sich, im Jahre 1663, bei der zuständigen Obrigkeit

– es war der Prince de Neuchâtel im Schloß Valangin – die Erlaubnis zum Betreiben unterirdischer Mühlen. Diese Anlage im Felsen war ein ebenso kühnes wie fortschrittliches Unternehmen, eine gigantische Arbeit, ausgeführt mit der Hilfe von Talbewohnern, die das Innere ihrer Berge und das Dunkel dort fürchteten, in ihrem Aberglauben sogar mit finsteren Mächten und Gestalten in Verbindung brachten. Jonas Sandoz fand zwar eine natürliche Grotte und Verbindungsgänge zu anderen vor. Aber es galt, den unterirdischen Lauf des Bied zu bändigen, sein Wasser über vier schräg untereinander angebrachte Räder mit einem Durchmesser von vier bis sechs Metern herabstürzen zu lassen und mit der so gewonnenen Kraft ebenso viele Kornmühlen, zeitweise sogar ein Sägewerk, anzutreiben. Galerien verbanden Grotten und Schächte.

Jonas Sandoz, der »kühne Industrielle seiner Epoche«, endete trotz seines Geniestreichs im Bankrott. Wir wissen nicht warum. Die Mühlen wechselten mehrfach den Besitzer. In späterer Zeit wurden sie zu einem Anziehungspunkt für Schweiz-Reisende. Hans Christian Andersen fürchtete sich dort unten – und behauptete trotzdem, den Ort zu lieben. Der ›Instituteur Meisner de Berne‹ stieg mit seinen Schülern hinunter, »beim Schein von Lampen ... Das Geräusch des herabstürzenden Wassers, das Klappern der Mühlräder, die phantastischen Schatten der mehlbestaubten Müllerburschen an den Felswänden ...«, ein unvergeßlicher Eindruck.

Ein besonders tüchtiger Besitzer der Mühlen, Monsieur Eberlé aus Le Locle, erbaute später ein oberirdisches Mühlengebäude und übertrug mit komplizierten Mechanismen die Wasserkraft aus der Tiefe dort hinauf. Das geschah um die Mitte des vorigen Jahrhunderts. Ansichten dieses Bauwerks und des Col des Roches dahinter zeigen auch deutsche und englische Unterschriften. Man war berühmt.

Der Bau der Eisenbahn, mit der billiges Mehl herangeführt wurde, brachte das Ende. Ein Schlachthof für Vieh, das über die Grenze kam, wurde auf dem Gelände errichtet.

Seine Abwässer drangen in das Höhlensystem ein und begannen, es zu zerstören. Dem Bied hatte man einen anderen Weg durch die Felsen gesprengt. Erst nachdem der Schlachthof 1966 seinen Betrieb einstellte, fing man in Le Locle an, sich für die Mühlen des Monsieur Sandoz zu interessieren. Eine ›Zunft der Müller‹ hat in freiwilliger Arbeit Säuberung und Instandsetzung des Höhlensystems in Angriff genommen. Wenn auch diese Arbeiten noch längst nicht abgeschlossen sind, so können Besucher doch bei vorheriger Anmeldung in die Grotten hinabsteigen.

Als wir zum Col des Roches kamen, fanden wir eines der alten riesigen Wasserräder im Hof der Anlage aufgerichtet stehen. Das Hauptgebäude war wieder instand gesetzt. Burschen in der Uniform eines freiwilligen Hilfsdienstes fuhren Schutt in Karren ab. Man steigt über die alten, steilen und feuchten Steinstufen in die Tiefe. Die Grotten sind erleuchtet. Das Wasser rauscht hier nicht mehr. Die Mühlräder liegen still; gefährliche Abgründe sind durch Holzgitter geschützt. Der Besucher ist beeindruckt. Aber er fürchtet sich nicht mehr.

Nachfahren des Jonas Sandoz sollen in Basel ein chemisches Werk gegründet haben, das am Rhein liegt.

La Brévine
Am kältesten Ort

La Brévine: Die wenigen Gehöfte und Käsereien und kleinen Ortschaften des Tales verlieren sich in der Weite der Weidegründe. Hier sind nur die Höhen mit Wald bestanden. Auf den Wiesen wachsen Gras und Kräuter, mit Blumen untermischt, so hoch und kräftig, daß man bei diesem Anblick Lust auf ein Glas gute Jura-Milch oder auf ein Stück des einheimischen Käses bekommt, der im Sommer einen goldgelben Farbton hat und im Winter bläßlich wird, ohne an Qualität zu verlieren. Früher trugen starke Männer die runden Käselaiber auf einem Holzgestell, *oiseau,* Vogel genannt, auf dem Rücken zum Tal hinaus; zwei oder sogar drei Stück auf einmal, eine schwere Bürde. Heute kommt das Lastauto zu den kleinen Käsereien. Der Prüfer steckt seinen Stab in die feste Masse; je weniger Luftbläschen, um so mehr zahlt er für die Ware. Der *fromager,* im langen Kittel, mit rotgebürsteten Händen, steht ruhig daneben: Er weiß, daß er gute Arbeit geleistet hat. Im Hintergrund dampfen die Kessel, werden von der Frau dünne weiße Tücher ausgewaschen und zum Trocknen ins Freie gebracht.

Warum schmecken die Milchprodukte dieser Gegend so besonders gut? Weil, so glaube ich, die Ursubstanzen, eben Gräser und Kräuter, solche Mühe hatten, gegen das harte Jura-Klima anzuwachsen und dabei ihre stärksten Kräfte entfalten mußten.

La Brévine hat den zweifelhaften Ruhm, der kälteste Ort der Schweiz zu sein. Hier werden Temperaturen gemessen, wie man sie drüben in den Alpen nicht erlebt. Dreimal am Tag kontrolliert Mme Blondeau den neuesten Stand. »Minus 42 Grad«, heißt es dann in den Nachrichten.

Wie kommt das, habe ich die Einheimischen gefragt, andere Dörfer in Eurer Gegend liegen ebenso hoch oder noch höher; sie sind ebenso den Winden ausgesetzt. Die Antwort war erstaunlich. Die Kälte kommt, wie die Bewohner von La Brévine meinen, aus der Tiefe. Unter der Oberfläche sollen sich riesige Seen ausdehnen, die im Winter gefrieren, gefroren bleiben und ihre Eis-Temperaturen an die Oberfläche schicken. Nur eines dieser Gewässer sieht das Licht des Tages, der Lac des Taillères. Er wurde uns als Paradies der Schlittschuhläufer geschildert.

Schweizer Metereologen haben im übrigen eine andere Theorie: La Brévine liegt, so sagen sie, in einer Mulde eines Hochtals – und Kaltluft kann von hier nicht abfließen.

La Brévine ist, trotz seiner Temperaturen, ein sehr freundlicher Ort. Im Schnittpunkt der Straßen, um den die Häuser sich scharen – viel mehr gibt es nicht –, steht weithin sichtbar ein großes Thermometer im Gehäuse. Das Rathaus ist gleichzeitig Hotel. Eine ›Pâtisserie‹ ist für ihr Brot und ihre Spezialitäten berühmt. In warmen Gaststuben sitzen noch bis ins Frühjahr hinein die Skiwanderer hinter ihrer dampfenden Ovomaltine.

Die Kirche von La Brévine hat sich bescheiden bis an den Rand der Weideflächen zurückgezogen. Für mich ist dieser Bau fast das schönste Beispiel einer einfachen Landkirche der Reformierten. Diese »festen Burgen« des Bibelwortes stehen immer offen – es gäbe ja auch nichts, was sich mitzunehmen lohnte. »Au nom de Dieu soit tout«, alles in Gottes Namen, steht über der kleinen Eingangspforte. Neun Stufen führen zur erhöhten Kanzel hinauf; alle Bänke sind so ausgerichtet, daß die Gemeinde dem Prediger auf den Mund schauen kann und der Prediger seinen Gemeindekindern in die Augen. Eine hölzerne Empore wird von schweren Holzsäulen getragen. Ein Altar fehlt. Der Steintisch mit schwarzer Marmorplatte vor der Kanzel dient nur zur Austeilung des Abendmahles. Die ›Sainte-Cène‹ der Calvinisten, denen vorbehalten, die sich ›würdig‹ fühlen, findet sehr selten statt, etwa zweimal im Jahr. Solche Glaubensstrenge war mir schon von Schottland her bekannt. John Knox, der Reformator des Nordens, war ja ein Schüler von Calvin. Auch hier in der Kirche von La Brévine fehlen, wie dort, die Bilder, die Statuen, und nur Blumenschmuck scheint erlaubt. Zur schlichten Würde dieser Räume gehören, meine ich, farblose Fenstergläser, die durch ihre milchig-blassen Scheiben ein Stück Himmel, vielleicht die Spitze einer hohen Tanne für den Beter in seiner Bank sichtbar machen. In La Brévine ist's noch so. Kein Mißton stört das noble Ensemble von altem Holz und wappenverzierten grauen Grabsteinen. Da liegt auch der Herr von Huegenin, der 1841 verstarb und Inhaber des roten Adlerordens war, wie man lesen kann: ein preußischer Ritter im Hochjura, zu Staub geworden. »La figure de ce monde passe«, ist über einer zweiten Tür der Kirche eingemeißelt, alles wandelt sich und vergeht.

Im Friedhof draußen stand ein sehr alter Mann, am Stock, aber aufrecht, und schaute uns forschend an. Von seinem Gesicht, unter einem breitkrempigen schwarzen Hut, glaubte ich ablesen zu können, daß er sein Leben, in der Kälte von La Brévine, nach den zwei Sprüchen im Stein ausgerichtet hatte: »Alles für Gott« und »Alles vergeht«. Nun wußte er sich dem Geviert der Grabsteine schon mehr zugehörig als drüben den blühenden Wiesen.

Von La Brévine aus führt eine Straße durch schöne stille Reviere über Le Cernil und Les Bayards ins Val-de-Travers, vorüber am Wirtshaus ›Grand Frédéric‹. Das Schild über dem Eingang ist eine Kopie; das Original ist im Flur des Heimatmuseums von Môtiers zu besichtigen.

Môtiers
Rousseau und ein Hagel von Steinen

Jean-Jacques Rousseau schreibt im 12. Buch seiner ›Bekenntnisse‹: »Madame de la Tour schlug mir vor, in ein leerstehendes, aber ganz möbliertes Haus zu übersiedeln, das ihrem Sohn im Dorf Môtiers, im Tal von Travers, in der Grafschaft Neuchâtel gehörte.«

Ich erinnere: Das Gebiet von Neuenburg/Neuchâtel stand damals als Fürstentum unter preußischer Herrschaft.

»... im Dorf Môtiers, im Tal von Travers ...«

Das Val-de-Travers ist ein geschäftiges und nützliches Tal. Es bietet eine Querverbindung zwischen der Schweiz und Frankreich. Ein Fluß, die Areuse, hat Platz zum langsamen Dahinfließen, ehe sie sich, kurz vor der Mündung, durch eine Felsschlucht hindurchkämpfen muß. Auf doppelten Eisenbahngeleisen fahren Züge, die Bern mit Paris verbinden. Die breite Durchgangsstraße ist weder so kurvenreich noch so steil, wie wir es sonst im Jura gewohnt sind. In Travers baut man Asphalt ab; in Couvet werden in kleinen Unternehmen Maschinen zum Spinnen und Weben hergestellt. Und natürlich Uhren und Uhrenzubehör. Trotzdem darf man sich auch dieses Hochtal jurassisch grün vorstellen und reich an Weiden, mit den bekannten waldigen Höhen zu beiden Seiten, hinter denen man die Plateaus ahnt. Ortschaften, die sich abseits hielten wie Fleurier oder Môtiers, konnten in einigen Straßen eine stille Würde bewahren mit Häusern, die wie Palais wirken. Geht man die Stufen zu den alten Türen aus dunklem Holz hinauf, wird geöffnet, so tritt man in ein Zauberreich der Damastbespannungen und gebrechlichen Möbel aus galanter Zeit.

»Madame de la Tour schlug mir vor, in ein leerstehendes, aber ganz möbliertes Haus zu übersiedeln ... Das Anerbieten kam um so gelegener, als ich in den Staaten des Königs von Preußen natürlich vor den Verfolgungen geschützt sein mußte und wenigstens die Religion dort nicht als Vorwand dienen konnte.«

Rousseau war fünfzig Jahre alt, als er 1762 nach Môtiers kam, dorthin floh – ein verbitterter, dem Verfolgungswahn naher, verhaßter und bewunderter Mann. Die beiden großen Geister und Gegenspieler, Voltaire und Rousseau, lebten damals in nur unbedeutender Entfernung voneinander, beide grenznah, um gegebenenfalls einen raschen Ortswechsel vornehmen zu können: Voltaire auf französischem, Rousseau auf Schweizer Boden. Voltaire reich, auf seinem Schloß in Ferney das Leben eines Grandseigneurs führend, Hof haltend. Aber auch um das Wohlergehen seiner ›Untertanen‹ bemüht, die ihn als Wohltäter verehrten. Rousseau dagegen bitter arm, auf wenige Stuben beschränkt, in denen ihm kaum etwas gehörte.

In seiner fatalen Offenherzigkeit bekannte der Philosoph, daß er gegen Friedrich den Großen, auf dessen Gebiet er sich begab, eine tiefe Abneigung hege, »... aber ich wußte, daß die niedrigen Leidenschaften nur die schwachen Menschen unterjochen und über Seelen von großer Kraft, und als solche hatte ich die seinige stets erkannt, nur wenig vermögen«.

Rousseau hatte sich nicht verrechnet. Der König duldete ihn nicht nur auf Neuenburger Boden, er erließ von Potsdam aus mehrfach Weisungen zu seinem Schutz. Mit dem preußischen Statthalter, Lord Keith, dem »berühmten und tugendhaften Schotten«, verband Rousseau jahrelang eine herzliche Freundschaft. Zweimal im Monat pflegte er ihn zu besuchen, das Tal von Travers zum Schloß in Colombier hinunterzuwandern und unterwegs zu nächtigen. Aber ich greife vor. Rousseau kam als Verbannter nach Môtiers, Thérèse le Vasseur folgte ihm, seine Notizen und Manuskripte und Bücher wurden ihm nachgesandt. »Mich verstecken und schreiben ...« Der große Ankläger, der einer in seinen Augen verderbten und korrupten Gesellschaft schonungslos den Spiegel vorhielt, ihr neue Wege weisen wollte, wurde von seinen zahlreichen Feinden ebenso heftig und schonungslos angegriffen und verurteilt. In Paris hatte man auf Befehl des Parlaments seinen ›Emile‹ und seinen ›Contrat social‹ öffentlich verbrannt. Der Genfer Rat hatte beschlossen: »Wenn Rousseau in unsere Stadt kommt oder auf deren Gebiet, soll man ihn ergreifen.« Auch Voltaire wurde verfolgt und befehdet, auch seine Bücher verbrannte man; aber er setzte sich mit beißendem Spott darüber hinweg. Rousseau dagegen litt unter jedem Angriff.

Ich war in den Stuben, die Jean-Jacques und Thérèse damals bewohnten; heute sind sie Museum. Ein nobles, wenn auch verwinkeltes Haus. »Das war ihm gerade recht«, sagte der junge Mann, der uns führte. »Hier stand sein Schreibtisch. Durchs Fenster konnte er in den Innenhof hinunterschauen, jeden Besucher oder Eindringling erspähen, ehe der ihn sah.« Hinter einer Art Tapetentür führt ein enger und dunkler Gang in ein verborgenes Hinterzimmer. Vor Fenster und Tür des Wohnraums läuft zur Straße hin eine überdachte hölzerne Galerie, Blicke von außen abwehrend. Hinter dem gegenüberliegenden Haus steigt die grüne Wand der Weiden und Wälder auf, die Rousseaus Lieblingsaufenthalt waren, wo er seine botanischen Studien betrieb.

›Le Grand Frédéric‹
Wirtshausschild, Môtiers, Heimatmuseum

Denn zunächst schien alles gut zu gehen, war es beinahe eine Idylle in Môtiers. Unter all den fleißigen Leuten, die Spitzen klöppelten, winzigstes Zubehör für die Ateliers der *horlogers* herstellten, wollte er seine Finger nicht müßig lassen: »Ich nahm mir vor, um nicht wie ein Wilder zu leben, Schnürsenkel zu machen. Ich nahm bei meinen Besuchen mein Kissen mit, oder ich arbeitete wie die Frauen an meiner Tür und schwatzte mit den Vorübergehenden. Um meine Schnürbänder irgendwie zu verwerten, schenkte ich sie meinen Freundinnen zu ihrer Heirat unter der Bedingung, daß sie ihre Kinder selbst stillen würden.«

Ein wiederholt auftretendes Blasenleiden wurde zum Anlaß, die ihm unbequemen Kniehosen seiner Zeit abzulegen und sich statt dessen in die langen und weiten Gewänder der armenischen Tracht zu hüllen – er kannte zufällig einen armenischen Schneider. Oh Jean-Jacques, das war nicht gut getan! Daß ein Weltmann wie der Lord-Marschall, nach einem ›Salemaleikum‹ zur Begrüßung, eine solche Marotte stillschweigend hinnehmen würde, damit konnte Rousseau rechnen – George Keith hatte selber »eine muselmanische Adoptivtochter, einen Mongolen, einen Tataren und einen Neger« in seinem Haushalt. Anders seine Nachbarn im Travers-Tal, zu denen ohnehin schon unliebsame Gerüchte über ihren Gast gedrungen waren. Denn Rousseau hatte »das verhängnisvolle Handwerk des Schreibens« wieder ergriffen und mit seinen ›Briefen vom Berge‹ die Zahl seiner Gegner vermehrt. Man kann im Jura, wie wir wissen, jederzeit exzentrische Ideen und Meinungen haben; aber nach einem ungeschriebenen Gesetz darf man keinesfalls seine Nachbarn damit behelligen. Rousseau im langen Untergewand, mit Kaftan und pelzverbrämter Mütze durchs Dorf wandelnd: das wurde zum Ärgernis. Die Verfolgungen, denen er sich entronnen glaubte, begannen aufs neue. »Meine armenische Tracht diente dem Volk als Kainszeichen. Ich fühlte das Mißliche derselben schmerzlich, aber sie unter diesen Umständen abzulegen, erschien mir als eine Feigheit. Ich konnte mich nicht dazu entschließen und ging ruhig auf meinen Spaziergängen in meinem Kaftan und meiner verbrämten Mütze, verfolgt vom Geschrei des Pöbels und manchmal auch von seinen Steinen. Mehrmals hörte ich, wenn ich an Häusern vorbeiging, die Stimme eines Bewohners sagen: ›Bringt mir mein Gewehr, damit ich ihm eins auf den Pelz brenne.‹ Ich ging deshalb nicht schneller, sie wurden darüber noch wütender, aber es blieb bei den Drohungen, wenigstens was die Feuerwaffen betraf.« Als der Philosoph später, im englischen Exil, diesen Teil seiner ›Bekenntnisse‹ zu Papier brachte, war er sich über den weiteren Ablauf der Geschehnisse von Môtiers nicht mehr ganz im klaren: »Die Unruhe meines übrigen Lebens hat den Ereignissen nicht Zeit gelassen, sich in meinem Kopf zu ordnen.«

Er glaubte – und vielleicht nicht ganz zu Unrecht –, daß seine Feinde in Paris und Genf, die er mit den ›Briefen vom Berge‹ erneut angegriffen und erzürnt hatte, die Bevölkerung des Tales mit Hilfe der Geistlichkeit durch Geld- und Weingeschenke bestochen und aufgehetzt hätten.

»Schließlich, in der Nacht nach dem Jahrmarkt von Môtiers, der Anfang September stattfindet, wurde ich in meiner Wohnung in einer für ihre Bewohner lebensgefährlichen Weise angegriffen.« Um Mitternacht hört er einen großen Lärm auf der vorgebauten Galerie. Ein »Hagel von Steinen« gegen das auf diese Galerie gehende Fenster und die Tür verursacht ein solches Getöse, daß Rousseaus Hund, der zunächst zu bellen begann, angstvoll verstummt und nach einem Fluchtweg sucht. Ein Steinbrocken durchschlägt die Scheiben und trifft beinahe den Philosophen. »Ich stürze in die Küche. Ich finde Thérèse, die sich auch erhoben hatte und zitternd zu mir eilte. Wir stellen uns an die Wand, an eine Stelle, die nicht dem Fenster gegenüberlag, um den Steinwürfen zu entgehen, und zu überlegen, was wir zu tun hätten. Denn das Zimmer zu verlassen, um Hilfe herbeizuholen, hätte bedeutet, daß sie uns erschlagen hätten. Zum Glück erhob sich die Magd eines alten Ehrenmannes, der unter mir wohnte, bei dem Lärm und holte den Kastellan, mit dem wir Tür an Tür wohnten. Er springt aus dem Bett, zieht eilig seinen Schlafrock an und kommt im Augenblick mit der Wache, die wegen des Jahrmarkts diese Nacht die Runde machte und ganz in der Nähe war. Der Kastellan sah die Verwüstung mit solchem Schrecken, daß er erblaßte und angesichts der die Galerie füllenden Steine rief: ›Mein Gott, das ist ja ein Steinbruch.‹«

Am nächsten Morgen wird Rousseau von führenden Männern der Gegend aufgesucht, die ihm wohlwollen und dringend raten, »dem Sturm zu weichen ... Ich gab also nach und sogar ohne Mühe«.

Wiederum begab sich Rousseau auf die Flucht. Diesmal wählte er die Petersinsel im Bieler See als Domizil. Er blieb also im Gebiet des Jura, aber unter milderen Himmeln.

Zu einer Bewohnerin des Tals von Travers sagte ich einmal: »Ihr wart nicht eben freundlich zu Eurem Gast Rousseau.« – »Ja, und hatten wir nicht recht?« zischte sie zurück. »Die Menschheit bessern wollen, ihr Tugend predigen, aber die eigenen Kinder im Stich lassen, sie im Waisenhaus abgeben, alle fünf! Eine Sünde und Schande! Nein, er verdiente keine bessere Behandlung.« Sprach's und ging davon.

Zitate: J.-J. Rousseau, Die Bekenntnisse, Buch XII., (1781).
Besonders sehenswertes Heimatmuseum neben dem Hause, in dem Rousseau Wohnung nahm.
Môtiers und das benachbarte Fleurier haben bereits sehr früh ihre Uhren nach China exportiert. Der erfolgreichste der Handelsleute wurde allgemein ›Bovet de Chine‹ genannt. Die Chinesen verlangten sogenannte Doppeluhren. Ein Exemplar war dem anderen in jedem Detail gleich. War eine Reparatur nötig, so konnte eines der kostbaren Instrumente ins Tal von Travers zurückgeschickt werden. Allerlei östliche Kostbarkeiten und Kuriositäten in den Vitrinen der Bovet-Nachkommen scheinen darauf hinzudeuten, daß die Exporteure ihre Kunden selber aufsuchten.

11 *Tal von La Sagne südlich von La Chaux-de-Fonds*
12 *Blick vom Gipfel der Dent de Vaulion auf den Lac de Joux*
13 *La Brévine im Winter*
14 *La Caquerelle: Hochfläche bei Les Rangiers*
15 *Jura-Haus*
16 *In der Forêt du Massacre*
17 *La Chaux-de-Fonds*

Les Verrières
Tragödie

Wiederum sei Vergangenes beschworen: der 1. Februar 1871. Meterhoher Schnee. Kaum Wind, aber beißende Kälte – mehr als 20 Grad minus sollen es gewesen sein.

Die Häuser von Les Verrières liegen in loser Kette an der einzigen Straße: Gehöfte, Gasthäuser, Zollgebäude. Das Val-de-Travers ist hier, an der Grenze, eben und eher schmal. An den aufsteigenden Höhen zu beiden Seiten setzt sich der dunkle Wald als fast regelmäßige horizontale Linie gegen das Weiß des Schnees im Flachen ab. In einer Region der Felsen, Schluchten, Klusen bietet sich nur hier die Möglichkeit, über die Grenze zu gelangen, auch zu fliehen. Und um eine überstürzte, verzweifelte Flucht geht es hier.

Die eilig zusammengewürfelte, schlecht ausgerüstete und kaum ausgebildete französische Ostarmee, 130000 Mann unter General Bourbaki, ist von den Deutschen bei Héricourt geschlagen worden und versucht sich nun in Sicherheit zu bringen. Schon am Horizont sind die Elendszüge zu erkennen, sie bewegen sich in dunklen ungeordneten Kolonnen der Grenze zu. Erst bei den Fliehenden, die schon nahe sind oder bereits ankamen, erkennt man das ganze Ausmaß des Unglücks: Sie stützen sich gegenseitig, haben sich mit Lappen und Fetzen gegen die Kälte vermummt, so gut es eben ging. Am schlimmsten sind wohl die Zuaven dran, die noch ihre roten Pluderhosen aus dünnem Stoff tragen, vermutlich Pantoffeln dazu, und auf dem Kopf nur den roten Fes als Schutz gegen die Kälte haben. Schweizer Soldaten, wohlgenährte Gestalten in dikken Uniformmänteln, haben dafür zu sorgen, daß die Übergabe in militärischer Ordnung vor sich geht. Neben den Holzzäunen, die die Grenze markieren, häufen sich im Schnee die Waffen der Franzosen, abgeliefert, hingeworfen. Tote Pferde im Graben. Bis zur Grenze hin haben die Schweizer Güterwagen geschoben, in denen Verwundete auf Stroh gebettet werden; die Lokomotive steht schon unter Dampf. Rauchsäulen auch im Schnee, auf den Wiesen; dort hat man Feuer entfacht, an dem die entkräfteten, halb verhungerten französischen Soldaten sich wärmen können. Die Frauen von Les Verrières bringen Lebensmittel in Körben. Schlachtvieh wird herangetrieben. Aber wie will man mit diesen paar Händen voll Essen eine Armee ernähren? Dabei beginnt es schon zu dunkeln, der Schnee färbt sich rosa, und noch reißt der dunkle Strom der Flüchtenden nicht ab. Wie es sich gehört, verhandeln der französische Generalstab und der schweizerische unter General Herzog miteinander. Die Herren sind zu Pferde; sie frieren vermutlich weniger.

Woher ich das alles weiß? Dieses Ereignis, das in der Schweiz einen tiefen Eindruck hinterließ, hat der Genfer Schlachtenmaler Edouard Castres in einem riesigen Rundgemälde, einem ›Panorama‹ festgehalten; sein Schüler Ferdinand Hodler half ihm dabei. Dieses wohl einmalige Bild, auf dem Tausende von Personen auf 1100 qm Leinwand erscheinen, wird in Luzern gezeigt. Man steht verblüfft in der Mitte des Riesenrundgemäldes, dessen Vordergrund plastisch ausgeführt ist. So ist etwa der vorderste der Güterwagen Realität, an die gemalten sozusagen angehängt, ebenso mit Schnee bedeckt, mit Eiszapfen versehen wie jene im Bild. Die Täuschung ist vollkommen. »Alles macht den Eindruck ergreifender Wirklichkeit.« So steht es im Prospekt; beinahe so ist es.

Im Tal von Travers erinnert man sich noch heute an Bourbaki und seine unglückliche Armee. »Meine Großmutter sah, wie sie die Rinde von den Bäumen zogen, weil sie keine andere Nahrung hatten.« Die alte Dame, in ihrem schönen Empire-Haus in Fleurier, deutet auf einen Brunnen in ihrem Garten. »Da unten sollen sie sich gewaschen haben, trotz der Kälte.« Hat man sie hereingeholt? »Nein, das tat meine Großmutter nicht, aus Angst vor Anstekkung, man sprach schon von Seuchen. Aber sie ließ ihnen heiße Suppen und anderes Essen hinausbringen, auch warme Kleidung.«

Ironie der Geschichte: Während sich die Bourbaki-Armee noch über den Jura quälte, war Paris bereits gefallen und der Waffenstillstand von Versailles hatte dem Deutsch-Französischen Krieg ein Ende gesetzt.

Nachtrag: Als ich auf einer späteren Fahrt durch die Franche-Comté durch einen glücklichen Zufall in ein schloßähnliches Gebäude am Ufer des Doubs kam, sagte der Hausherr: »Sie sind Deutsche. Ich will ihnen etwas zeigen, das Sie interessieren wird.« Wir stiegen eine dunkle Treppe hinauf, gingen durch verdunkelte Korridore, vorbei an offenen Türen, hinter denen man schön möblierte hohe Räume flüchtig erkennen konnte. Alles etwas verstaubt und verschlafen: Das Haus wird nur im Sommer bewohnt. Man holte einen silbernen Leuchter, enzündete die Kerzen. Auf der letzten der weißlackierten Flügeltüren war ein Stück Farbe ausgespart, in der Form einer Landkarte Deutschlands, eines früheren Deutschland. Mit Mühe entzifferten wir, was da mit Bleistift aufs rohe Holz geschrieben stand: »Kaufmann, Sergeant im Großherzoglich Badischen Grenadierregiment ›Prinz von Preussen‹, 7. Kompagnie. 4. Februar 1871.« Es muß ein harter Stift gewesen sein und, nach der Schrift zu urteilen, eine harte und präzise Hand, die ihn führte. »Das war nicht unsere erste und nicht unsere letzte Einquartierung in diesem Durchgangsland«, sagte der Hausherr. Sein Tonfall war weder bitter noch anklagend.

Gehörte dieser Sergeant wohl zu den Verfolgern der Bourbaki-Armee? »So, wissen Sie davon?« Der Hausherr wies auf die drei jungen Mädchen, seine Nichten, die uns treppauf gefolgt waren und mit großen erstaunten Augen unserem Gespräch zuhörten. »Die Ur-Urgroßmutter dieser Damen da ist den Soldaten der Bourbaki-Armee allein entgegengetreten. Sie wohnte in der Vallée de Joux, da kamen sie vorbei. Die Männer des Tals hatten sich versteckt, aus Angst vor den rabiaten, halb verhungerten, schwer bewaffneten Gestalten. Die Ur-Urgroßmutter stand unter der Haustür, mit einem Stock in der Hand und rief ihnen zu: Fort mit Euren Säbeln und Gewehren, dann könnt Ihr hereinkommen, Euch aufwärmen und etwas essen. Die Männer warfen die Waffen weg.«

Sainte-Croix
Bei den Musikautomaten

Sainte-Croix liegt über den Steilabstürzen zum Mittelland. Zunächst mißfiel uns der Ort, trotz seiner Lage. Ein Zwitterwesen: einesteils Industrie-Dorf, andrerseits, zusammen mit dem benachbarten Les Rasses, Skizentrum. Den großartigen Blick in die Tiefe hinunter und zu den Alpen hinüber kann man nicht den ganzen Tag genießen. Was sollten wir hier? Jemand sagte: »Wissen Sie, daß heute das Automaten-Museum eröffnet wird?« Wir kamen gerade noch zurecht.

Eine wunderbare Welt der Spielereien tat sich auf, in der künstliche Vögel zwischerten, Turner sich am Reck schwangen, eine Zauberer-Puppe zauberte, der Pierrot, das Glanzstück, Briefe schrieb, bei verlöschender Lampe müde wurde, einschlief, erst erwachte, als die Lampe wieder heller brannte, weiterschrieb. Und drüben, im anderen Raum, die Automaten! Seit ich als Kind vor einer Musikdose auf dem Boden kniete, eine der scheppernden, gezahnten, immer etwas verbogenen Metallscheiben nach der anderen sich drehen ließ, bei den Klängen der ›Rosen aus dem Süden‹ meinen Kopf auf den Holzkasten legte, um die Musik bis in die Zehenspitzen zu spüren – seit dieser Zeit ist mir eine nostalgische Vorliebe geblieben für alles, was sich Spieldose, Musikautomat oder Leierkasten nennt. Sogar ein elektrisches Klavier findet Gnade in meinen Ohren. Ich glaube, daß ich mit dieser Vorliebe nicht allein dastehe, gerade heute nicht. Ich freue mich, daß in Sainte-Croix Hersteller von Musikautomaten die alte Tradition fortsetzen, daß sich auch Handwerker niederließen, die solche

Instrumente wieder in Stand setzen können, daß es dieses Museum gibt, in dem die ehemaligen Produkte der Gegend liebevoll gesammelt werden: alte Phonographen, Schreib- und Rechenmaschinen, Musikdosen, Radioapparate der Frühzeit und bewegliche Puppen. Das Haus nennt sich CIMA, ›Centre International de la Mécanique d'Art‹.

Nicht weit von Sainte-Croix entfernt, in l'Auberson, zeigt ein privater Sammler von Zeit zu Zeit seine Musikautomaten, nicht in so reicher Auswahl wie drüben im Museum des CIMA, aber mit der Leidenschaft eines Mannes, für den jedes Objekt auch ein Stück Lebensgeschichte bedeutet.

Und da wir gerade bei den Automaten sind, wird man es hoffentlich verzeihen, wenn ich im Geiste einen Abstecher mache, mich die fünfzehn Spitzkehren der Straße ins Mittelland hinunterwage, ostwärts fahre und am See entlang bis nach Neuchâtel, zum Musée d'Art et d'Histoire.

Der Europäische Wanderweg Nr. 4, Pyrenäen – Jura – Neusiedlersee, führt über Sainte-Croix. Hinweisschild am Bahnhof (Kleinbahn von Yverdon).
Von Sainte-Croix aus Straße über Les Rasses zum Chasseron (1611 m, Aussicht).

Androiden
Pierre Jaquet-Droz und seine Puppen

Puppen, die sich wie Menschen bewegen, menschliches Verhalten vorspiegeln, werden Androiden genannt. Die Androiden des Pierre Jaquet-Droz kann man an jedem ersten Sonntag des Monats im Musum von Neuchâtel bewundern. Der Zulauf ist groß. Zunächst wird ein kurzer Film vorgeführt, je nach Wunsch in französischer, deutscher oder englischer Sprache. Die Puppen erwarten im Halbdunkel ihren Auftritt und wirken, obwohl sie bewegungslos sitzen, unheimlich lebendig. Die Klavierspielerin unter ihnen gilt als das Meisterstück, doch ihre kleinen Brüder gefallen mir besser.

Die Klavierspielerin hat etwa die Größe einer Zehnjährigen, aber das Aussehen einer jungen Dame; sie trägt zum eleganten Kleid eine Lockenfrisur. Sie sitzt an einem Instrument nach Art des Spinetts, ihre Finger schlagen die Tasten an, sie spielt Schweizer Volkslieder. Ihr Repertoire umfaßt vier verschiedene Melodien. Während der Darbietung hebt und senkt sich ihr Busen; an einer gelben Schleife auf dem Gewand ist es deutlich erkennbar. Die Dame, deren Benehmen mir etwas geziert erscheinen will, verbeugt sich nach ihrer Vorstellung. Ihre Brüder sind bedeutend kleiner. Sie sitzen auf Mahagoni-Schemeln und sind ebenfalls elegant gekleidet, aber barfuß. Sie haben die reizendsten kleinen hölzernen Füße, wie Barockputti. Über Brokatwesten mit Silberknöpfen tragen sie rote Samtröcke mit Spitzenjabots und Spitzenärmeln, dazu rote Satinhosen.

Der Zeichner hat einen kleinen Tisch vor sich. Er zieht, je nach Programm, mit sicherer Hand die Umrisse eines Herrscherhauptes oder eines kleinen Hundes aufs Papier. Während der Arbeit hebt er gelegentlich den Kopf und bläst unsichtbare Staubkörnchen fort. Steht man neben ihm, so ist der Lufthauch deutlich spürbar.

Der Schriftsteller hat schon aus kollegialen Gründen meine besondere Zuneigung. An seinem Pult setzt er einen schön gerundeten Buchstaben neben den anderen auf ein weißes Kärtchen. Er folgt mit den Augen seinen Schriftzügen, schiebt mit der linken Hand das Papier weiter, tunkt die Gänsefeder mit der rechten ins Tintenfaß, schüttelt ein Zuviel an Flüssigkeit ab.

Die beiden sind rührende Erscheinungen. Der Zeichner blickt verschmitzt, der Schriftsteller nachdenklich. Er gilt als launenhaft, Wettereinflüssen gegenüber empfindlich. Man sagt von ihm, daß er Schreibfehler mache, Buchstaben auslasse oder den Zeilenabstand nicht wahre. Ein Mechaniker, der seine Schützlinge liebt und hegt und vorführt, bringt wieder Ordnung ins Geschehen.

Die drei Figuren entstanden in der zweiten Hälfte des 18. Jahrhunderts. Ihr geistiger Vater, der aus La Chaux-de-Fonds stammte, war nicht nur ein genialer Techniker, sondern auch Wissenschaftler. Er studierte zunächst Theologie, dann Mathematik. Sein Sohn und ein ebenso befähigter Mitarbeiter seiner Werkstatt halfen ihm – jurassische Tüftler und Bastler sie alle.

Die Schicksale der drei Androiden waren wechselvoll. Sie bereisten Europa, sahen den Glanz der Königs- und Fürstenhöfe, an denen man sie vorzeigte. Automaten galten damals als beliebtes Spielzeug der Herrschenden. In späteren Zeiten wurden die kleinen Meisterwerke zu Schauobjekten eines Illusionstheaters degradiert. 1909 kauften die Schweizer sie einem deutschen Sammler ab. Ihr Inneres hat alle Irrwege und Strapazen unversehrt überstanden. Hebt man die Röcklein der beiden Buben im Rücken, so wird ein Gewirr metallener Scheiben, Räder und Hebel sichtbar. An der Konstruktion wurde bis heute nichts verändert. Der Mechaniker benötigt etwa sechs Stunden, um einen der Androiden anders zu programmieren. Dann spielt die junge Dame ein neues Lied, der Zeichner malt ein anderes Profil, und der Schriftsteller wendet sich einem veränderten Text zu, der auch in einer fremden Sprache verfaßt sein kann, aber nie mehr als vierzig Buchstaben haben darf.

Ich überlege mir, welche Möglichkeiten wir heute, im Zeitalter perfekter Elektronik, beim Bau solcher Androiden besäßen, welche Software wir ihrem Computer eingeben könnten. Aber hätten solche technisch gewiß meisterlichen Gestalten den unvergänglichen Charme der drei Puppen des Jaquet-Droz?

Als ich sie das letzte Mal besuchte, schrieb mein Freund gerade »je pense, donc je suis«, ich denke, also bin ich.

Er machte sich über uns lustig.

Romainmôtier

Winter im Waldtal des Nozon. Die Straßen tauchen hinab ins mauerumgürtete Mittelalter, in den Bannkreis der schönsten Kirche des Jura.

Keine Autobusse, keine Hochzeitsgesellschaften um diese Zeit – welch ein Glück. Schnee auf der Landschaft der Steildächer, Schnee auf den Brunnen, auf den Steinen im Bachbett, den Ästen der großen Linde hinter der Kirche. Die Türme: Der nadelspitze Helm des großen weist zum Himmel, der gedrungene kleinere hält Wache. Das Braun und das Rot und das Goldgelb der hochgebauten Mauern scheinen kräftiger als im Sommer. Schneelicht hat alles verändert, sogar im Inneren der Kirche. Ein frühgotischer Portalbau; eine Vorhalle der Hochromanik. Hier standen die Katechumenen, ehe sie zur Taufe kamen. Geschichten der Bibel, für sie auf die Wände, die Gewölbe gemalt, sind im Dämmerlicht kaum noch entzifferbar. Und sechs Stufen hinab ins Kirchenschiff: Schwere und Kraft der romanischen Pfeiler; leicht und fröhlich die farbigen Ornamente der gotischen Kreuzrippen in großer Höhe.

Allein sein, Zeit haben. Vor dem steinernen Lesepult des 7. Jahrhunderts stehen, sein Kreuz, sein Flechtwerk betrachten: Erinnerung an das frühchristliche Irland. Langsames Ausschreiten des Raumes, auf dessen Steinboden die Umrisse der frühen kleineren Kirchen farbig markiert sind.

In Romainmôtier ist seit fünfzehnhundert Jahren gebetet worden. Beten nach der Weise des Romanus und Lupizinus, der jurassischen Brüder, mit denen im 5. Jahrhundert hier alles anfing: sich in ein grünes Versteck zurückziehen, ›in eremo‹, in der Einsamkeit leben, den Himmel mit Gebeten bestürmen. »Christus, mein großer Druide ...« Von einer ersten hölzernen Kirche blieb keine Spur.

Brüder im Geiste waren jene Mönche von Luxeuil, Jünger des großen Columban, die zweihundert Jahre später hier einen neuen Anfang setzten, zweimal eine Kirche errichteten, als Schrein ihrer Gebete, »... im Gehorsam der Engel, im Dienste der Erzengel ...«

Von der Jahrtausendwende an: Mönche aus Cluny. Gebete immer noch mit der Kraft der Frühzeit. In den verblassenden Fresken der von ihnen erbauten Kirche kann man es spüren.

Draußen Stille. Von den Künstlern und Handwerkern, die sich hier im Schatten des Priorats niedergelassen haben, ist keiner zu sehen. Sind sie der Feuchtigkeit und der Kälte entflohen, oder sitzen sie alle zusammen hinter dem warmen Ofen, braten Äpfel, trinken Wein und führen Streitgespräche?

Die Baugerüste sind verhängt, außer Dienst. Immer stehen hier Gerüste. Romainmôtier ist eine Schatzgrube. Wer sucht, eine Mauer einreißt, eine Bodenplatte aufhebt, findet etwas. Im Turm über der Toreinfahrt schlägt die Glocke blechern an. Die Gaststube drüben ist warm. Und zurück in die Kirche, zu den blassen Fresken, den Engeln mit blauen Flügeln.

Dent de Vaulion
Die drei Grauen

Fährt man von Romainmôtier aus zur Vallée de Joux hinauf, so steht die Dent de Vaulion, 1500 Meter hoch, fordernd am Wege. Die Straße zum Gipfel hinauf sei nur einspurig angelegt, heißt es in den Beschreibungen, mit Ausweichstellen. Das stimmt. Und: man müsse mehrere Weidegitter öffnen und hinter sich schließen. Das stimmt nicht mehr. Heute queren jene Roste die Straße, die man in angelsächsischen Ländern ›cattle-grid‹ nennt, in der Schweiz ›Bovi-stop‹. Von einer Alm aus geht es zu Fuß über Matten zum nahen Gipfel. Sieben Seen soll man von dort aus sehen – uns jedoch blieben der Genfer, der Neuenburger, der Bieler und der Murtensee sowie der Lac des Rousses in dichtem Dunst verborgen. Nur am Lac de Joux und seinem kleinen Nachbarn, dem Lac Brenet, tief unter uns, war jede Einzelheit zu erkennen. Vom Lac Brenet, wieder einmal einem jurassischen Kuriosum, fließt das Wasser unterirdisch ab in einem jener Trichter, die man hierzulande *entonnoir* nennt. Das Gewässer kommt am Ende eines trockenen Tales als Orbequelle von neuem aus den Felsen ans Tageslicht, in der Nähe der kleinen Industriestadt Vallorbe. Zu diesem Trockental hin bricht der Fels der Dent du Vaulion derart jäh ab, daß ein dichter Maschendraht Neugierige fernhält. Auf die andere Seite des Zauns dürfen nur Drachenflieger, die sich dort eine kurze, dem Abgrund zugeneigte Bretterbahn gebaut haben. Schon der Anblick dieser Absprungrampe ist schwindelerregend für alle, die nicht dem Rausch eines gebremsten Sturzes ins Nichts verfallen sind.

Auch Goethe stand an dieser Stelle. Gerade als wir bedachten, welch lange und kühne Ritte die Weimarer damals auf sich nahmen, hörten wir Hufschlag hinter uns. Eine Reitergruppe stürmte den Gipfel, sechs Männer und eine Frau, in etwas phantastischem Aufputz, aber mit schönen kräftigen Pferden. Sie stiegen ab, sorgten für ihre Tiere; Wein des Landes wurde in silbernen Bechern kredenzt, auch uns. Diese Gruppe durchquerte, wie wir erfuhren, in zehn Tagen das Gebiet des Jura, immer von Gipfel zu Gipfel reitend. »Aber hier etwa ist unsere Grenze. Weiter westlich wird der Boden zu steinig, das schadet den Pferden.« Es stellte sich heraus, daß drei der Reiter, keineswegs junge Männer, seit vielen Jahren auf diese Weise ihre Ferien verbringen: mit dem Nötigsten in den Satteltaschen, in Wäldern nächtigend, wenn das Wetter es zuläßt. Sie sind überall bekannt. Man nennt sie ›die Grauhaarigen‹ oder ›die drei Grauen‹. Abenteuerland Jura ...

Vallée de Joux
Unten die Uhrmacher, oben die Hirten

Die Gegend um den Lac de Joux und weiter westlich sieht auf Landkarten seltsam wohlgeordnet, fast wie künstlich angelegt aus: Bergzüge, Hochtäler, Seen, Straßen, Grenze – alle verlaufen sie, wie mit dem Lineal gezogen, in der gleichen Richtung. Die Seen liegen über tausend Meter hoch. Sie sind schwer erreichbar, denn der Col du Marchairuz, über den die Anwohner des Genfer Sees gerne heraufkommen, bleibt oft bis in den Frühling hinein unter Schnee. Im Winter ist er gesperrt. Von Süden, von Frankreich aus, gibt es eine sehr gerade und sogar ebene Straße, die zwischen den Sommerfrischen und Wintersportorten Les Rousses und La Cure in die Vallée de Joux führt.

Die meisten Besucher des Hochtales kommen aber von Nordosten, von Romainmôtier aus, oder von Vallorbe, an der bizarren Felslandschaft und Nase der Dent du Vaulion vorbei, in Steilkurven auf die Höhe. Die Kleinbahn – eine mit den freundlichen roten Triebwagen – nimmt den gleichen Weg und fährt noch weiter, am See entlang.

Wir saßen im Hotel de la Truite im Ort Le Pont am Lac de Joux. Die Stunde der Forelle lag hinter uns. Mein Interesse wandte sich alten Photographien und merkwürdigen Werkzeugen an den Holzwänden der Gaststube zu. Zunächst fiel mir eine riesige Säge auf, dann eine Art Harpune, nicht weniger groß. Der Lac de Joux und der benachbarte Lac Brenet frieren im Winter zu. Wir sahen beim Herauffahren ihre unberührten schneebedeckten Flächen. Aber bis zur Erfindung des Kühlschrankes dienten sie als unerschöpfliches Reservoir für den ›Abbau‹ des Eises. Wer kann sich noch an jene Gestalten mit einem Lederschutz über der Schulter erinnern, die früher die weißen, eckigen tropfenden Stangen für den Eiskasten ins Haus trugen? Sicher nur wenige. Hier am Lac de Joux haben zahlreiche Anwohner von diesem Gewerbe gelebt, vor allem kräftige Männer. Einer schlug mit der Harpune das Eis auf, zwei andere sägten es zu passenden Stücken zurecht. Das geschah zumeist nachts, beim Schein von Karbidlampen. Die Photographien zeigen es. Die Förderung eines Winters soll immerhin 40000 Tonnen betragen haben. Und noch 1982 holten die Netze der Fischer verlorenes Werkzeug von einst vom Grunde der Seen.

In unserer Gaststube war fast jeder Tisch besetzt. Zwei Gruppen fielen auf. Bei der einen herrschte ein rheinischer Tonfall vor; jener Herr, der sie offensichtlich betreute, war Schweizer. Die anderen, am Fenster drüben, mochten Amerikaner sein. Wir begegneten ihnen später noch einmal, bei unserer Rundfahrt um den See. Die einen betraten gerade das fast unscheinbare Gebäude eines berühmten Uhrenateliers; die anderen sahen wir in einer Kaffeestube bei ernsten Gesprächen zusammensitzen. Fachleute, Einkäufer, sagten wir – und hier geht es nicht um geringe Summen.

Wir fuhren an den Stammsitzen der großen Firmen vorbei, lasen im Vorüberfahren die bekannten Namen. Mir kamen jene Stätten des Luxus in den Sinn, an denen die kostbarsten Uhren verkauft werden, an den Quais und in den Straßen der Genfer Altstadt etwa, wo Scheichs im Burnus mit ihren verschleierten Frauen vor glitzernden Auslagen stehen. In der Vallée de Joux ist nichts von diesem Glanz zu entdecken. Die Bewohner nennen sich *combiers*, was so viel wie ›Leute im Tal im Gebirge‹ bedeutet. Sie bauen Uhren und Uhrenteile. »Das genügt doch, nicht wahr?« Die Ateliers sind meistens bescheidene Bauten, die sich nicht ihrer ländlichen Umgebung schämen, eines Misthaufens nahebei, eines scharrenden Huhns. Die Villen der leitenden Herren liegen am Berg, hinter Hecken. Ihre Angestellten wohnen in hohen, schmucklos grauen Mietshäusern, deren Wetterseiten und Dächer mit rostigem Wellblech abgedeckt sind. In solcher Umgebung leben auch die rar gewordenen ›Prachtexemplare‹ jener Uhrmacher, die zu Hause arbeiten wollen und dürfen, am *établi*, dem Werktisch, sitzend, der schon dem Großvater gehörte. Mit altmodischen Werkzeugen schaffen sie Stücke, die einmalig, unwiederholbar sind. Die Entwürfe dazu stehen fertig vor ihrem inneren Auge; Arbeitsskizzen werden nur flüchtig zu Papier gebracht. Wie lange wird es das noch geben? In der Vallée de Joux hat man sich zum Teil bereits auf die *ébauches* spezialisiert, ›Rohwerke‹ der Uhren. Die letzte Phase der Fertigung geschieht zumeist an anderem Ort.

In den wenigen langgezogenen Straßendörfern am See liegen weitere Hotels – man muß die Kunden ja unterbringen. Auch Urlauber kommen gerne her. Aber außer den *combiers,* den Einkäufern und den Feriengästen gibt es in der Vallée de Joux, nur ein paar hundert Meter höher, noch einen anderen Menschenschlag: die Almhirten. Auf- und ablaufende, niedere graue Steinmauern begrenzen ihre Welt da oben. Die Sennhütten ducken sich in den Hang; Schnee und Wind und Regen haben ihnen alle Farben genommen, wie einem abgestorbenen Baum. Das nächste bewohnte Haus liegt oft weit entfernt. Die Besitzverhältnisse, etwa an den Hängen des weitläufigen Mont Risoux, oder gegenüber am Mont Tendre, sind schwer durchschaubar. Zahlreiche Weiden gehören, so heißt es, seit Generationen reichen Berner und Neuenburger Familien. Aber diese haben keine Beziehung zu ihrem Land. Sie verpachten es über ihren Notar an den sogenannten *amodiataire.* Bei ihm, dem Almpächter, verdingen sich die Hirten für den Sommer. Wilde Burschen sollen darunter sein, Außenseiter die meisten, mit »einem Zug ins Unstete«. Wer sonst gäbe sich noch mit einer oft jämmerlichen Unterkunft zufrieden, wäre bereit, mit den *bêtes* monatelang allein zu bleiben? Dazu muß man völlig bedürfnislos sein und hart gegen sich selbst, auch im Fall einer plötzlichen Krankheit oder eines Unglücks. Kleine Kneipen da oben, die den Namen ›cafés‹ führten, sind auf Betreiben der nächstliegenden Gemeinden bald wieder verschwunden. Für die Hirten waren sie eine zu große alkoholische Versuchung. Neuerdings sind auch Ausländer unter den *bergers.* Portugiesen gelten als besonders sorgsam und zuverlässig.

Der Almauftrieb findet statt, sobald Gras und Kräuter oben kräftig genug gewachsen sind. Das wird zumeist später sein als in der übrigen Schweiz. Nur an diesem Tage – und im Herbst bei der Rückkehr – tragen die geschmückten Tiere ihre unförmig großen bronzenen Glocken, deren Töne aufeinander abgestimmt und so laut sind, daß man hinter einer dahintrabenden Herde sein eigenes Wort nicht mehr versteht. Solches ›Prachtgeläut‹, im Französischen ›sonnailles‹ genannt, ist der Stolz jedes Alpbauern. Es kann aus mehr als vierzig Glocken bestehen und stellt einen beträchtlichen Wert dar. Während des Winters werden die *sonnailles* an gut sichtbarer Stelle unter dem Vordach der Scheune aufgehängt. Findet die *montée à l'alpage,* wie es jetzt häufiger der Fall ist, in Transportern statt, so muß das Geläut in der Scheune bleiben. Kühe im Lastauto tragen keine Glocken.

Noch etwas hat sich geändert: Während die Milchkühe früher mit auf die Alm zogen, ihre Milch zentrifugiert und als Rahm ins Tal gebracht oder gleich an Ort und Stelle zu Käse verarbeitet wurde, kommt heute fast ausschließlich das Jungvieh dort oben auf die Weide. Dann kann man mit einem Senn allein auskommen.

Bei der Bewirtschaftung der Almen wechselten Zeiten des Aufschwungs mit solchen des Niedergangs. In den vergangenen Jahrzehnten ist man wieder stärker am Hirtenleben interessiert, wenn auch oft unter anderen Vorzeichen. Auch Frauen ziehen mit, was früher undenkbar war.

Paul Hugger, Ethnologe aus Basel, der die Sennen und ihre Lebensweise auf den rauhen Jurahöhen eingehend studiert hat, traf im Laufe eines Rundgangs im Gebiet des Mont Risoux an: zuerst einen 78jährigen Einzelgänger, der auf sechzig Alpsommer zurückblickte, »einen freundlichen kleinen Mann mit listigen Augen«; auf der zweiten Alp eine Familie aus dem Wallis mit drei Kindern, »sie hatten den Sommer über schulfrei bekommen«; auf der dritten ein Ehepaar, der Mann über sechzig, früher Chauffeur in diplomatischen Diensten, dann Besitzer einer Tankstelle, nun zufriedener ›Aussteiger‹. Er stammt aus dem Jura und hat als Kind Kühe gehütet. Der einsilbige Mann mit knurrendem Hund auf der nächsten Alp – »Vorsicht, er beißt« – war eine Ausnahme. Die meisten Senner sind ausgesprochen gastfreundlich. Eine weitere Alp schließlich bewohnten Adventisten, »zufriedene Leute, die jeden Morgen gemeinsam in der Bibel lesen und ihre Psalmen singen«. Es gibt Hirten, schreibt Hugger, die im Winter Weltenbummler werden.

Gerade in dieser Gegend suchten sich Herdenbesitzer, die in der Schweiz nicht genug Land besaßen oder pachten konnten, seit jeher in Frankreich neue Weiden. Für ein solches Hinüber und Herüber zu weit entfernten Plätzen haben die Franzosen das Wort *transhumance;* auch bei uns gebrauchen Fachleute diesen Ausdruck. Mit dem Zoll gibt es keine Probleme, so lange die Herden nicht mehr als zehn Kilometer weit ins Nachbarland vorstoßen. Ein unbeschreibliches Gedränge gibt es allerdings, wenn mehrere von ihnen zufällig zur gleichen Zeit am Schlagbaum anlangen, mitsamt den stockbewaffneten Helfern, den Kindern, den Hunden, den Lastern und Anhängern, die bis hoch hinauf mit der Ausrüstung für den Sommerhaushalt bepackt sind, mit Töpfen, Pfannen, Matratzen, einer alten Badewanne. An diesem Tag dürfen alle und alles – mit Ausnahme der Tiere natürlich – unkontrolliert passieren; und manches Mal endet das Durcheinander in einem gemeinsamen Picknick, zusammen mit den Zöllnern beider Länder.

Zitate aus: Paul Hugger, Hirtenleben und Hirtenkultur im Waadtländer Jura. Schriften der Schweizer Gesellschaft für Volkskunde (1972).
Die Uhrmacherei ist seit 1742 am Lac de Joux heimisch.

Wie man Jura-Käse macht

Eigentlich ist es ganz einfach: Man braucht nicht mehr als einen großen Kupferkessel, eine hölzerne Käsepresse, einen hölzernen Reif zur Formung und dünne Tücher nach Art der Windeln von ehedem; außerdem Lab aus Kälbermagen, Salz und einen sauberen kühlen Keller. Und die langen Jahre der Erfahrung. Nicht zu kühl und nicht zu heiß die Milch, nicht zu mager und nicht zu fettig; nicht zu viel und nicht zu wenig Lab zugeben, nicht zu schwach und nicht zu stark umrühren, den richtigen Augenblick des Gerinnens erkennen, die nun feste Masse mit der ›Käseharfe‹ teilen, zur Sekunde genau diese Brocken im Tuch aus der Molke heben; wissen, wie fest und wie lange man sie pressen muß, damit die Molke abfließt – da ist die Masse schon durch den Holzreif in die Form des späteren Laibes gebracht. Nicht zu früh und nicht zu spät in den Keller bringen, der nicht zugig und nicht stickig sein darf; die Laibe umdrehen, einsalzen, abwischen, umdrehen, einsalzen, abwischen, ruhen lassen. Bis zu sechs Monaten geht das so. Dann ist er fertig und gut, heißt in der Schweiz ›Jura‹, in Frankreich ›Comté‹ und gehört zur Familie der Gruyère-Sorten. Ist um so besser, je höher die Kühe weideten, die das Rohmaterial Milch lieferten. Für einen Gruyère von 48 Kilogramm Gewicht hat man 600 Liter Milch verwendet. Nein, Löcher wie der Emmentaler soll er nicht haben, im Gegenteil, die Masse muß gleichmäßig fest sein, mit gelbbrauner Rinde. Risse im Inneren wären ein schlechtes Zeichen. Wer Glück hat, findet noch eine Alm mit einem alten Käser, der die Temperatur der Milch mit dem Ellenbogen mißt, sie durch Tannenzweige seiht und auch sonst seine Tricks und Geheimnisse hat. Was wir zumeist auf den Tisch bekommen, wurde in Käsereien im Tal hergestellt, hat seine Reifezeit beim Großhändler hinter sich gebracht. Die Käsereien – meist genossenschaftlich betrieben – heißen *fruitières*. Schon 1264 werden ›froumaiges de fructères‹ in der Gegend des Doubs erwähnt. Die Qualität des Produkts wird in beiden Ländern staatlich überwacht. Aber wie beim Wein gibt es je nach Witterung und Beschaffenheit des Grases gute und weniger gute Jahrgänge. Nebenprodukte sind die ›Tommes‹, kleine runde Weißkäse, die man frisch ißt, mit Kümmel oder Senf. ›Morbier‹, der in der Gegend von Morez hergestellt wird, hat als Kennzeichen einen schwarzen Rußstreifen in der Mitte des Laibes.

DER LAUF DES DOUBS

Welch ein Fluß: Quelle und Mündung in Luftlinie nicht mehr als 90 Kilometer voneinander entfernt; aber dazwischen bringt er es weit. Wie eine Schlange windet er sich durch den Jura, 430 Kilometer lang. Streckenweise dient er als Grenze; in der Schweiz ist er nur auf 50 Kilometer zu Gast. Immer wieder begegnet man ihm: in Schluchten, auf Wiesen, an den Quais der Städte. Er scheint allgegenwärtig. Geschöpf der Widersprüche: schläfrig oder stürmisch, freundlich oder unheimlich, aber stets unberechenbar und oft gefährlich.

Doubs – das ist Dubius, le Douteux, der Zweifelhafte, Verdächtige, auch: der Unentschlossene. Durch Klusen biegt er jäh ins nächste Tal ab. Aber das Fließen in Schleifen ist seine bevorzugte Art der Fortbewegung. Zu beiden Seiten erzählt man sich die Sage von der Vouivre, einer geflügelten Schlange ohne Augen, die an der Stirn einen leuchtenden magischen Stein trägt, einen Karfunkel. Die Leute am französischen Ufer meinen, das Untier tauche nur in der dunkelsten Nacht des Jahres auf, erhebe sich mit dem ersten Zwölfuhrschlag aus dem Wasser, lege den Karfunkel ab und beginne sich zu waschen. Wem es gelänge, bis zum letzten Schlag der Mitternacht den Stein an sich zu nehmen, dem seien alle Reichtümer der Erde gewiß.

Drüben im schweizerischen Jura sind die Auskünfte über die Vouivre bescheidener, sie klingen echter. Dort ist die Schlange allgegenwärtig und weder an ein Datum noch an einen bestimmten Ort gebunden. Listige Fischer, so heißt es, hätten in Sommernächten dem Monster aufgelauert, den leuchtenden Stein entwendet, vorsichtig umhüllt und nach Hause getragen. Aber wie sie dort nachschauten, fanden sie nur ein Glühwürmchen in der Mütze oder im Schnupftuch.

Der Doubs mit seinen Launen hatte uns schon in Saint-Ursanne beeindruckt. Nun wollten wir seinem Lauf von der Quelle bis zur Mündung folgen – wo immer möglich auf Straßen direkt am Wasser. Dazu mußten wir zunächst nach Frankreich hinüber, ins Département, das ebenfalls Doubs heißt, in die Nähe von Mouthe, einem Dorf im Grünen.

Wie alle Juragewässer aus einer dunklen Höhe entlassen, unter einer Felswand, verhält sich der Fluß bei seinem ersten Auftreten unauffällig. Er wendet sich nach Nordosten, folgt zahm den Höhenzügen. Nicht lange, so scheint er bereits innezuhalten. Für die nächsten sieben Kilometer ruht er sich in einem See aus.

Lac de Saint-Point: Dieses schöne, von Wäldern umstandene Gewässer in ehemals einsamer Lage wurde erst um die Jahrhundertwende als Ferienlandschaft entdeckt, von passionierten Anglern. Sie setzten Sommerhäuser neben die Holzhütten der einheimischen Fischer und nahmen sich die Freiheit, ihr Stück Ufer mit dem eigenen Namen zu benennen. Pionier dieser Gepflogenheit war Monsieur Maurice Maire-Sebille, den man allgemein ›Titi‹ rief. So entstand Port-Titi am Nordufer. In schwächerer Nachahmung folgten Port-Arthur und andere. In Malbuisson, am entgegengesetzten Ende des Lac de Saint-Point, wurde das erste der großen Hotels eröffnet. Das Leben rings um den See muß damals sehr bunt und originell gewesen sein. Monsieur Titi wäre gewiß entsetzt, sähe er heute die Park- und Campingplätze in Ufernähe, die Surfer und Segler auf dem Wasser; aber vielleicht würde es ihn auch freuen, daß aus seinem Angler-Refugium ein blühender Urlaubsort wurde, der nun ganz offiziell als ›Port-Titi‹ auf allen Landkarten zu finden ist.

Cluse de la Cluse-et-Mijoux: Bei dieser Kluse aller Klusen hat der Doubs seinen ersten großen Auftritt. Zwischen Felsen, neben dem schäumenden Wasser, ist eben noch

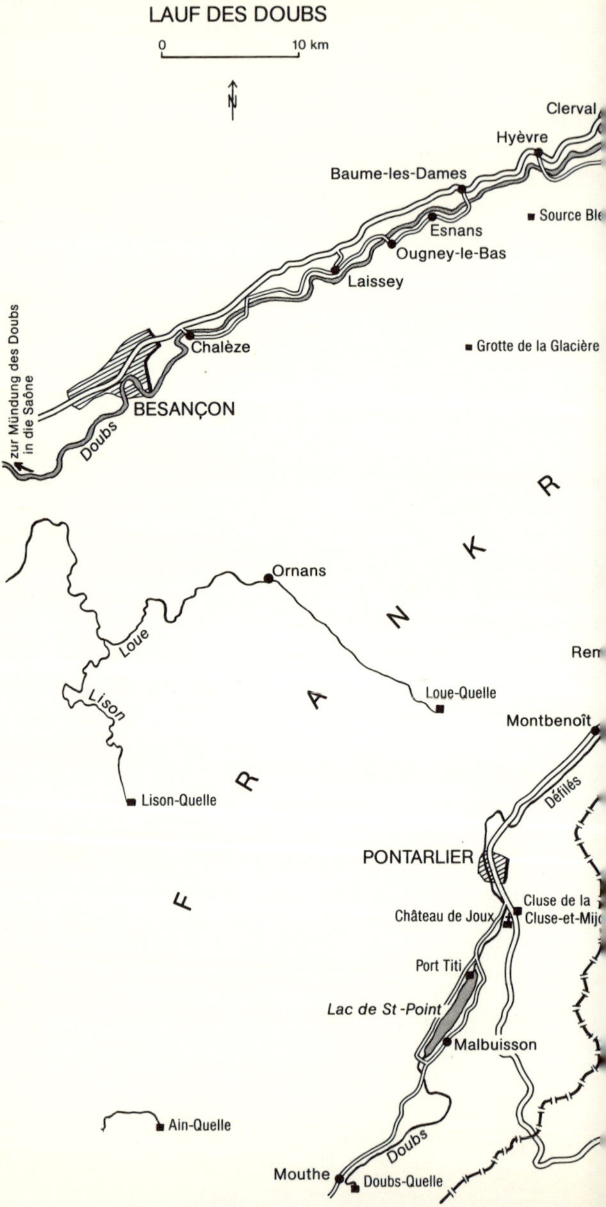
LAUF DES DOUBS
0
10 km
N
Clerval
Hyèvre
Baume-les-Dames
Source Bl
Esnans
Ougney-le-Bas
Laissey
zur Mündung des Doubs in die Saône
Chalèze
Grotte de la Glacière
BESANÇON
Doubs
Ornans
Loue
Lison
Loue-Quelle
Ren
Montbenoît
Défilés
Lison-Quelle
F R A N K R
PONTARLIER
Cluse de la
Cluse-et-Mij
Château de Joux
Port Titi
Lac de St-Point
Malbuisson
Ain-Quelle
Doubs
Mouthe
Doubs-Quelle

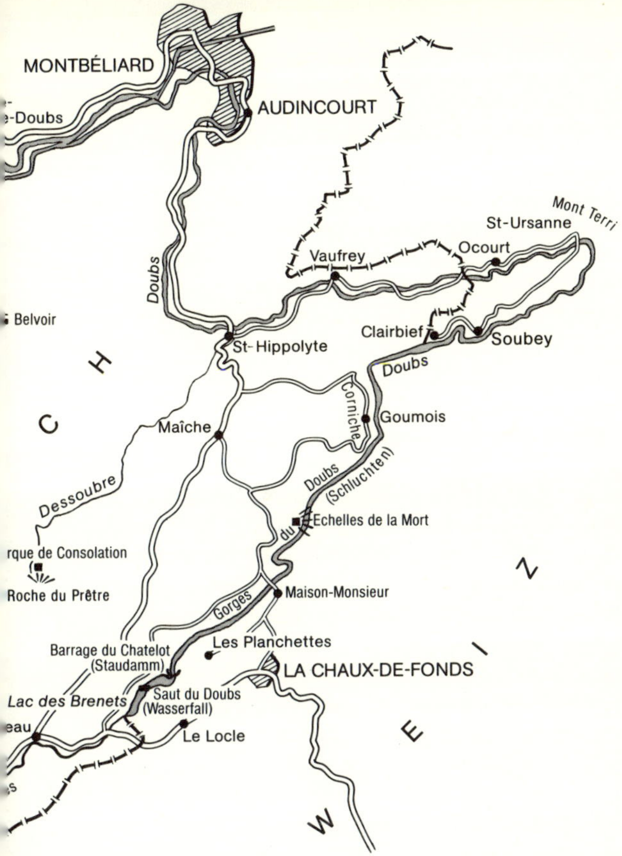
MONTBÉLIARD
-Doubs
AUDINCOURT
Doubs
Mont Terri
St-Ursanne
Vaufrey
Ocourt
Belvoir
Clairbief
Soubey
St-Hippolyte
Doubs
Corniche
Goumois
Maîche
Doubs
(Schluchten)
Dessoubre
du
Echelles de la Mort
rque de Consolation
Roche du Prêtre
Gorges
Maison-Monsieur
Les Planchettes
Barrage du Chatelot
(Staudamm)
LA CHAUX-DE-FONDS
Lac des Brenets
Saut du Doubs
(Wasserfall)
eau
Le Locle
S C H W E I Z

Raum für die Straße von Pontarlier nach Neuchâtel und für eine Bahnlinie, die ebenfalls diese Orte verbindet. Bewacht wird die Enge vom Château de Joux – Trutzburg und Raubritternest, auf die Steilfelsen gesetzt und in sie hineingebaut. Ein malerischer, aber kein fröhlicher Anblick, wenn man die Geschichte dieses düsteren Ortes kennt. Ich werde sie bei einem späteren Besuch der Gegend erzählen. Das Stichwort wird ›Der dritte Gefangene‹ heißen.

Weil die Ritter von Joux von altersher ein schlechtes Gewissen haben mußten, vermachten sie einen Teil ihrer Ländereien am Doubs, jenseits von Pontarlier, der Kirche. Humbert, Erzbischof von Besançon, berief 1150 Augustiner Chorherrn, und die wiederum ließen Arbeitskräfte aus Savoyen und Graubünden kommen. Sie mußten zunächst helfen, den Wald zu roden, das Land urbar zu machen.

So entstand über dem Grab eines frommen Mannes, der um die Jahrtausendwende hier als Eremit gelebt hatte, ein Kloster. Das Tal wird seither ›Val du Saugeais‹ genannt. Die Nachkommen der ›Fremdarbeiter‹ des 12. Jahrhunderts haben bis heute ihre Traditionen, gewisse sprachliche Eigenheiten und eine ›Nationalhymne‹ bewahrt, die, wie es heißt, bei festlichen Gelegenheiten angestimmt wird.

Kloster Montbenoît: Die Kirche stammt aus dem 12. und 16. Jahrhundert. Der Turm wurde 1903 wiederhergestellt. Im Gewände über dem Portal reitet in voller Montur ein Sire de Joux. Die Burgherren wußten jederzeit ihren Einfluß auf die Geschicke des Klosters zu wahren. Am Tag der Wahl eines neuen Abtes übernahmen sie für 24 Stunden die Herrschaft über das Kapitel. Der Abt, mit Mitra und Krummstab, überreichte vor der Kirchentür die Schlüssel des Klosters auf silbernem Tablett. In feierlichen Ansprachen wurde der Burgherr als Beschützer des Hauses gerühmt, der Abt ›Seigneur de Saugeais‹ genannt. Diese Sitte hielt sich mehr als 600 Jahre lang. Die Klosterkirche – mit romanischem Schiff und gotischem Chor – erinnert vor allem an einen ihrer ›Abbés Commandataires‹: Ferry Carondelet gehörte als Prediger und Ratgeber zum Hof Karls v. und wurde als dessen Botschafter nach Rom geschickt. Man kann sich vorstellen, wieviel dem hochgebildeten, einem prunkvollen Leben nicht abgeneigten Kunstkenner das Italien jener Zeit bedeutet haben muß. In die Einsamkeit des rauhen und kargen Jura zurückgekehrt, versuchte er in der kurzen Zeitspanne bis zu seinem Tod im Jahre 1528, die Kirche von Montbenoît im Geist der Renaissance auszuschmücken, vielleicht auch sich selbst ein Denkmal zu setzen: Öfter als vierzig Mal sind sein Wappen und sein Leitspruch – »nütze den günstigen Augenblick« – im Chor und in zwei Seitenkapellen zu entdecken. Carondelet brachte italienische Handwerker mit, die in Marmor und Holz Meisterwerke schufen, so die ›Niche abbatiale‹ und vor allem die Schnitzereien des Chorgestühls. Dargestellt sind Szenen, die symbolisch philosophische Gedanken jener Zeit veranschaulichen sollen: Zwei Damen, Irrtum und Wahrheit, reißen sich an den Haaren, der Irrtum unterliegt. Die Wahrheit wiederum korrigiert und zähmt die Wissenschaft, indem sie auf ihr reitet, in den Personen des Aristoteles und seiner ihn strafenden Magd Phyllis verkörpert. Dalila schert Samson die Haare: List triumphiert über Muskelkraft. Leider sind nur noch einige dieser Bildwerke erhalten. Als im Schreckenswinter des Jahres 1639 die schwedische Soldateska auch in diesem Tal hauste, nahmen sie Teile des Chorgestühls als Brennholz her. Die Tat scheint harmlos im Vergleich zu anderen verübten Greueln jener Kriegszeit.

Der Abt und Kunstmäzen setzte in der Kirche auch der Perrette Mesnier ein Denkmal, einem einfachen Landmädchen, das während der Bauarbeiten den Handwerkern das Essen brachte, von einem der Männer bedrängt wurde und sich um ihrer Tugend willen vom Baugerüst in die Tiefe stürzte.

Nur in der Kirche hat Abbé Ferry Carondelet seine Spuren hinterlassen. Der kleine Kreuzgang von Montbenoît mit der sparsamen Dekoration seiner Säulen und Kapi-

Kloster Montbenoît. Chorgestühl Aristoteles und Phillis

Samson und Delila

telle läßt noch die Armut des Mittelalters im Hochjura ahnen. Für die Pflanzenwelt der einfachen Motive haben die Handwerker ihre Vorbilder in den Tälern und Wäldern ringsum gefunden. Auch die Klosterküche mit der schön gewölbten Decke und einem gewaltigen Kamin erinnert an die frühe Zeit.

Das Kloster wurde bereits 1773, also vor der Französischen Revolution, säkularisiert; die Gebäude wurden vom Staat übernommen. Sie entgingen damit der Zerstörung.

Noch ein rascher Besuch im Kapitelsaal, bei meinen besonderen Freunden, den farbig gefaßten Holzfiguren der Hl. Drei Könige, die einem lächelnden Christuskind ihre Gaben bringen. Dem Abbé Carondelet werden wir in der Kathedrale von Besançon aufs neue begegnen.

Die Défilés und Morteau: Der Doubs biegt in ein schmales Tal ein, windet sich zwischen Felsen hindurch. Die Franzosen nennen eine solche Strecke *défilé,* Engpaß. Eine Straße begleitet den Fluß. Sie stört ein wenig die schöne Einsamkeit solcher Schluchten, wie wir sie andernorts finden, aber sie macht es möglich, geologische Spuren aus der Nähe zu studieren. Zwischen Fluß und Felsen nur ein Streifen niederer Büsche; aber oben säumen riesige Schwarztannen den Rand des Kalkgesteins. Ein gerundeter Fels ist so ebenmäßig flach, daß man das Gebilde für künstlich halten möchte. Wir stellen uns dort oben ein Terrassen-Restaurant vor, Sonnenschirme und winkende Touristen – aber nichts dergleichen. Disteln und Gräser am Rand unserer Straße scheinen viel Kraft aus dem Boden zu holen; sie wachsen ungewöhnlich hoch und standfest auf.

Vor der Höhle der Jungfrau von Rémonot warten Autos. Über tausend Jahre lang, vom 8. bis 18. Jahrhundert, haben hier Einsiedler gelebt, in der Schwärze der Grotte, unter phantastischen Felsen, von denen Wasser tropft, sich in einem kleinen Bassin sammelt. Die frommen Männer müssen es sehr feucht gehabt haben. Auch im Hintergrund der Höhle hört man Wasser rauschen. Aber vor der Statue der

›Dame de la Pitié‹, brennen Kerzen, stehen Betschemel. Die Grotte ist noch immer Wallfahrtsort.

Zurück in die Wärme, ans Tageslicht. Ende der Défilés. Vorbei an zwei schönen alten Bauernhäusern in ein weites Tal hinein; in seiner Mitte liegt Morteau.

Mortes Eaux, mortuas aquas: In diesen Wiesengründen wird der Fluß schläfrig. Im heißen Sommer sah ich ihn grün überwachsen, konnte mir nicht vorstellen, daß er je wieder hell und schäumend oder dunkel und bedrohlich sein würde.

Morteau ist ein sehr lebendiger Ort, modern, mit einer Eisenbahnstation – die Schienenstränge hatten wir schon in den Défilés zur Seite; die Strecke führt von Besançon aus über ein menschenleeres Plateau hierher und weiter in die Schweiz, nach Le Locle und La Chaux-de-Fonds.

Im Rathaus von Morteau gibt es eine alte Chronik, ›Livre noir‹ genannt. Von 1105 an bis zur Mitte des 18. Jahrhunderts sind alle Ereignisse von Bedeutung eingetragen, in stark verblaßter, aber eben noch lesbarer Schrift: Kriegswirren und Pestepidemien, Entvölkerung und Neubesiedlung, Zerstörung und wiederholter Brandschaden in der Pfarrkirche bis zu ihrem Wiederaufbau im 17. Jahrhundert. In Notzeiten wurde durch die nahe Grenze oft ein rettendes Hinüber und Herüber möglich.

Von einer Benediktiner-Priorei, Saint-Pierre et Saint-Paul, die den frühen Gründungen in der Waldregion des Jura zuzurechnen ist, blieb kaum eine Spur. Aber man weiß, wie es den Klosterleuten zur Zeit der Französischen Revolution erging. Der Abt, Pierre de Loménie, starb auf dem Schafott. Der Prior wurde, nachdem er sich lange im Maquis versteckt gehalten hatte, in die Verbannung geschickt. Die übrigen Mönche konnten untertauchen, später in Privathäusern heimlich die Messe lesen. Nur einer von ihnen nahm die angebotene Staatsstellung und Pension an. Ein letzter »legte das Ordenskleid ab, heiratete und eröffnete in Quingey ein Café«.

Zum Saut du Doubs: Noch einmal weitet sich der Fluß zum See – Geröllschutt staut ihn auf natürliche Weise. Die Franzosen nennen diese Wasserfläche Lac de Chaillexon, die Schweizer sagen Lac des Brenets. Von nun ab ist der Doubs Grenzgebiet. In den beiden Ortschaften am Ufer, in Villers-le-Lac und Les Brenets, wetteifern französische und schweizerische Restaurants miteinander: Wer kocht besser, wer ist billiger? Wetteifer auch zwischen den Vergnügungsbooten der beiden Länder, die, jeweils an ihrem Ufer, die Besucher zum berühmten Doubs-Sprung, dem Saut du Doubs bringen und, vorgeschriebenen Routen folgend, das hier stille Wasser durchpflügen. Bei denen drüben Radiomusik, bei uns ein Ziehharmonikaspieler. Die Felsen zu beiden Seiten steil und nackt, aber noch kann man kaum von einer Schlucht sprechen. Wo die Fahrt endet und eine Sperre quer übers Wasser gelegt ist, grüßt zur Rechten das Hotel du Saut du Doubs, gegenüber die Auberge Comtoise. Und auch weiterhin wird getrennt marschiert: Hier die Schweizer auf ebenem Pfad, drüben die Franzosen, die unterwegs eine Anhöhe erklettern müssen; dann geht es steil bergab. Zehn Minuten Weges, dann beugen sie sich hüben und drüben übers Holzgeländer. Aber nur nach Regenfällen ist der Anblick des fast dreißig Meter hohen Falls eindrucksvoll. Im Sommer kann das Wasser beinahe versiegen. Am schönsten soll es hier im tiefen Winter sein. Bei Temperaturen bis zu 35 Grad unter Null friert der Doubs in manchen Jahren auf sieben Kilometer Länge zu. Zwischen den Kulissen bizarrer Felsen Schlittschuh zu laufen, Stunde um Stunde, ohne Hindernis – das muß ein einmaliges Erlebnis sein.

Bernard Clavel beschreibt die Szene: »Das Eis hat die Grenze ausgelöscht. Die Bewohner der beiden Ufer treffen sich, der Fluß trennt sie nicht mehr, er eint sie. Mitten auf der Eisfläche haben Waffelbäcker und Maronibrater ihre Stände aufgestellt. An welches Land müssen sie für ihre Einnahmen Steuern zahlen? Niemandem, hoffe ich. Diese Tage sind die großen Feste der Freiheit. Zu Fuß, auf Schlittschuhen, auf Skiern, mit dem Schlitten kommen sie zu Tausenden, rutschen hin und her über die Grenze, legen mit diesen Arabesken der Freude ein Bekenntnis ab: Es gibt keinen schöneren Weg als den einer großen Hoffnung.«

Wenn das Eis schmilzt, »stößt der Fluß schwere Seufzer aus, die überall im Tal zu hören sind«.

Auf der Rückfahrt vom Doubs-Sprung, mit dem letzten Schiff des Tages, weist der Bootsführer auf eine Gedenktafel im Fels. Unter einem Schweizer Wappen wird an den Besuch von König Friedrich Wilhelm III. von Preußen und Königin Luise erinnert, die hier, in einer Höhle, am 14. Juli 1812 empfangen wurden. Seither heißt der Ort ›La Grotte du Roi de Prusse‹. Merkwürdig, auf einem kolorierten Stich, den ich in Neuchâtel im Musée d'Art et d'Histoire ansah, wird die Geschichte anders erzählt: Ein flaches, von einem Zeltdach überspanntes Boot ist mit einem Sessel und einigen Stühlen versehen. Der König und seine Begleitung nähern sich. Beiderseits stehen Soldaten Spalier, schwarzweiße Fahnen wehen. Die Königin fehlt. In der Bildunterschrift heißt es: »... Seine Majestät der König, begleitet vom Kronprinzen Wilhelm ...« Wer hat nun recht, fragen wir uns: der Stich, die Gedenktafel?

Flußabwärts vom ›Saut‹: Das Gewässer wird in der Barrage du Chatelot aufgestaut, einer gemeinsamen Anlage der beiden angrenzenden Länder, die sich den so gewonnenen Strom nachbarlich teilen. Von nun an zeigt der Fluß seine schönsten und wildesten, aber oft nur schwer erreichbaren Schluchten. In mehr als 400 Meter Tiefe unter den Plateaus grub er sich ein Bett, zwischen Felsabstürzen, an denen nur Bäume und Sträucher mit flachen Wurzeln ab und zu einen Halt finden, Lärchen und Eschen, Holunderbüsche und vor allem Tannen. Nicht überall ist Platz für einen Pfad am Ufer, und nur selten führen die Haarnadelkurven einer Straße in die Wildnis hinunter. Hoch oben, über dem Canyon, hat man sich auf Schweizer Seite Le Locle und La Chaux-de-Fonds vorzustellen.

Gegensätze: Man kann zum Beispiel, von La Chaux-de-Fonds aus, auf fast ebener Straße nach Les Planchettes fahren, dort die Kirche betrachten mit ihren goldenen Wasserspeiern und dem schön geschindelten Uhrturm. Durch Tannen sieht man ab und zu ein Stück Doubs in der Tiefe, vielleicht auch zwei durch einen grünen Hügel getrennte Ufer, falls der Fluß dort eine Schleife zieht.

Oder man kann sich eine der Zickzackstraßen zum Fluß hinunterbemühen; es sind mehr als 400 Meter Höhenunterschied auf kürzester Strecke zu überwinden. Unten angelangt, könnte man bei Yvette einkehren, die ihre eigene kleine Enklave auf französischer Seite hat, über eine alte eiserne Brücke erreichbar. Aber als wir ankamen, war bei Yvette Ruhetag. Trotzdem hat sich der Weg über die Brücke gelohnt. Nicht nur, weil das Wasser unter uns so schön aufschäumte und in der Sonne glänzte, sondern weil wir mitten auf der Brücke ein altes blaues Emailschild entdeckten, auf dem ein weißer Längsstrich die Buchstaben S und F trennt. Eine Grenzmarkierung, die sich auf das Wesentliche beschränkt. Wann diese lakonische Mitteilung angebracht wurde, ist nicht mehr auszumachen; hinter der 1 und der 9 der Jahreszahl ist die Emaille abgesprungen.

Nicht weit entfernt liegt das nächste Etablissement, Maison-Monsieur. Essen kann man nur im Inneren des Hauses, wo bunte Landschaften mit Rehen über die fehlende Natur hinweghelfen sollen. Aber wer hier am Tisch sitzt, interessiert sich sowieso mehr für seine *truite,* seine Forelle, als für eine schöne Aussicht. Den Kaffee dürfen wir dann im Freien trinken, auf kiesbestreuter Terrasse über dem Fluß. Der hat sich hier, an breiterer Stelle, erneut beruhigt. Sogar Kähne für Vergnügungsfahrten sind angebunden. Ein Schwan bewacht sie. Der Doubs und Schwäne – das paßt nicht recht, meinen wir, »zu zahm«. Aber schön ist's hier schon. Von der Straße her tönt der Dreiklang des Posthorns: Ein schweizerischer Linienbus fährt da, nimmt vorsichtig die Strecke durch ein Felstor. Wanderer treffen ein, denen die Mühen eines sehr langen Marsches anzusehen sind. Sie kramen Proviant aus dem Rucksack, bestellen Bier. Ich denke an die gelben Schilder, die hier wie überall die Wege markieren und die Entfernungen nicht in Kilometern, sondern in Wanderstunden angeben. Wann und wo mögen die drei am Nebentisch aufgebrochen sein? ›Am Doubs entlang‹ ist gewiß eine der schönsten Strecken, die man sich aussuchen kann.

Bei den Echelles de la Mort, auf französischer Seite, klettert, wer schwindelfrei ist, über eiserne Leitern an steiler Wand zu einer Plattform hinauf, von der aus man den Lauf des Doubs in 450 Meter Tiefe weithin mit den Augen verfolgen kann.

Höchster kulinarischer Gipfel dieser Gegend ist Goumois, wo die Zöllner auf der Brücke über dem Doubs stehen, die Feinschmecker von weither hinüber und herüber fahren. Goumois hat einen schweizerischen und einen französischen Ortsteil, aber nur eine gemeinsame Kirche.

Die Straße wird hier zu Recht ›Corniche‹ genannt: Felswand-Aussichts-Straße.

Zwischen Goumois, Soubay und Saint-Ursanne wäre ich gerne einmal im späten Herbst unterwegs, zu Fuß natürlich, wenn Nebel sich auf das bunte Laub legen, wenn die Misteln, die den Kelten heilig waren, hoch in den Bäumen ihre weißen Perlen aufreihen, wenn alle Formen zu Schemen werden, ungreifbar und unheimlich: »La nef, la nef«, ruft es am anderen Ufer, und der dunkle Schatten eines Kahns gleitet übers Wasser. So denke ich's mir, seit ich gelesen habe, daß das ›Hol über‹ am brückenarmen Doubs Pflicht der Anwohner sei, wann immer sie gerufen werden. Wenn man aber im Nebel einen Nachen gewahrt, der mit der Strömung flußabwärts zieht, in dem es ächzt und jammert, dann muß man wissen, daß da tote Seelen auf ihrer Fahrt ins Jenseits unterwegs sind und darf sie nicht durch einen Anruf stören.

Schweizer Zwischenspiel: Bei Clairbief wird der Doubs ein Schweizer. An dieser Grenze ohne Zöllner haben die

Berner, als sie hier noch Herrrn waren, einen Stein von 1747 mit ihrem Wahrzeichen, dem Bären, versehen. Weit und breit kein Mensch. Ein Kahn an Seil und Rollen. So kann man sich selber ans andere Ufer ziehen.

Soubay ist ein sehr angenehmer Ort; das Flußtal hat sich geweitet, die Wände sind weniger steil, der Laubwald hat die Oberhand gewonnen. Das Dach der Kirche ist mit Steinplatten bedeckt, ihre Sonnenuhr gemahnt an die Vergänglichkeit der Zeit: »Dieu seul demeure.« Ein Steinkreuz von 1686 am Wege, Stockrosen in den Vorgärten.

Bei Saint-Ursanne steht der Höhenzug des Mont Terri dem Fluß im Wege. Im Tertiär, so heißt es, habe sich der Doubs nicht aufhalten lassen und sei weitergeflossen, bis in den Rhein. In unserem geologischen Zeitalter setzt er zur dramatischen Kehrtwendung an: wieder zurück nach Frankreich. In schwindelnder Höhe pfeifen die Züge, wenn sie über einen Viadukt donnern. Einige von ihnen verbinden Biel mit Belfort. Man vergißt hier nie, daß der Doubs auch Grenze ist.

Grenze als Schicksal. Über die alte Brücke von Saint-Ursanne fluteten vom 18. bis 21. Juni 1940 mehr als 40000 Mann: Vietnamesen, Nordafrikaner mit wehenden Mänteln, zu Pferde. Und Franzosen. Auch Polen waren dabei, die gewiß einen Blick, vielleicht auch ein Gebet zum hl. Nepomuk auf dem Brückengeländer hinüberschickten, ehe sie weiterzogen. Wieder einmal ging es, wie damals bei Les Verrières, um eine überstürzte Flucht in die neutrale Schweiz. »In den Nächten«, sagt Monsieur Migy, »lagen bis zu zweitausend von ihnen drüben im Kreuzgang der Collégiale. Zum Glück war es warm.«

Hinter Saint-Ursanne führt eine Straße am Wasser weiter. An den nun sanfteren Hängen Waldwuchs wie ein dichter grüner Pelz. Ein Naturschutzgebiet: Man darf nicht schwimmen, keine Blumen pflücken, keine Wohnwagen aufstellen, keine Musik machen. Aber Angeln ist erlaubt. Was wäre der Doubs, was wären die Juraflüsse ohne ihre Angler? Sie fügen der Einsamkeit ihr Schweigen hinzu. Sie begegnen den oft so ungeduldigen Gewässern mit ihrer Geduld, wissen, daß jede Fischart nur den ihr zustehenden Lebensraum bevölkert, sozusagen eine eigene Etage innehat. Die *pêcheurs* stehen von Anfang März bis Ende September am Ufer oder im Wasser; nur in heißen Sommern, wenn die Flußbetten bis auf ein mageres Rinnsal trocken liegen, bleiben sie aus. Sie kommen zu frühester Stunde, lange, ehe die Sonne, die droben die Weiden erwärmt, ihre Strahlen vorsichtig tastend durch Blättergewirr und Tannenäste in die Tiefe schickt, das grüne oder schwarze oder weiß gischtende Wasser aufblitzen läßt. Und das Angelzeug wird erst wieder zusammengepackt, wenn es »schon fast so dunkel ist wie im Pansen einer Kuh«. Die Begleiterin eines solchen Narren hat inzwischen, geduldig strickend, auf ihrem Klappstuhl den Tag verbracht, in der Nähe des Autos. Ich habe aber auch Damen gesehen, die hüfthoch im Wasser stehend die Angel auswarfen. Der Mann dazu las die Zeitung.

Wer mit einem passionierten Angler unterwegs ist, sieht plötzlich die Welt mit anderen Augen. In Saint-Ursanne wird er nicht vor dem Südportal der Stiftskirche stehen, sondern vor einem leuchtend grünen Stück Papier, auf dem das ›Menu du jour‹ verzeichnet ist, die Tageskarte für hungrige Fische. Schwarzkopfwürmer, Holzwürmer (Riesen) und Bienenmaden werden als Lockspeise aufgeführt. Die Menu-Karte ist einer niederen Holztür aufgenagelt. Wer diese öffnet – und das ist schon zu sehr früher Stunde möglich – betritt ein Paradies der Fischer, in dem von der Angelkarte bis zur Leinentasche für die fette Beute alles zu haben ist.

So kenntnisreich die Angler von heute auch mit Blinkern und Fliegen umgehen können, so wissen sie doch nicht so viel wie die alten Männer, die an den Ufern des Doubs wohnen und noch die Beschwörungsformeln kennen, mit der man die Fische bat, einen nach Unwettern plötzlich gefährlichen und unberechenbaren Fluß zu besänftigen. Man mußte sie dazu beim Namen nennen: *viron, môtelle*

– *tchaivat, dairâ – tchavoẽme, aindyille – bairbre, obre, traite* …, Barbe, Aesche, Forelle …

Und wenn der *pêcheur* von heute sich wundert, daß eine Fischart plötzlich ausbleibt – woher soll er wissen, daß Fische alle hundert Jahre den Fluß wechseln dürfen, auf einem Regenbogen?

Zurück nach Frankreich: Der Zöllner vor der Jugendstilfassade seines Dienstgebäudes langweilt sich, verwickelt uns in ein ausführliches Gespräch. Wie verhält er sich Kajakfahrern gegenüber, fragen wir, visitiert er per Boot? »Nein, die müssen an Land kommen.«

Jenseits der wehenden Trikolore ändert sich einiges. Die Straße wird eindeutig schlechter, der Asphalt Flickwerk. Der gußeiserne rostige Kopf einer ›Marianne‹, Symbol Frankreichs, krönt das nächste Brunnenrohr, und auf dem Dorfplatz von Vaufrey steht ein Kriegerdenkmal mit vielen Namen. »Richtig, das haben sie in der Schweiz drüben nicht.«

Saint-Hippolyte. Wir sind nach langer Fahrt müde und grantig. Der Ort, am Zusammenfluß von Doubs und Dessoubre hübsch gelegen, enttäuscht uns ein wenig. In einem Brief, den ich von einer Jura-Freundin erhielt, heißt es: »Ich habe die arme kleine Kirche von Saint-Hippolyte angesehen, wo eine Barfrau auf der etwas verstimmten Orgel Bach spielte.« Wir können's uns vorstellen.

Mit dem Doubs gelangen wir bei Audincourt in ein Industrie-Revier. So viel Häßlichkeit plötzlich, nicht konzentriert, sondern am Ufer entlang verstreut: Möbellager, Betriebe, Supermärkte, billig hochgezogen, mit den Reihen wehender Fahnen davor, die alles nur noch schlimmer machen. Dann schlägt der Fluß seinen zweiten dramatischen Haken, diesmal in Richtung Südwesten. Er ist an einem neuralgischen Punkt in der Geographie Europas angelangt, den die Franzosen Trouée de Bourgogne nennen und wir Burgundische Pforte. Diese Öffnung zwischen Vogesen und Jura ist 30 Kilometer breit, dabei flach und überschaubar; im Ernstfall, wie die Geschichte lehrt, schwer zu verteidigen. Wo einstmals Heerscharen zogen, von Barbarenhorden bis zu den Armeen der großen Kriege, nehmen heute Autobahn, Eisenbahn und Landstraße ihren Weg, vorbei an der Feste Belfort und ihrem Löwen, der dort das französische Vaterland symbolisch bewacht. 22 Meter lang, vom Bildhauer Bartholdi nach dem Siebziger Krieg aus rosa-roten Quadern zusammengefügt, streckt das stolze Steintier sich zu Füßen der Festungsmauern und schaut jedem, der sich ihm von Osten nähert, furchterregend entgegen. Dem Jura und dem Doubs kehrt er den Rücken zu.

Montbéliard liegt nicht am Doubs, sondern am Rhein-Rhone-Kanal, der von nun an den Hauptstrom begleiten wird, manchmal ganz nahe, dann wieder entfernt, streckenweise sich mit ihm vereinend. Montbéliard kam Ende des 14. Jahrhunderts durch Heirat an das Haus Württemberg, hieß von da an Mömpelgard und blieb 400 Jahre lang eine Enklave mit erstaunlichem Eigenleben. Hier konnte 1524 Guillaume Farel, Reformator und Calvinist aus Neuchâtel, auf dem Markt seine flammenden Predigten ans Volk halten, und niemand behelligte ihn. Wenige Kilometer weiter, auf französisch-katholischem Gebiet, wäre es ihm nicht so glimpflich ergangen. Die ›pierre à poissons‹, ein Steintisch zum Verkauf der Doubs-Fische, diente ihm als Kanzel; man zeigt ihn noch heute.

Die Verbindungen nach Deutschland hinüber waren stets rege; junge Leute aus Mömpelgard pflegten drüben die Universitäten zu besuchen. Als Sophie Dorothee von Württemberg-Montbéliard 1776 den Zaren Paul I. ehelichte, folgten einige Einwohner der Stadt ihrer ›Maria Feodorowna‹ und machten in Rußland ihr Glück. Das Schloß von Montbéliard mit seinen zwei dicken Türmen steht hoch über der Stadt – so, als sei es vor einer drohenden Gefahr geflüchtet, dabei etwas aus der Fasson geraten und mühsam wieder zusammengeflickt worden.

L'Isle-sur-le-Doubs: Nachts, in unserem kleinen Hotel, unterbricht das Rollen der Güterzüge, das Ding-Dong der Schranken immer wieder meinen Schlaf, und durch unruhige Träume ziehen die Scharen derer, die hier einst vorbeikamen. Ihnen folgt in unseren Tagen das Heer der Lastwagen und Transporter, der Überlandbusse und Wohnmobile, Auto hinter Auto, mit dem Ziel Provence oder Spanien oder zurück zum Rhein. Wer die Kosten der ›Autoroute‹ scheut, überquert hier den Fluß, nimmt mit quietschenden Bremsen die Kurve zu den Brücken. In Läden und Restaurants lesen wir des öfteren deutsche Inschriften und Speisekarten. Aber sobald man der Hauptstraße den Rücken kehrt, hat es damit ein Ende.

L'Isle-sur-le-Doubs: Wenn für kurze Zeit der Strom der Autos abbricht, wird eine alles durchdringende sanfte Melancholie spürbar. Der Ort, zwischen Wiesen und Auwäldern gelegen, zieht sich höchst malerisch über zwei Flußarme und eine Insel in ihrer Mitte, zerfällt somit in drei Quartiere, die von den Brücken zusammengehalten werden. »Pêche – Chasse – Tabac« steht über einem kleinen Laden. Fischfang, Jagd und Tabak scheinen die wichtigsten Dinge im Leben der Männer hier zu sein, die an den Geländern und an der Mauer einer Schleuse lehnen und ins Wasser hinabschauen. Gibt es überhaupt Arbeit für sie? Die Fenster einer Fabrik, wohl einer ehemaligen Spinnerei, sind zerbrochen. Im kleinen Werkhafen wartet einer der flachen schwarzen Kähne, die früher am Doubs ihren Dienst taten und manchmal noch tun. Der Fluß läuft ungenutzt über die Wehre; ein altersbraunes Holzgerüst zeigt an, wo Mühlräder sich einmal drehten. Eine kahle Hallenkirche. In der Sakristei übt der Pfarrer, allein, singend und vor sich hin dirigierend, eine Melodie ein. Später wird er uns freundlich begrüßen und sich nach unserem Tun erkundigen. Alle Menschen hier sind freundlich. Für Reparaturen scheint im Ort das Geld zu fehlen. Oder ist man nicht interessiert? Die ältesten Häuser am Doubs haben noch kleine runde Türmchen zum Wasser hin; so wurde einstmals das Problem der sanitären Anlagen aufs einfachste gelöst. An vielen Fenstern blühen Blumen, und die kleinen städtischen Anlagen wirken sauber und gepflegt.

An beiden Ufern des Doubs hat man von nun an die schönsten Ausblicke. Auf nördlicher Seite verlaufen die Route Nationale und die Eisenbahnstrecke. Auch aus dem Zugfenster kann man sich an den Bildern der Flußlandschaft erfreuen. Aber gerade in den besten Augenblicken macht der nächste Tunnel dem jäh ein Ende. An der Route Nationale reihen sich eher ärmliche und häßliche Häuser mit zahlreichen Antiquitätenläden ungewissen Inhalts. Hier wird man nicht zum Verweilen gelockt – es sei denn, man biegt zu einer der Ortschaften landeinwärts ab.

Wo immer es möglich war, überquerten wir den Doubs und fuhren an seinem Südufer weiter, hügelauf und hügelab auf schmaler Straße. Hier folgt ein schönes Dorf dem anderen. Die Häuser aus bräunlichem Stein sind mit Clematis, Efeu und wildem Wein überwachsen. In jedem Ort die langen steinernen Tröge der Brunnen, deren braune Ziegeldächer, müde geworden, langsam einsinken. In manchen Tränken ist noch Wasser, und sie dienen ihrem ursprünglichen Zweck; aber die meisten hat man mit Erde gefüllt, mit Blumen bepflanzt.

Wieder eine geologische Musterlandschaft: der vom Wasser abgenagte, unterspülte ›Prallhang‹ des Flusses in einer Kehre, gegenüber die sanften Wiesenufer des Gleithangs.

Baume-les-Dames am Nordufer sah ich zuerst im Dunkeln. Das Katzenkopfpflaster der alten Gassen glänzte unter den Laternen. Vom lindenbestandenen Hauptplatz aus führt ein Torweg zu einem stillen Geviert. In einigen Fenstern der Häuser des 18. Jahrhunderts, die sich hier reihen, brannte noch Licht. Man sah Bücherregale, die fast bis zur Decke reichten, darüber Stuckarbeit. Jede ›Chanoinesse‹ des Klosters von Baume-les-Dames verfügte über solch ein schönes

Haus. Sie mußte, um hier aufgenommen zu werden, sechzehn adlige Vorfahren nachweisen können. Der Hochmut war eingekehrt an einem in der christlichen Frühzeit frommen Ort, an dem die hl. Odile mit der Taufe das Augenlicht zurückgewann. Wie drüben in Baume-les-Messieurs schien der Himmel des 17. und 18. Jahrhunderts hier zunächst für die Vornehmen reserviert. Mit der Französischen Revolution verschwanden das Kloster und die Chanoinesses.

Die ehemalige Klosterkirche, mit einer mächtigen, aber kahlen Fassade, dient heute als Ausstellungsraum.

An jenem späten Abend gingen wir zurück zum Hauptplatz und besahen noch einen Renaissancebau mit schön verziertem Portal und Erker. Gegessen haben wir im Schatten der Pfarrkirche Saint-Martin beim ›Lion d'Argent‹. Von den wenigen Tischen aus sieht man dort, wie die vertrauenswürdige stattliche Wirtin, von einer hohen schneeweißen Kochmütze überragt, mit Töpfen und Tiegeln hantiert. Man verzeihe mir, wenn ich des öfteren unsere Mahlzeiten erwähne, aber die Schilderung einer Fahrt durch den Jura wäre unvollständig ohne sie.

Von Baume bis Esnans folgten wir auf schmaler Straße dem Verlauf des Rhein-Rhone-Kanals. Zur Zeit seiner Entstehung war dieser Wasserweg ein wichtiger wirtschaftlicher Faktor. Er ist zur Idylle zwischen Wiesen und Auwäldern geworden, mit windschiefen Häuschen, Gärtchen mit bunten Blumen, Ziegen, Hundegebell und flatternder Wäsche – aber dies alles nur in größeren Abständen anzutreffen. Wer hier lebt, will für sich bleiben, mit dem Blick in Obstbäume und darüber, am anderen Ufer, auf die vom Wasser ausgeschliffenen weißen Felsbänder im Grün der Hänge. Gelegentlich kommt noch ein Frachtkahn vorbei.

Wer will, kann den Kanal als Privatperson befahren, sofern das Boot nicht breiter als fünf Meter ist.

Nun mehren sich im Doubs die Inseln, die von Bewohnern Besançons gerne in größeren Gruppen besucht werden, zum Angeln oder für ein *déjeuner sur l'herbe*. Auch hier gibt es, wie flußaufwärts in L'Isle-sur-le-Doubs, ehemalige Fabriken am Wasser, die allmählich verfallen.

Die bewaldeten Höhen bleiben zurück. Allen Anzeichen nach nähert sich der Fluß einer großen Stadt.

Besançon, das schöne, immer aufs neue faszinierende, vom Doubs umschlungene, wird später mein Thema sein.

Jenseits der Stadt verläßt der Fluß seine Heimat, die Jurahöhen, erst zögernd, dann geraden Weges in südwestlicher Richtung durch das nun flache Land mit Feldern und eintönigen Laubwäldern, vorbei an Dole und seinem ›Carrefour des Grandes Routes‹. In der hochgelegenen Altstadt spürt man nichts vom Lärm des großen Überlandverkehrs, und der Turm der Kathedrale spiegelt sich drunten aufs schönste im Wasser des Rhein-Rhone-Kanals, der immer noch den Doubs begleitet. Trotzdem: Hier ist nicht mehr die vertraute Welt der Plateaus, sogar ihr blauer Umriß in der Ferne fehlt, der Horizont ist leer geworden. Plötzlich überfällt uns Heimweh nach der würzigen Feuchte der Bergwälder, dem Krächzen eines Eichelhähers, nach Rousseaus »auf- und abholpernden Wegen«. Wir kehren um.

Jene Stelle, an der unser Doubs, nur neunzig Kilometer von seiner Quelle entfernt, sich mit dem Wasser der Saône verbindet, die haben wir leider nicht gesehen.

Ein Nachwort: Beim Wiederlesen des Kapitels über den Doubs bemerke ich, daß ich mich nach Art des Flusses verhalten habe: Bald rauscht mein Text eilig an einer Gegend vorbei, bald läßt er sich Zeit, holt zu einer weiten Schleife aus und trennt sich von einem bestimmten Revier nur ungern. Gelegentlich sah ich mich zu ›Sprüngen‹ veranlaßt. Wie dem auch sei – mein Leser möge wissen, daß wir noch mehrmals an den Doubs zurückkehren werden, zum Beispiel in Besançon; aber auch an den Grottes d'Osselle und beim Château de Joux – so wie ich in der Schweiz drüben dem kleinen Saint-Ursanne, dessen Bild so sehr vom Fluß bestimmt wird, ein eigenes Kapitel widmete.

DRÜBEN IN FRANKREICH

Cirque de Consolation

Erste Begegnung mit einem jurassischen Phänomen

Ganz im Osten des französischen Jura liegt eine stille Hochebene, ein ›erstes Plateau‹. Der Doubs bildet auf drei Seiten seine Grenze. Die Montagnes du Lomont durchziehen dieses Gebiet der Weiden und Wälder. Der Dessoubre hat dort seine Schluchten gegraben. Fremde finden selten den Weg hierher. Die Straßen laufen zwischen blühenden Schierlingsstauden, auf den Wiesen stehen Gräser und Kräuter so hoch und kräftig wie drüben in der Schweiz. Die Kühe sind auch hier Buntschecken. Wegkreuzungen werden von Madonnen oder Heiligen bewacht, gußeisernen, weiß gestrichenen, die in ihrem eigenen kleinen Blumengärtchen stehen. Unter dem breiten Kamin eines Bauernhofes stelle ich mir die geschwärzte Rauchkammer vor, ihre fetten Schinken und prallen Würste. Mildes Hügelland, Frieden.

Nichts bereitet den Besucher auf eine Überrasschung vor. Am Ende der kleinen Zufahrtsstraße ein sandiger Parkplatz, auf dem nur wenige Autos warten, alle von weit her. Ein paar Schritte – plötzlich tut sich ein grüner Abgrund auf, eine zweite Welt in der Tiefe, über der Gabelweihe und Bussard kreisen. 300, 400 Meter – so weit müssen die wenigen verstreuten Dächer da unten von uns entfernt sein.

Man hört das Wasser der Quellen rauschen, aber man sieht sie nicht. Stürzende Felsen im weiten Rund, bald nackt, bald bewachsen: so bietet sich ein *cirque,* ein jurassicher Talkessel, dem Auge dar. Der Boden am Grund ist

Cirque de Consolation
vom
Roche du Prêtre aus
1.7.85

Frankreich

eben. Die Felsnase, auf der wir stehen, durch ein eisernes Geländer geschützt, heißt ›Roche du Prêtre‹, Priesterstein.

Man möchte hinunterschweben, vorbei an Heckenrosen und zerzausten Tannen, die sich so verzweifelt an den Fels klammern, möchte die Weite des Horizonts, die Hochebene der kleinen Weiler und Farmen aus den Augen verlieren und eintauchen in das Grün am Grunde des Talkessels.

Mit dem Auto ist ein Besuch da unten möglich, wenn auch umständlich. Verschlungene Wege führen – vorbei an einem neuen, gut gebauten Hotel, in dem wir später mit Vergnügen speisen werden – steil bergab in eine feuchte melancholische Welt. Breitkronige Linden und Kastanien verdunkeln den Parkplatz. Die Kirche, ein schmuckloser Bau des 17. Jahrhunderts, Notre Dame de Consolation, hat dem Cirque seinen Namen gegeben: Tal des Trostes. Die Mauern der ›Chapelle‹ und des ehemaligen Minoritenklosters nebenan bewahren auch an diesem schwülen Junitag die Kälte der vergangenen Wintermonate. Farbe und Putz blättern ab. Mich dauern die armen Schüler eines Seminars, das hier untergebracht ist, als sichere Opfer von Dauerschnupfen und Rheumatismus. Aber das Haus hat eine Jahrhunderte alte Tradition. Feucht auch das sogenannte Museum, ein kleiner Raum, in dem die Vögel des Tales ihre präparierten Flügel, die stumpf gewordenen Federn betrüblich hängen lassen. Eine Nonne bietet nebenan Postkarten und andere Andenken zum Verkauf an, mit der fröhlichen Energie einer Missionarin im Urwald, die das Unbehagen ringsum vergessen läßt.

Wie schön ist dieses Tal, das einmal Wildnis war, zum Park gestaltet wurde und wieder auf dem Weg zur Wildnis ist. Ein Tor begrüßt den Besucher, die dazugehörige Mauer fehlt. Eine Brücke überquert den Dessoubre, der oben beim Hotel als Kaskade vom Berg entlassen wurde und nun schon viel Wasser führt. Noch sind die Wege gesittet und bezeichnet. Aber sobald man abirrt, beginnt der Urwald. Überall quillt und wuchert es im Dämmerlicht; Flechten mit winzigen Blättern überziehen das nasse Tuffgestein, seine grotesken Formen. Ein Treibhaus der Natur. Wenn ein Baum abstirbt, wird er übersponnen, grün einbalsamiert.

Einer der Pfade im Park endet – wie so oft im Jura – vor einer Felswand. Sie zeigt dem Betrachter ein regelmäßiges Halbrund, das Gestein ist ordentlich geschichtet, trocken und fast ohne Bewuchs; es wird in der Höhe von einem glatten Rand begrenzt. Darüber glaubt man Höhlen im Hang zu erkennen; dort soll der Lançot seinen Ursprung nehmen. Eine Tafel neben unserem Pfad ermahnt die Besucher: Man möge sich von der Felswand entfernt halten. Warum, Steinschlag? Nein, eine andere Unbill, von der ich schon gehört hatte.

Donner, Tropfen fallen. Das ist nicht der erste Guß an diesem Tage. Ein Gewitter irrt schon den ganzen Morgen über dem Talkessel hin und her, entsendet plötzlichen starken Regen. Man weiß da unten, wo man den Himmel nur durch dichtes Grün, wie vom Grunde eines Tümpels aus sieht, nie genau, was das Wetter im Augenblick treibt. Lang anhaltender Donner wird im Echo von Felswand zu Felswand geworfen. Dann senkt sich ein dichter Regenvorhang über den Talkessel. Wir finden spärlichen Schutz unter einem Ahorn, nahe an seinem moosbewachsenen nassen Stamm, aber nicht an ihn gelehnt, denn das Grün in diesem Dschungel färbt ab, das beweist bereits meine Jacke. Wir werden allmählich sehr naß, tropfen wie die Blätter, die Farne, die lianenartigen Schlinggewächse ringsum. Ich stelle mir vor, wie die Tiere dieses Dickichts, grüne Kriecher, grünflügelige Insekten, sich vor dem Niederprasseln in Sicherheit bringen. Wir hören, trotz des Regens, das stärkere Rauschen des rasch anschwellenden Wildbachs uns zur Linken; sehen, wie über ihm an einem anderen Felsen Rinnsale herabzulaufen beginnen, sich bald darauf zur Kaskade verstärkt haben. Nur die Kesselwand vor uns, im Windschatten, scheint trocken wie zuvor.

Der schwere Schauer bricht so plötzlich ab, wie er begann. Dampf steigt aus dem Feuchten, die Vögel beginnen sich zu rühren, in der Ferne sind die Stimmen anderer Besucher zu vernehmen. Wir warten. Sind wir um das erwünschte Schauspiel betrogen, findet es diesmal nicht statt, wurden wir vergeblich naß? Enttäuscht wollen wir uns zum Fortgehen wenden, da geschieht es. In heftigem Schwall schwappen Wassermassen über den Rand der Kesselwand, stürzen in mehreren Strähnen aus fast fünfzig Meter Höhe uns vor die Füße. Die Regenfluten der letzten Stunden, die droben durch den Humus in tiefere Schichten drangen, in Spalten und Rissen des Gesteins rasch versanken, sammelten sich im Höhlensystem über uns und stiegen dort an, liefen jählings über.

In meiner Kinderzeit, als es noch keine Wasserhähne über Waschbecken gab, und man mit Schüsseln hantieren mußte, wurden diese nach Gebrauch in einen danebenstehenden Eimer entleert; das war eine heikle Prozedur, erst kam lange nichts, dann alles Wasser auf einmal. Diese Erinnerung tauchte auf, als wir im Cirque du Consolation unter dem Lançot-Felsen standen.

Von der Fauna, die in diesem Tal heimisch wurde, sei die Bachamsel erwähnt, die ihr Nest hinter herabstürzenden Wassern baut und diese mühelos durchfliegen kann.

Vallée du Dessoubre
Aus meinem Notizbuch

Zu spät abgefahren, schade. Es wird schon dunkel. Der Cirque de Consolation ließ uns nicht los.

Das Tal hier ist Jura en miniature, Spielzeug-Schlucht, Kabinettstück der Natur; der Dessoubre nur schmaler Gießbach jetzt im Herbst. Unsere Scheinwerfer erfassen flache Ufer. Das Wasser fließt nicht, es hüpft über Kiesel. Jenseits Wiesengrund, ein weißer Nebelstreifen darüber, er erreicht uns nicht. Über uns die Schatten der Felsen, vortretend, zurückweichend; jenseits, über dem Nebel, bewegt es sich ebenso. Wie eng hier alles ist, die Kurven der Straße, dem Flusse folgend, der Ausblick auf ein Stück Himmel, an dem kein Stern steht. Bäume plötzlich, mit weißer Rinde, aufgereiht wie zu einer Allee. Voraus der Umriß eines Gebäudes, lichtlos. Werkstatt oder Mühle? Anhalten. Geruch von Wasser und von faulenden Blättern. Kein Mensch, kein Getier, kein Geräusch außer dem Wassermurmeln. Wir, mit unseren Scheinwerfern, unserem Auto, sind Eindringlinge. Wir kehren um. Zurück zum Hotel am Rande des Cirque de Consolation, an diesem kalten Oktoberabend als einzige Gäste. Der Wein ist gut. Dicke Decken gibt es genug.

Bei Tage, so heißt es, soll die Strecke, zumindest im Sommer, recht belebt sein.

Château de Belvoir
Als die Jäger unterwegs waren

In der Erinnerung scheint es mir, als sei im Jura immer Sonntag gewesen, so feiertäglich still liegt oft das Land. Aber an diesem Morgen konnte es keinen Irrtum geben. Die Jäger waren unterwegs und die Familien auf dem Weg zu einem guten Essen. Bei den Jägern, meist zu viert im Wagen, drängten sich die Hunde am Heckfenster, halb beleidigt ob des Maschengitters, hinter das man sie auf engstem Raum gedrängt hatte, halb erfreut in der Aussicht auf die Jagd. In den Familienautos hielten Kinder ihre Gesichter gegen die Scheiben gepreßt; überholte ihr Wagen den unseren, so schnitten sie Grimassen des Vergnügens.

Wir kamen aus Wäldern hinaus ins freie Land zu Füßen der Lomontberge. Hier waren Weiden und kleine Feldbezirke, in denen der Mais mannshoch und reif zur Ernte stand. Da trafen wir wieder auf Jäger; man konnte aus der Ferne beobachten, wie sie ein Maisfeld vorsichtig umzingelten, dann darin verschwanden. Wir hörten auch

Schüsse, die wohl Fasanen galten, sahen aber kein jagdbares Getier.

Belvoir tauchte auf, in beherrschender Lage über Felsen. Nein, kein Schloß, eine Burgfeste war das, aus dem 12. Jahrhundert stammend und bis zum 19. im Besitz einer Familie – namensgleich mit dem Gebäude, das ihre Vorfahren errichteten. Einer dieser Barons de Belvoir muß sich auf die Künste der Alchimie verstanden haben. Es gibt da oben einen kleinen Turm im Gemäuer, von der Straße aus einen Augenblick lang erkennbar, den ein seltsames kauerndes Wesen, aber zweifellos ein Mensch, allein zu tragen scheint. Solche Gebilde durften – so steht es im verläßlichen Michelin – nur an Gebäuden angebracht werden, deren Besitzer als Großmeister ›die magische Formel‹ gefunden hatte. Das Türmchen wird ›Madge-Fà‹ genannt. »Wollen wir gleich hinauffahren?« Aber der Mittagshunger war übermächtig geworden. Wir stellten den Wagen zu anderen, die schon vor der Schloß-Taverne im Dorf warteten. In einigen jaulten Hunde. An einem flackernden Kaminfeuer vorbei ging es unter niedrigen geschwärzten Holzdecken in die kleine Wirtsstube. Hier, im Schatten eines zweiten gewaltigen Kamins, dessen steinerner Sims die Jahreszahl 1624 trug, saßen sie alle: die Jäger beieinander, mit großen Gesten die Abenteuer des Morgens rekapitulierend, die Familien an langen Tischen. Auch bei denen hatten die Männer, eigentlich nur sie, das große Wort. Ein verheißungsvoller Anblick: die zahlreichen Platten und Schüsseln gänzlich geleert, die Gesichter hochrot und zufrieden. Nur die Kinder begannen sich zu langweilen. Der Wirt persönlich kam an den Tisch, beugte sich zu uns herunter und flüsterte, als verrate er ein Geheimnis: »Ich empfehle Rebhuhn oder Fasan.«

Und nun kommt mein Bekenntnis. Wir warteten an jenem Sonntag geduldig auf unsere gebratenen Vögel. Wir speisten vorzüglich. Wir beobachteten mit Vergnügen das Leben und Treiben um uns herum. Ein französisches Festessen geht ja nicht mit dem letzten Bissen zu Ende, da kommen noch die Schnäpse, die Liköre, der Kaffee, die besten Gespräche ... Als wir endlich gezahlt hatten und auf die Uhr sahen, mußten wir mit Schrecken feststellen, daß es für uns zu spät geworden war für eine Schloßbesichtigung. Aber den Blick von da oben haben wir noch mitgenommen. Er ist prächtig und geht beinahe bis in die Schweiz hinüber.

Im Gegensatz zu den Häusern der Freiberge haben die der Franche-Comté Giebel aus dunklen Holzbohlen, zu denen Stämme samt ihrer Rinde verwendet wurden. Blechdächer ersetzen mehr und mehr die alten Holzschindeln und die bräunlichen Dachpfannen. Der Rauchfang ragt auch hier wie ein kleiner Wachtturm.

Source Bleue

Zur rechten Zeit am richtigen Ort

Unsere Straße bog in den Wald ein, zog sich, beinahe eben, durch dichtestes Grün, Buchen und Eichen. Die Franzosen nennen eine solche Mischform ›fagoquercie‹; aber das Wort sagt nichts aus über die Schönheit dieser Wälder südlich des Doubs, über den tiefen Frieden ihrer Straßen und Wege. Hier mit dem Fahrrad unterwegs sein oder wandern! Im Geist sahen wir Gustave Courbet mit wallendem Bart seines Weges ziehen, Staffelei und Malgerät geschultert, hinter ihm ein junger Mann, der das ausgestopfte Reh trägt, des Meisters unentbehrliches Requisit vor den Kulissen von Baum und Strauch, Fels und rinnendem Quell.

So kamen wir ins Waldtal des Cusancin. Dieses Juragewässer wird von zwei Quellen gespeist, der blauen und der schwarzen, die nahe beieinander liegen und doch so unähnlich sind wie Stiefschwestern. Die schwarze, das Aschenputtel, aus grimmig düsterer Felswand spärlich rinnend, sieht nie die Sonne. Nur Nesseln gedeihen an diesem tristen Ort; sie hatten ein Autowrack am Wege schon ganz in Besitz genommen. Von der Ruine einer Mühle dort unten mußte man annehmen, sie sei in Eile verlassen worden: Ein angeschnittener überstaubter Stamm lag noch vor dem rostenden Sägeblatt.

Die Source Bleue, jenseits der Straße, ist die schöne Schwester der schwarzen; ein smaragdfarbener klarer Spiegel, über den sich herbstbunte Äste neigten. Niemand außer uns ging auf dem schmalen Pfad, der am Ufer entlang zur eigentlichen Quelle unter einer Felswand führt. Nur von ferne hörten wir Reden und Lachen aus einem Wirtsgarten. Dann und wann löste sich ein welkes Blatt aus dem Gezweig, sank und wurde eine kleine braune oder goldfarbene Insel in der Bläue des Cusancin. Je näher wir der Felswand kamen, umso dunkler färbte sich das Wasser, bis es im runden Quelltopf wie in einem tiefen Brunnen grün-golden schimmerte. Am Grunde, in Froschkönigs Reich, lag das Spiegelbild der Sonne. Zwei Eichelhäher zankten sich über uns in den Tannen. Der Ort und die Stunde: unvergeßlich.

Ich wäre nun gerne im schattigen Garten des kleinen Hotels an der Straße geblieben. Aber die unerbittliche Forderung hieß: Weiterfahren.

Grotte de la Glacière
Gefangene Luft

Wie findet man die ›Kühlschrank-Grotte‹? Einfach ist das nicht. Wir fuhren durch das Gottes-Gnaden-Tal, Val de la Grâce-Dieu, vorbei am Kloster, vor dessen Mauern junge Leute diskutierten – die ersten Menschen, deren wir in dieser Einsamkeit gewahr wurden –, vorbei an der Ruine einer Mühle im Grunde, die wohl einmal zum Kirchenbesitz gehörte; die Lourdes-Madonna in einer Nische der Fassade scheint es zu bestätigen. Aber neben ihr, über ihr schauen überall Hühner aus den Fensterhöhlen, braune, mit neugierigen Augen. Und dann, überraschend, mitten im hochstämmigen lichten Buchenwald, die Grotte. Freischütz, 2. Akt, Wolfsschlucht: »Ha, furchtbar gähnt der düst're Abgrund!«

Ein rundes Loch von großer Tiefe, aus dem eisiger Hauch aufsteigt. Die gewaltige Öffnung der Höhle zum Himmel hin und ihr Steilabfall ins Dunkle hinunter wirken wie eine Falle. Kalte Winterluft sammelt sich am Boden und bleibt dort gefangen, denn mit zunehmendem Jahre wird sie von immer wärmeren und damit leichteren Luftschichten überlagert. Sie kann nicht mehr entweichen, zumal die Höhle keine unterirdischen Verbindungen zu anderen Systemen hat – eine Seltenheit im Jura. In langen Wintern nun gefrieren die Sickerwässer aus dem Gestein mit Ästen und Zweigen am Grottenboden zu bizarren, langsam anwachsenden und sich ausbreitenden Eisgebilden, denen auch ein heißer Sommer droben im Wald nichts oder wenig anhaben kann. Nur Überschwemmungen nach schweren Unwettern zerstören das Eis. Es soll nur noch eine Höhle dieser Art in Europa geben; sie liegt in der Tschechoslowakei.

Auf der Bank am Wartehäuschen liegen Wolljacken bereit für jene Besucher, die nicht selber vorgesorgt haben. Viele Treppenstufen führen hinab. Das eiserne Geländer ist kalt. Noch ein paar Kältegrade mehr, und die Finger würden kleben bleiben. Ein leichter Dunst füllt den Höhlenraum. Wieder Erinnerung ans Theater, an Schleiervorhänge: »Gespenst'ge Nebelbilder wallen!«

Der Führer, ein einfacher Mann, hat sich so viel Spezialwissen angeeignet, daß Geologen und Speläologen ihn gerne zu Rat ziehen. »Der Mai«, sagte er, »ist die beste Zeit zum Besuch der Höhle.« Und im Winter? »Geschlossen.« Im Frühjahr? »Zu gefährlich. Dann lösen sich Eiszapfen von der Höhlendecke.«

Schutz vor Verfolgungen konnte dieser unwirtliche Ort nie bieten, aber als gewaltiges Kühlsystem half er den

Anwohnern zu überleben, vermutlich schon in den frühesten Besiedlungszeiten. Von Menschenhand aus dem Gestein gehauene Simse dienten zum aufbewahren der Fleischvorräte.

Lange blieben wir nicht in der Höhle. Die Kälte kriecht unter die Kleidung. Ein Kind begann zu weinen. Als wir uns umdrehten, der leitersteilen Treppe zuwendeten, schaute über uns, tröstlich und sonnenbeschienen, der Buchenwald herein.

Südwestlich der Grotte de la Glacière ist eine weitere Höhle zu besichtigen, ein hallenartiger Schlund von gewaltigen Ausmaßen: Gouffre de Poudrey (Führungen).

Besançon
Mit Fontanes Augen

1870 wurde Theodor Fontane als Kriegsberichterstatter nach Frankreich entsandt. Große Schlachten waren schon geschlagen; er sollte an ihren Schauplätzen den Verlauf der Kämpfe für die Leser daheim schildern. Seine Berichte zeichnen sich durch große Sachlichkeit und Fairness aus. »Er mag ja diese Franzosen«, hieß es später murrend in Berlin.

Aber Fontane war auch Poet. So wollte er Domrémy besuchen, vor dem Geburtshaus der Jungfrau von Orléans stehen. Zu spät wurde ihm klar, daß er damit ein von den Deutschen beherrschtes Territorium verließ: Am Denkmal der Pucelle, gerade als er dessen zweifelhafte künstlerische Qualität bemängelt, wird der Dichter von französischen Freischärlern als Spion verhaftet. Man weiß nicht so recht, was man in diesen unklaren Zeitläufen mit einem so seltsamen Vogel anfangen soll und schiebt ihn weiter, zunächst nach Langres. Sein Weg zu Kommandantur und Gefängnis dort ist ein Spießrutenlaufen an johlenden Gassenjungen und aufgebrachten Patrioten vorbei. Auch sonst ist Fontanes Lage keineswegs rosig. Wird man ihn tatsächlich als Spion verurteilen? Er trägt Notizbücher in seiner Tasche, mit Stichworten von den einzelnen Kriegsschauplätzen. Daß er, aus einer Hugenottenfamilie stammend, in Berlin der ›Kolonie‹ noch entfernt zugehörig, ein gutes Französisch spricht, würde zum Bild des Spions passen. Man sagt ihm: »Der Herr General wird morgen über Ihr Schicksal entscheiden.« Fontane sieht sich bereits erschossen in einem Festungsgraben liegen. Statt dessen schickt man ihn weiter, nach Besançon.

Besançon hat die schönste Lage, die eine Stadt sich wünschen kann: an drei Seiten vom Doubs umflossen, der hier schon breit strömt, an der vierten vom Steilkegel eines Felsens abgeschirmt, auf den Frankreichs großer Festungsbaumeister Vauban das Kunstwerk einer ausgedehnten Zitadelle setzte. Hügel umgeben jenseits des Flusses die Stadt. Dieser ebenmäßige grüne Ring – so typisch für die Landschaft des Jura – wird oft von einem ebenso gleichmäßigen Wolkenband gekrönt.

Fontane schreibt: »Wir fuhren gegen zwei in den weiten Kessel hinein, in dem die Stadt gelegen ist ... Bis zum Ausbruch des Krieges, vielleicht bis zur Kapitulation von Sedan, war ›la Citadelle de Besançon‹ das eigentlich beherrschende Fort. Von dem Augenblick an aber, wo es feststand, daß der Krieg auch hier seinen Schauplatz suchen werde, mußte man sich wohl oder übel überzeugen, daß die Zitadelle zwar die Stadt beherrsche, ihrerseits aber von den nahegelegenen Kuppen höherer Berge beherrscht werde. Man schritt denn auch zur Befestigung und Armierung dieser eigentlich dominierenden Punkte ...«

Drei der Außenforts verfallen heute nutzlos im Grünen; aber um ihrer schönen Lage willen sind sie als Aussichtspunkte und Picknickplätze beliebt. Das vierte, Fort Griffon, wurde von der modernen Stadt geschluckt, die sich im Westen hügelan mit Macht ausbreitet. Aus dem ehemaligen Wall ist ein kleiner Park geworden, in dem schon in aller

Frühe die Stadtgärtner am Werk sind. Ich schaue, von einer der Bänke aus, auf das alte Besançon hinab, aus dessen rotem und braunem Dächermeer Turm und Schiff der Eglise Saint-Pierre hoch aufragen, während die Umrisse der entfernten Kathedrale im gleißenden Morgenlicht mit der grünen Kulisse des Zitadellenfelsens verschmelzen. Jenseits der Rosenrabatte vor mir, tief unten und unsichtbar, braust der Verkehr, den man in geschicktester Weise in die ehemaligen Laufgräben des Außenforts gelegt hat. Touristenbusse fahren dort, Viehtransporter, Tieflader mit den mächtigen Stämmen der nahen Jurawälder, Elektrovehikel für den Stadtverkehr und die Autos verwirrter Fremder, für die es nicht ganz einfach ist, sich in Besançon zurechtzufinden. Hinter mir weiß ich den Bahnhof, an dem Fontane damals ankam.

»Der Weg vom Bahnhof bis zur Kommandantur war wieder so weit wie möglich; wir mußten durch die ganze Stadt hindurch.«

Besançon ist in seinem Kern geblieben, wie es zu Fontanes Zeit und lange zuvor schon war. Man kann den Weg des Dichters mühelos verfolgen, alles mit seinen Augen sehen. Zunächst geht es durch die Rue Battant in sanftem Bogen zum Doubs hinab. Ihre Häuser des Mittelalters bilden das älteste Quartier der Stadt. Damals wohnten hier die Winzer. Ihre Weingärten müssen hügelauf hinter den Wohnungen gelegen haben und handtuchschmal gewesen sein.

Wo Reben gedeihen, ist man fröhlich – und eine frohe Lebhaftigkeit ist der Straße geblieben. Ladenglocken bimmeln, Provisor und Metzger stehen mit verschränkten Armen vor ihren Türen, wenn auch die Fassaden über ihnen in musealer Perfektion mit den ockerfarbenen und bläulichen Steinquadern der Region restauriert wurden. Jedes offene Portal lockt. Hier, in der Rue Battant, beginnt es bereits, das Spiel der Hofentdeckungen, die Freude der Touristen. Aber Fontane, der Gefangene, sah nichts davon. Sie hätten ihm gefallen, diese engen Durchgänge mit ihrem unebenen Pflaster, die sich plötzlich weiten zu offenen Treppenhäusern mit gußeisernen Geländern. Wo Holz das Baumaterial war, zeigen sich oft noch die alten geschnitzten Handläufe. Und wieder wird der Durchgang eng und dunkel, um schließlich in einen Hof zu münden – was sage ich, in mehrere Höfe hintereinander. Jeder ist anders: von einem tröstlichen Baum bestanden oder mit Katzen und Geranien bestückt; natürlich auch öfters durch Autos entstellt. Wie sind die nur hier hereingekommen? Ein paar Hausnummern weiter entdecke ich ein schön gewölbtes Kellertor, durch das einst, nach der Lese, die Traubenernte eingebracht wurde. »Suchen Sie etwas? Kann ich Ihnen helfen?« Danke, sage ich, es ist nur Ihr schönes Haus, alte Häuser interessieren mich. Ein halb erfreutes, halb ungläubiges Lächeln der Frau im ersten Stock. Vermutlich denkt sie in diesem Augenblick an ihre feuchten Mauern, an die wenigen Stunden, in denen ein paar Sonnenstrahlen in ihr Fenster gelangen, an mangelnde Kanalisation und an den knauserigen Hauswirt, der nichts reparieren läßt. Ihr Kopf fährt zurück, das Fenster klappt zu.

Zu Fontanes Zeit führte, am Fuß der Rue Battant, noch eine uralte Brücke über den Doubs; mit Steinen, die den Tritt römischer Legionen kannten, auf dem Weg aus der Heimat in die eroberten Provinzen, aber auch die Schritte gallischer Gefangener, dem Tod in Rom oder einem Sklavendasein entgegen. Vielleicht war Vercingetorix unter ihnen. Heute steht an fast gleicher Stelle eine neuere Brücke, auf der Senegalesen – die schwärzesten Schwarzen, die ich je sah – auf bunten Tüchern kniend ihre Waren feilbieten: Armreifen und Ketten, Sonnenbrillen und Uhren. Und weiter, die Grand' Rue entlang, auch sie einmal, vor zweitausend Jahren, Römerstraße; heute Fußgängerzone mit einem Boden aus Marmorquadern und eleganten Geschäften zu beiden Seiten. Die alten Fassaden des 17. und 18. Jahrhunderts sind lückenlos erhalten, und das Spiel der Hofentdeckungen gelangt hier zu seinem Höhepunkt. Davon später mehr.

»Die Stadt macht einen sehr guten Eindruck, wohl zumeist deshalb, weil sie einen bestimmten Charakter, ein Gesicht für sich hat ... Seine Quaderhäuser, mit keinem anderen Fassadenschmuck als einem Balkon oder einem Bogen am Fenster, sind freilich weder sonderlich originell noch pittoresk; desto mehr jedoch sind es seine Kirchen.«

Erstaunlich, wie viele Details der Dichter, im Geschwindschritt passierend, wahrnahm; so auch bei der Eglise Saint-Pierre, wobei er allerdings über deren Namen im Unklaren bleibt.

»Pfeiler mit korinthischem Kapitäl schaffen eine griechische Front, aus der zugeschrägt ein tumulusartiger Turm aufwächst, der gewiß der Schrecken jedes geschulten Architekten ist. Aber nicht des Malers. Man verweilt mit Interesse bei dieser Baumeisterlaune, und ein goldenes, weithin leuchtendes Kreuz, das aus Stäben reich geflochten wie eine Riesenfiligranarbeit das Ganze bedeutungsvoll abschließt, adelt es und gibt ihm den kirchlichen Charakter.«

Das schöne schmiedeeiserne Gitter am Portal des Justizpalastes, Saint-Pierre gegenüber, war zu Fontanes Zeit gerade zehn Jahre alt. Aber es wird durch den vorgelagerten Bau des Rathauses verdeckt, er konnte es nicht sehen. Inzwischen hat sich da allerlei geändert. Die jungen Advokaten kommen zwar im vorschriftsmäßigen Talar daher, aber darunter entdeckt man Jeans, Ringelsocken, Turnschuhe. Besuchern des Justizpalastes ist es, wie ein Zettel besagt, verboten, beim Portier Rechtsauskünfte einzuholen. Zwei Wappen sind als Mosaik ins alte Pflaster des Innenhofs eingelassen, eines zeigt den Adler von Besançon, ebenso römische Reminiszenz wie die Säulen, die er in seinen Klauen hält. Das andere ist das Wappen von Freiburg im Breisgau: Jumelage, Städteverbrüderung, Frieden.

Damals, zu Fontanes Zeit, war Krieg. Weiter ging es zur Kommandantur. Dort wurde Festungshaft über ihn verfügt.

Noch war der Dichter optimistisch: »Ich entsann mich

eines Besuches, den ich vor vielen Jahren einmal auf der Spandauer Zitadelle gemacht hatte, und knüpfte an Festungshaft, die für mich ohnehin nur vierundzwanzig Stunden dauern konnte (so wähnte ich), die Vorstellung von Nachmittagskaffee und einer Partie Sechundsechzig. Welche Illusionen!«

Und weiter. Place Victor Hugo. Eher zufällig in Besançon geboren, ist dieser Schriftsteller nie mehr dorthin zurückgekehrt und hat sich, wie man hört, abfällig über seine Vaterstadt geäußert. Wußte Fontane von ihm? ›Les Misérables‹ war acht Jahre zuvor erschienen.

Auch die Brüder Lumière, Pioniere der Photographie, erblickten in einem dieser Häuser an der Place Victor Hugo das Licht der Welt. Sie waren Kinder, spielten vielleicht vor der Haustür, als der Gefangene aus Preußen im Eilschritt vorbeigeführt wurde.

»Der Berg war wieder sehr hoch. Wir passierten zunächst im Hinaustreten aus der Stadt ein triumphbogenartiges, höchst pittoreskes Portal, hinter dem sich (schon am Abhang des Zitadellberges), die Kathedrale ... erhob.«

Diese Porte noire, die römische Porta nigra, soll zu Ehren Marc Aurels errichtet worden sein, als er Besançon besuchte. Die einstige Schönheit des Baus mit seinen Skulpturen und Fresken hat vor allem im Laufe der letzten Jahrzehnte schweren Schaden genommen und gewährt nur noch des Nachts, bei Flutlicht, mit dem benachbarten Barockportal der Kathedrale eine Illusion von Pracht und Reichtum.

»Ich suchte mir ihr Bild einzuprägen, reckte den Hals und stieg immer höher; alles im Geschwindschritt. In Freiheit – bei attestierter Herz- und Lungenschwäche – hätte ich geglaubt, auf dem Platze bleiben zu müssen; hier ging es.«

Ja, die Steigung ist beachtlich. Heute nehmen die meisten Besucher der Zitadelle das Auto für die Auffahrt, zwischen den ersten Befestigungen hindurch in Serpentinen hinauf bis zum Parkplatz.

»Auf dem niedrigen aber breiten Mauerwerk, das den Weg einfaßte, streckten sich die dienstfreien Mannschaften der Zitadelle und schliefen in den allerwunderlichsten Positionen. Die meisten lagen auf dem Bauch und hatten ein oder auch beide Beine rechtwinklig in die Höhe. An ihnen vorbei, über eine Zugbrücke hin, mündete der Weg endlich auf einen Vorplatz, den allerlei Bauten unregelmäßig umstanden.«

Von diesem Augenblick an kann der heutige Besucher dem Weg des Dichters nur noch in Gedanken folgen. Eine Tür zur Vergangenheit ist zugeschlagen. Zu viel wurde verändert.

Zunächst ist Eintritt zu zahlen. Ein Restaurant mit Aussichtsterrasse lockt. Aber wo ist das alte Besançon geblieben? Hinter Bäumen verschwunden, versunken. Wie ein Vexierbild scheint dem Betrachter, was er hier vor Augen hat: an den jenseitigen Höhen eine moderne große Stadt.

Eine Allee von Ahornbäumen führt hinauf ins Innere der Festung. Damwild grast hier, als Vorposten eines Zoologischen Gartens. Alles scheint friedlich und harmlos. Aber das täuscht. Zunächst sieht der Besucher mit Erstaunen, wie nobel, ja ästhetisch schön ein Festungsbau trotz seines grimmigen Zwecks sein kann: Die Horizontalen der Mauern kreuzen und überschneiden sich malerisch; die verstreuten Gebäude zeigen eine strenge klassische Form, und die schindelgedeckten Wachttürme an den beiden äußersten Enden des Wehrgangs oben könnten einem Gemälde der Romantik entstammen. Von den obersten Zinnen aus geht der Blick weit hinaus ins Grün der Juraberge. Die große Schleife des Doubs liegt dem Betrachter zu Füßen. Spielzeugklein ziehen da unten die *bateaux mouches,* Aussichtsboote, ihre Bahn.

Wo hatte Fontane hier oben sein Quartier? Ich weiß es nicht. »Es war ein gewölbter Raum von bedeutender Tiefe, in dem damals zwölf Pritschen standen; auf der zwölften befand sich ein Berg von Strohsäcken; ein Dutzend Gefangene gingen im Zimmer auf und ab oder saßen auf den Bettständen umher. Mein Eintreten machte nicht das geringste Aufsehen ...« Die hier aus den verschiedensten Anlässen eingesperrten Männer, später zweiundzwanzig an der Zahl, waren teils Franzosen, teils Deutsche. Der Umgangston war freundlich – »Von Groll keine Spur« –, aber die äußeren Bedingungen ließen zu wünschen übrig.

»Die Dinge liegen hinter mir, und es tut nicht gut, ja es schädigt einen geradezu, die ganze petite misère eines solchen Daseins auf den Tisch zu legen.«

Man fand sich ab. Abends, wenn zu früher Stunde das Licht gelöscht wurde, begann der *raconteur*, ein Franzose, den anderen Geschichten zu erzählen, bis alle eingeschlafen waren. Während der endlosen Stunden des Tages gediehen Gerüchte:

»Am 23. hieß es: Heute gibt es eine Schlacht; acht Kilometer von hier, bei Châtillon, müssen sie zusammenstoßen. Und in der Tat, es kam zu einem Gefecht. Wir hörten deutlich den Donner der Kanonen, und von dem Tisch unseres Gefängnisses aus, der uns gestattete, durch die obersten Scheiben hindurch über die Festungsmauer fortzusehen, folgten wir einzelnen Bewegungen nachrückender französischer Bataillone. Einige von uns schwuren, den Lichtstreifen fliegender Granaten deutlich an dem schwarzgrauen Regenhimmel gesehen zu haben. Um fünf Uhr abends kam Meldung aus der Stadt: ›1200 Badois sont faits captifs; ils arriveront ce soir encore.‹ Zwei Stunden später trafen auch wirklich die Gefangenen ein. Es waren aber nur fünf.«

Ins Freie kam Fontane nur jeweils in aller Frühe, beim Morgenspaziergang in einem viel zu engen, »mit Flußkieseln bestreuten Hof«. Wo mag der gewesen sein? Hier oben herrscht doch überall Weite unter offenem Himmel. In das relative Behagen dieser Stunde mischte sich fast täglich ein düsterer Ton:

»Es war in der Regel sieben Uhr; eine Salve krachte herüber; das Echo antwortete in den Bergen. Eine Gruppe trat dann zusammen, einer warf den Zigarrenrest in die Luft und sagte ruhig: ›Heute werden drei erschossen.‹ Ich konnte nicht gleichgültig dabei bleiben; wie ein physischer Schmerz ging es mir oft durch die Brust.«

Nach fünfzehn Tagen erschien der Kommandant der Festung bei Fontane: Man sei nun von seiner Unschuld überzeugt. Aber freilassen und heimschicken könne man ihn trotzdem nicht; er habe »militärische Augen« und zu viel gesehen. Zur weiteren Inhaftierung verwies man ihn auf die Insel Oléron im Atlantik, wo das Klima angenehm und die Bevölkerung »liebenswürdig und gastfrei« sei. So menschlich verhielt man sich, damals, vor hundert Jahren.

Im Herzen der Zitadelle von Besançon steht ein riesiges hölzernes Schöpfrad. Das Wasser, Anfang allen Lebens, kam aus einer Tiefe von mehr als hundert Metern herauf. An dieser Stelle erinnert ein Mahnmal an die 1940-1944 hier erschossenen Widerstandskämpfer. In den benachbarten Kasematten werden Kampf, Niederlage und Widerstand der Franzosen, vor allem aber die Geschichte der Deportationen, der Judenverfolgungen, der Entstehung und der Schrecken der Lager in zahllosen Objekten, Papieren und Photographien dokumentiert. Um es mit Fontane zu sagen: »Ich konnte nicht gleichgültig dabei bleiben, wie ein physischer Schmerz ging es mir durch die Brust.« Das Museum wurde eingerichtet von Betroffenen, die das Elend der Deportation erlebten und überlebten.

Vor dem Hintergrund solchen Leidens verblaßt Fontanes Festungszeit zur Idylle.

»Sechs Uhr früh (am 29. Oktober) traten wir auf dem Hofe an, außer mir noch fünf kriegsgefangene Badenser. Im Geschwindschritt ging es den Berg hinunter, an Kirche und Kommandantur vorbei, auf den Bahnhof hinaus. Die Bevölkerung ließ uns ruhig ziehen. Der Nebel fiel fast wie Regen.«

Zitate: Theodor Fontane, Sämtliche Werke. Band XVI, Kriegsgefangen – Erlebtes 1870, München 1962.

Besançon
Bilder

Ich versprach, noch mehr von den Hofbegehungen zu erzählen. Bis ins späte Mittelalter gab es innerhalb der großen Doubsschleife nur eine begrenzte Anzahl von Längs- und Querstraßen und dazwischen ausgedehnte Wiesen und Gartenanlagen. Mit steigendem Wohlstand und bei einer steten Zunahme an Bewohnern, die alle innerhalb der Flußufer in Sicherheit leben wollten, wurden die freien Flächen allmählich zugebaut. Aber neue Straßen zog man nicht. So ist in Besançon das Labyrinth der Hinterhöfe und Passagen entstanden, mit ›Durchhäusern‹ wie im alten Wien. Manche sind breit und nobel, mit Portalen zur Straße hin, für die Durchfahrt von Kutschen gedacht, mit Randsteinen versehen; andere so schmal, daß ein dicker Mensch mit Koffer oder Paket hier seine Probleme haben wird. Fünfzig, sechzig Meter weit entfernt von den wenigen stark belebten Verkehrsadern herrscht in den hintersten Höfen tiefe Stille. Einen Bewohner trifft man selten, sieht seinen Umriß schon von weitem, hört ihn lange schon vor sich hin pfeifen, ehe er mit einem gemurmelten *pardon* vorbeischlüpft. Nur an der Anzahl rostiger Briefkästen ist zu erkennen, wie viele Menschen da wohnen. Die Treppenhäuser sind auch hier, unter freiem Himmel, in die Höfe kunstvoll eingefügt; gußeiserne Geländer kreuzen und überschneiden sich malerisch. Im Parterre haben häufig Rechtsanwälte und Advokaten ihre Kanzleien. In dunklen damastbespannten Wartezimmern harren fünf leere Stühle und ein kahler Tisch auf Klienten.

Zunächst schäme ich mich, so offenkundig neugierig zu sein, in die private Welt der Bewohner dieser Stadt vorzudringen. Aber dann stelle ich fest, daß auch geführte Gruppen von Hof zu Hof der Grand' Rue und ihrer Seitenstraßen ziehen. Da habe ich es besser: Während denen die Glanzstücke in Eile präsentiert werden, kann ich mir Zeit lassen und Entdeckungen auf eigene Faust machen. Schon betrete ich unter dem Schild »Gas auf allen Etagen« den nächsten Durchgang...

Restauriert oder modernisiert wird, so scheint mir, selten oder gar nicht. Den Bewohnern und ihren Untermietern, den Studenten der Universität, mag es recht sein. Vergänglichkeit ist keine Schande. So hat die Stadt ihren mittelalterlichen Charakter bewahrt. Wenn einmal im Jahr, Ende August, drei Tage lang *braderie*, Lumpenmarkt, begangen wird, ist jeglicher Autoverkehr innerhalb der Doubsufer eingestellt. Die Straßen gehören den Verkaufsständen, den fliegenden Händlern, Marktschreiern und Ballonverkäufern, den Liebespaaren und Hausfrauen, den Soldaten und Schulkindern – ein ohrenbetäubendes, nervtötendes, unvergeßliches Erlebnis.

Und wie kommen wir aus unserem Hotel in der Innenstadt zum Bahnhof hinauf? »Nur zu Fuß.« Und das Gepäck? Achselzucken.

Als Fontane damals die Grand' Rue hinaufgeführt wurde, bogen seine Bewacher etwa auf halber Höhe nach links ab, zur Kommandantur hin. So hat er das Palais Granvelle nicht gesehen, dessen schön gegliederte Renaissance-Fassade sich zwischen die anderen Häuser schiebt, sie nur wenig überragend. Dem guten Geist Besançons gemäß sind seine zwei Portale als beliebter Durchgang den ganzen Tag über weit geöffnet. Erst wenn man das erste Portal durchschrittten hat und inmitten des noblen quadratischen Innenhofs mit seinen Arkaden steht, zu den gewaltigen bräunlichen Dächern hinaufschaut, die drei Stockwerke beschirmen – dann erst erkennt man, daß dies die Residenz eines großen Herrn war.

Nicolas Perrenot de Granvelle, der zwischen 1534 und 1542 das seiner würdige Bauwerk errichtete, stammte aus armen bäuerlichen Verhältnissen. Sein Großvater hatte sich von der Leibeigenschaft freigekauft. Sein Vater brachte es bereits zum Notar, der es sich leisten konnte, den Sohn, »einen großen und schönen Burschen«, zum Studium nach

Dole zu schicken. Der Aufstieg des jungen Mannes begann mit einer reichen Heirat in Besançon. Mit zweiunddreißig Jahren war er bereits ›conseiller au Parlement‹, vierzehn Jahre später Kanzler Karls v. »Mein Ruhekissen« nannte ihn der Kaiser, der die klugen, oft brillanten Männer der Franche-Comté gerne um sich sah und ihnen unbegrenztes Vertrauen schenkte.

In einer Flucht stiller Räume im Palais Granvelle ist das Musée Historique untergebracht. Flandrische Teppichbilder des 17. Jahrhunderts schmücken den Ehrensaal. Sie zeigen wichtige Stationen im Leben des ›Charles Quint‹: seine Trauung mit Isabella von Portugal, 1536 im Alkazar von Sevilla – seine Krönung zum Kaiser durch Papst Clemens VII. in Bologna, 1530 – die Eroberung von Tunis, im Kampf gegen die Ungläubigen, 1536; der Kaiser selbst führt sein Heer an. Je mehr sich das Leben dieses Herrschers, in dessen Reich die Sonne nicht unterging, dem Ende nähert, desto ernster werden seine Züge. Die großen traurigen Augen scheinen jedes der letzten Teppichbilder zu beherrschen. 1556 dankt Karl v. ab. Auch diese bewegende Zeremonie ist dargestellt: Der Kaiser schildert die Jahre seiner Regierung und äußert den Wunsch, sich auszuruhen. Sein Sohn und Nachfolger, Philipp II., küßt ihm die Hand.

Nicolas Perrenot, nun Seigneur de Granvelle, füllte sein Palais in Besançon mit erlesenen Kunstschätzen und verschaffte den fünf Söhnen und sechs Schwiegersöhnen gute Stellungen, zum Teil ebenfalls bei Hofe. Sein Sohn Antoine brachte es, vom diplomatischen Geschick des Vaters unterstützt, bis zum Kardinal. Zu seinen hohen Ämtern gehörte das eines Ministers der Niederlande und eines Vizekönigs von Neapel.

Philipp II. war nicht, wie sein Vater, Freund und Wohltäter der Franche-Comté und ihrer Menschen. Als Karl v. sich nach Yuste zurückzog – meditierend, den Tod bedenkend, so wie das letzte Teppichbild im Palais Granvelle ihn zeigt –, ging eine Blütezeit der Stadt Besançon ihrem Ende entgegen.

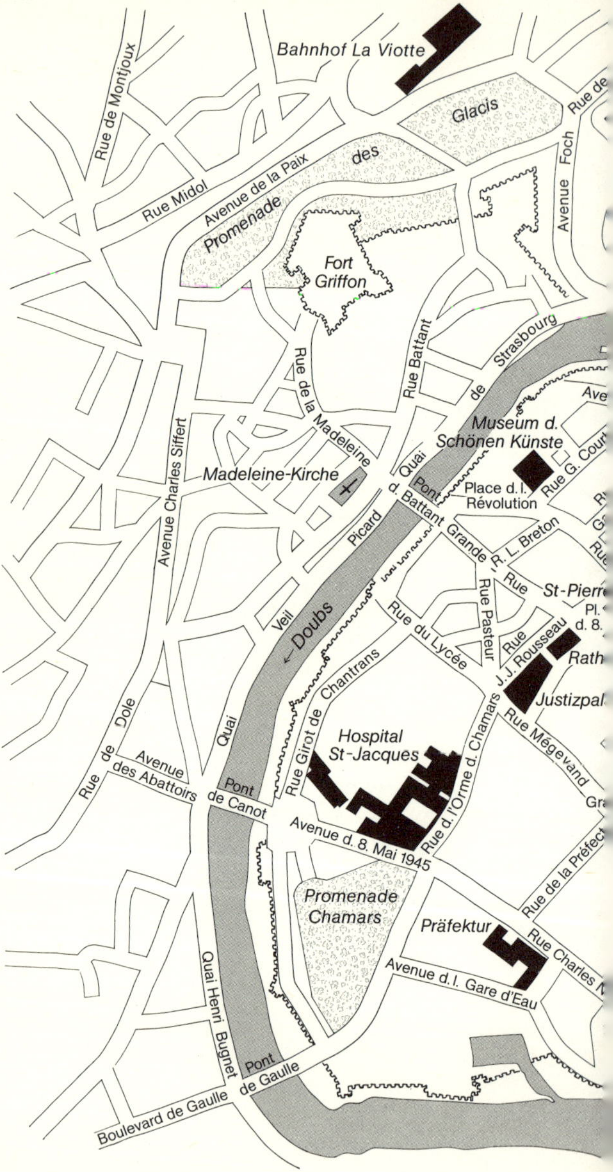
Bahnhof La Viotte
Glacis
Rue de Montjoux
Rue Midol
Avenue de la Paix
Promenade des Glacis
Avenue Foch
Fort Griffon
Rue Battant
Quai de Strasbourg
Rue de la Madeleine
Museum d. Schönen Künste
Madeleine-Kirche
Avenue Charles Siffert
Pont d. Battant
Place d. l. Révolution
Quai Picard
Grande Rue
R. L. Breton
St-Pierre
Rue Pasteur
Rue du Lycée
Quai Veil
Doubs
Rue J. J. Rousseau
Rue Girot de Chantrans
Justizpal.
Hospital St-Jacques
Rue d. l'Orme d. Chamars
Rue Mégevand
Rue de Dole
Avenue des Abattoirs
Pont de Canot
Avenue d. 8. Mai 1945
Rue de la Préfecture
Promenade Chamars
Präfektur
Rue Charles N
Avenue d. l. Gare d'Eau
Quai Henri Bugnet
Pont de Gaulle
Boulevard de Gaulle

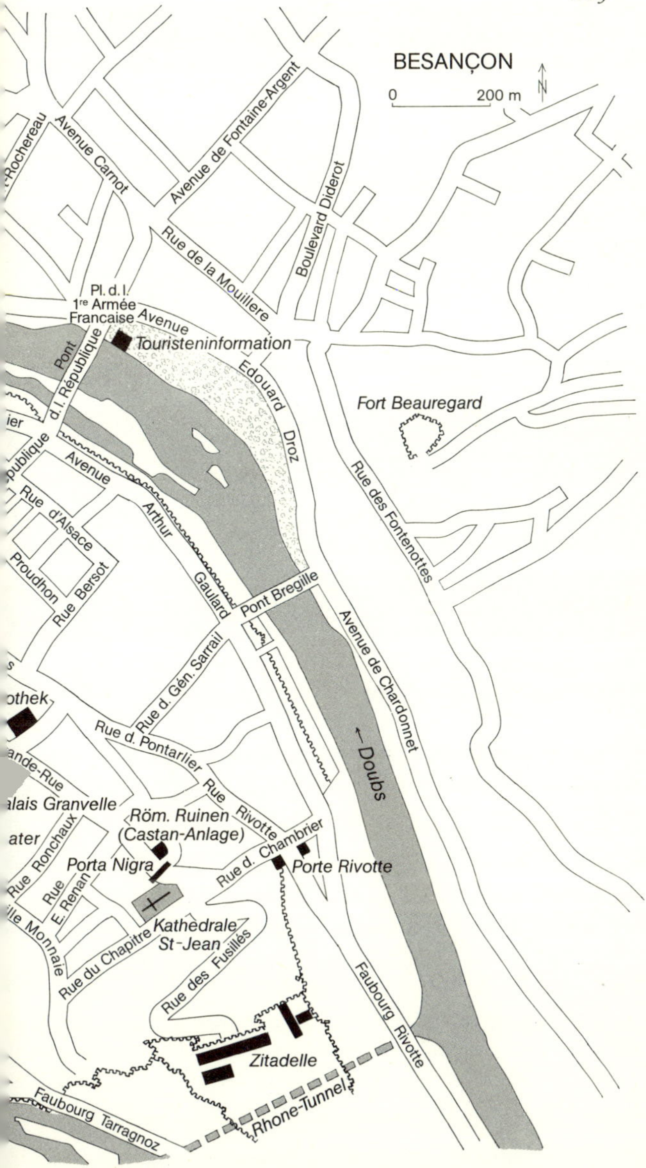

BESANÇON
0
200 m
N
Avenue Carnot
Avenue de Fontaine-Argent
Boulevard Diderot
Rue de la Mouillere
Pl. d. l. 1re Armée Francaise
Avenue
Touristeninformation
Pont d. l. République
Edouard Droz
Fort Beauregard
Rue des Fontenottes
Avenue Arthur Gaulard
Rue d'Alsace
Proudhon
Rue Bersot
Pont Bregille
Avenue de Chardonnet
Rue d. Gén. Sarrail
Rue d. Pontarlier
Rue Rivotte
←Doubs
Röm. Ruinen (Castan-Anlage)
Porta Nigra
Rue d. Chambrier
Porte Rivotte
Rue Ronchaux
Rue E. Renan
Kathedrale St-Jean
Rue du Chapitre
Rue des Fusillés
Faubourg Rivotte
Zitadelle
Rhone-Tunnel
Faubourg Tarragnoz

Über das wechselvolle Schicksal der flandrischen Tapisserien ist wenig bekannt. 1945 befanden sie sich im Besitz Hermann Görings. Der französische Staat gab sie nach ihrer Rückführung dem Historischen Museum von Besançon als Leihgabe. Da schmücken sie nun im Haus des treuen Dieners die Wände.

Das Porträt des Nicolas Perrenot im Palais Granvelle hat Tizian gemalt: ein kluges und feines Gesicht, das man sich auch in unseren Tagen vorstellen könnte. »Geboren 1486 in Ornans, gestorben 1550 in Augsburg, Groß-Siegelbewahrer Karls V.«

Aus der Vergangenheit zurück in die Gegenwart. Vom Park des Palais Granvelle ist die sogenannte Promenade geblieben, über der Linden und Platanen ihre mächtigen Kronen breiten. Zwei Caféhäuser dort mit ihren weitläufigen Terrassen sind Treffpunkt der Jugend, vor allem der Studenten. Im Sommer, zur Zeit der Ferienkurse, geht es da besonders bunt und lustig zu; rasch gezeichnete Skizzen in den Kollegheften, die man sich gegenseitig zuschiebt, müssen mangelnde Sprachkenntnisse ersetzen.

Die Cathédrale Saint-Jean, in deutsschprachigen Stadtbeschreibungen als Johannesmünster bezeichnet, ist unterhalb der Zitadelle an den Steilhang gebaut. Im 12. Jahrhundert in romanischem Stil errichtet, wurde die Kirche schon hundert Jahre später nach einem Brand teilweise gotisch umgestaltet, wobei man die alten Rundbogenarkaden auf neue, höhere Pfeiler setzte – ein erstaunlicher Vorgang. Das lange und schmale, sehr hohe Schiff wird von Apsiden abgeschlossen; der Kathedrale fehlt die Hauptfassade. In der westlichen Apsis sind bedeutende Kapitelle der romanischen Bauperiode verblieben; weitere wurden an verschiedenen Stellen der Kirche beim Wiederaufbau neu eingefügt.

Man betritt das Gotteshaus an der Nordseite durch ein Barockportal, unweit der römischen Porte noire und der Maison Boitouset aus der Zeit Ludwigs XV. Im Palais wohnt heute der Erzbischof von Besançon.

Hüben und Drüben

17 *Grenzmarkierung auf der Doubsbrücke bei Les Planchettes*

18 Stadtmusikant in Laufen *Küfer in Poligny 19*

▷

Laden für Sportangler in Saint-Ursanne 20

Wirtin vom ›Lion d'Argent‹ in Baume-les-Dames 21

Melkerfamilie im Hochjura 22

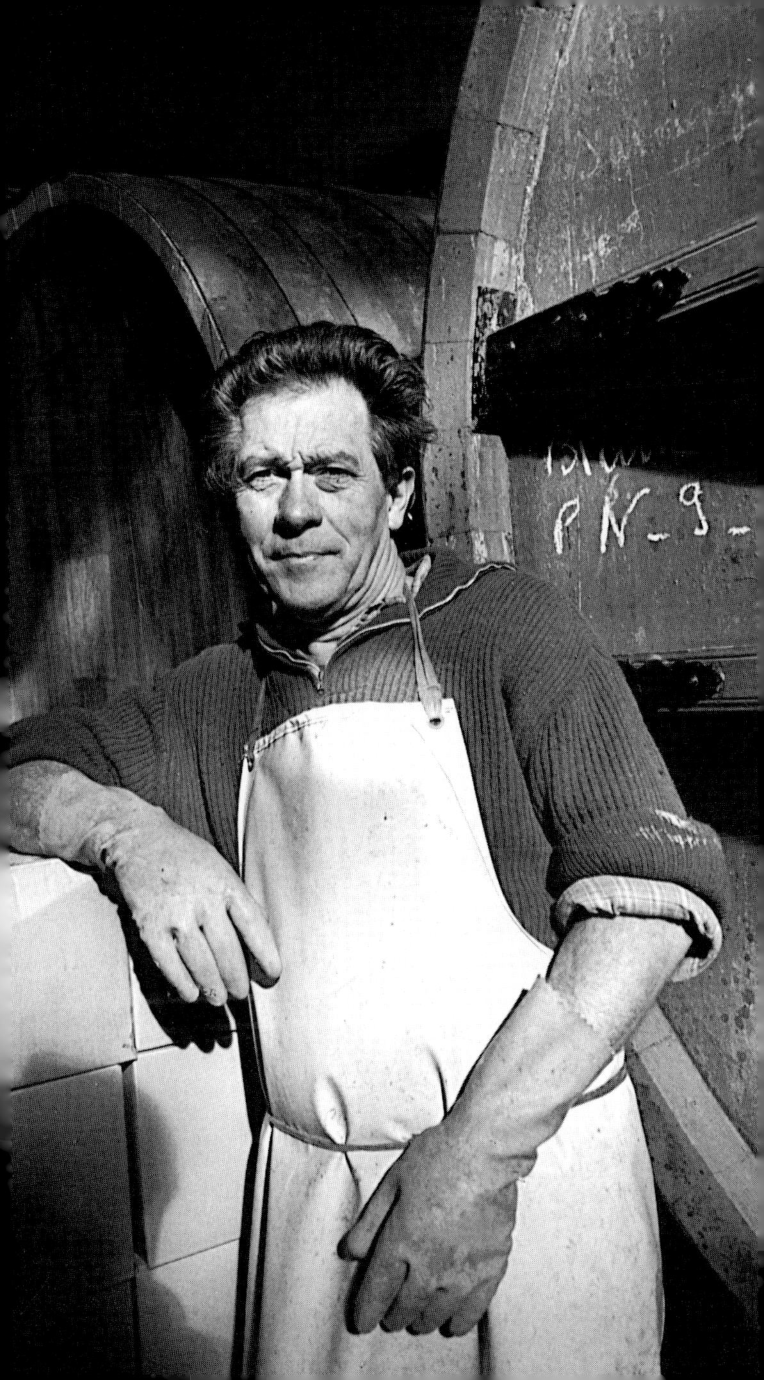
PN-9-

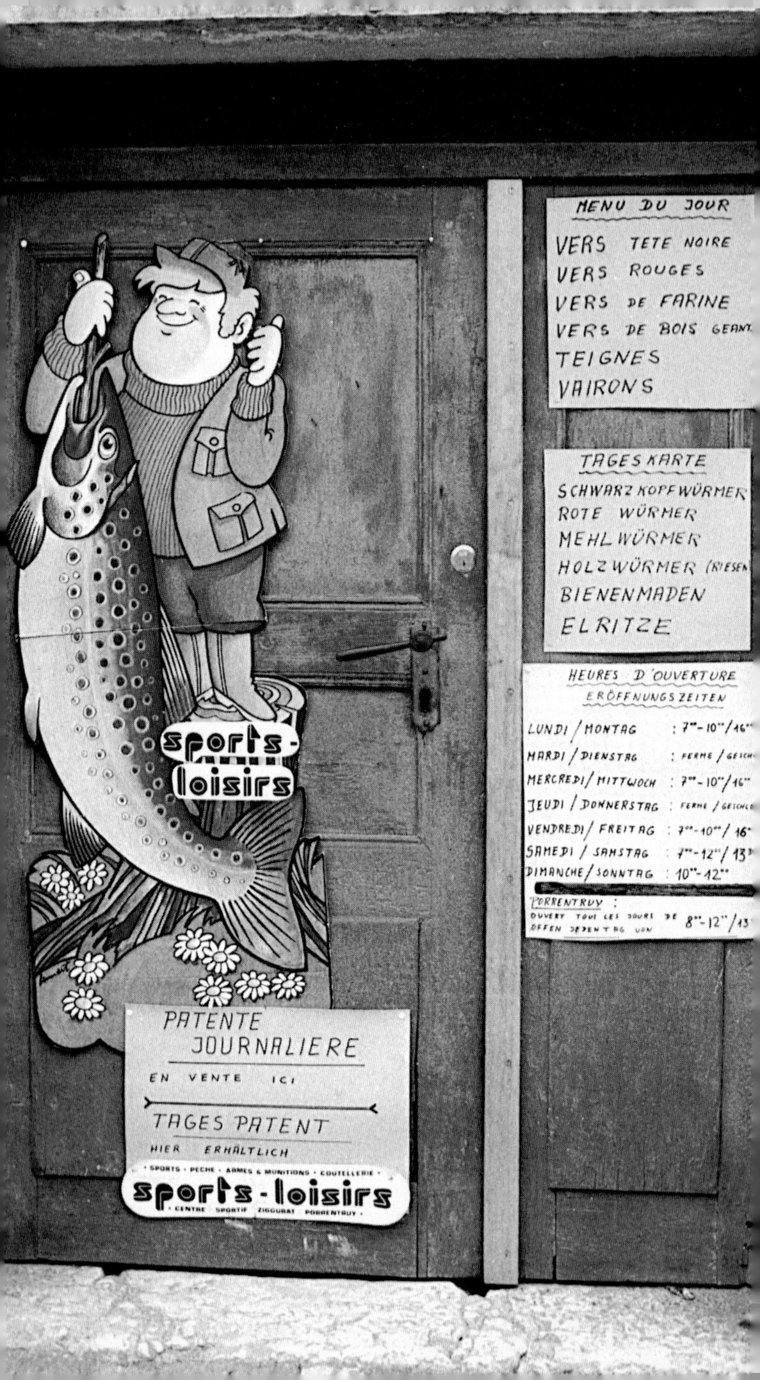
MENU DU JOUR
VERS TETE NOIRE
VERS ROUGES
VERS DE FARINE
VERS DE BOIS GEANT
TEIGNES
VAIRONS
TAGES KARTE
SCHWARZKOPFWÜRMER
ROTE WÜRMER
MEHLWÜRMER
HOLZWÜRMER (RIESEN
BIENENMADEN
ELRITZE
HEURES D'OUVERTURE
ERÖFFNUNGSZEITEN
LUNDI / MONTAG : 7^{00} - 10^{00} / 16^{00}
MARDI / DIENSTAG : FERME / GESCH
MERCREDI / MITTWOCH : 7^{00} - 10^{00} / 16^{00}
JEUDI / DONNERSTAG : FERME / GESCHL
VENDREDI / FREITAG : 7^{00} - 10^{00} / 16
SAMEDI / SAMSTAG : 7^{00} - 12^{00} / 13
DIMANCHE / SONNTAG : 10^{00} - 12^{00}
PORRENTRUY :
OUVERT TOUS LES JOURS DE
OFFEN JEDEN TAG VON
8^{00} - 12^{00} / 13
sports-loisirs
PATENTE JOURNALIERE
EN VENTE ICI
TAGES PATENT
HIER ERHÄLTLICH
SPORTS · PECHE · ARMES & MUNITIONS · COUTELLERIE
sports-loisirs
CENTRE SPORTIF ZIGGURAT PORRENTRUY

23 *Käsermeister im Vallon de Saint-Imier*

24 *Bauer aus der Mennonitensiedlung Moron*

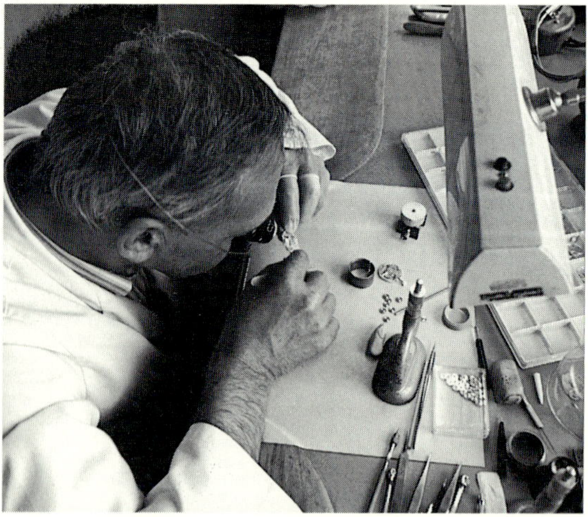

25-27 *Uhrenmacher in Le Sentier am Lac de Joux*

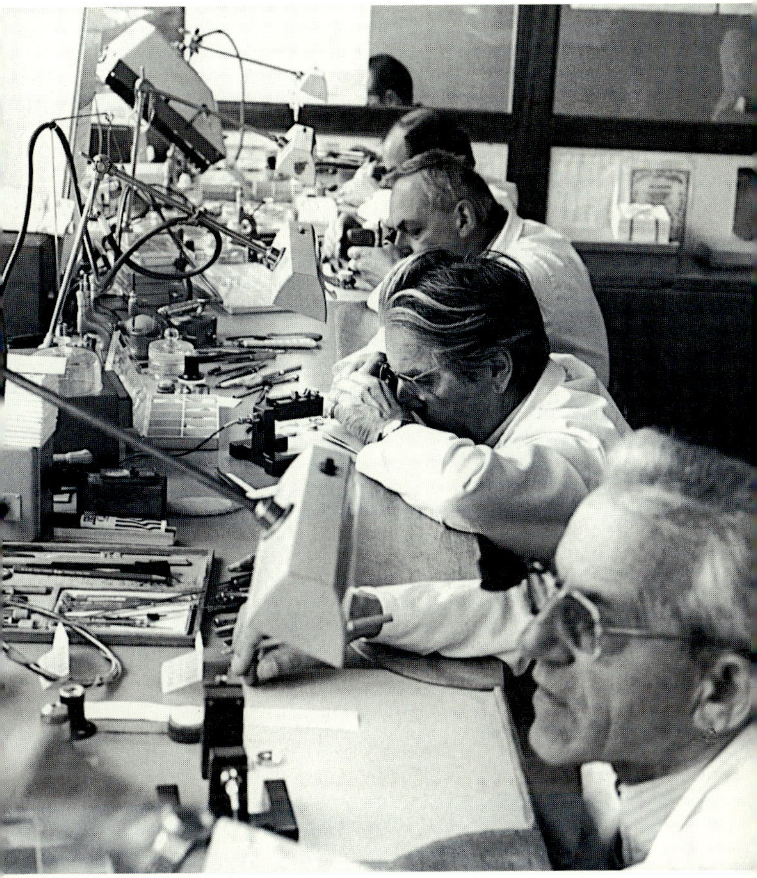

28, 29 ›Der Schriftsteller

Android im Museé d'Art et d'Histoire in Neuchâtel

30 *Pfeifenmacher in Saint-Claude*

31 *Der Maître-Pipier*

Schöpfer der ›Marseillaise‹ in Lons-le-Saunier ▷ 32

ROUGET DE LISLE

In der Düsternis, die zu so vielen französischen Kirchen gehört, ist nur eine Seitenkapelle erhellt, in der man die ›Johannesrose‹ bewundern kann, einen runden Marmoraltar aus römisch-frühchristlicher Zeit, vielleicht ein Geschenk der Kaiserin Helena.

Lichtpunkte weisen zu Schaltern hin, mit deren Hilfe man die schönsten Kunstwerke der Kathedrale für kurze Zeit aus dem Dunkel holen kann, so die ›Vierge aux Saints‹ des Fra Bartolomeo. Stifter des Bildes war jener Ferry Carondelet, dem wir als Abt und Kunstmäzen in Montbenoît am Doubs begegneten. Zur Rechten der Gottesmutter erkennt man sein Abbild in leuchtend roter Gewandung. Noch einmal, in vollem Ornat, sieht man den Carondelet auf seinem barocken Grabmal in der östlichen Apsis – seitlich ruhend, mit Mitra und Bischofsstab, eine Bibel in der Rechten. Aber unter dieser Darstellung in Pomp und Würde und unter einer von Putten gehaltenen Steintafel, deren Inschrift seine Verdienste rühmt, ist sein nackter toter Leib aus dem Marmor gemeißelt: flach hingestreckt, die Haare verhüllt, das Gesicht schmal, vergeistigt, jenseits aller Kämpfe und Leidenschaften.

Hügelan, die Kathedrale umrundend, findet man die berühmte astronomische Uhr, aus der Mitte des vorigen Jahrhunderts stammend. Sie steht im Erdgeschoß des Glokkenturms. Die Gruppen der Besucher drängen sich auf engstem Raum. Wieviel stärker wäre die Wirkung dieses Werkes, wenn man es in angemessenem Abstand betrachten könnte! Seine siebzig Zifferblätter geben 122 verschiedene Auskünfte. Die Planeten, als kleine weiße Kugeln dargestellt, von dünnen metallenen Stäben gelenkt, ziehen vor einem blauen Firmament ihres Weges. Ob in Frankreichs Häfen die Flut in diesem Augenblick kommt oder geht, wird in kleinen beweglichen Landschaftsszenen besonders anmutig angezeigt: Wellen türmen sich, Boote schaukeln auf und nieder.

Ich hatte zahlreiche Geräusche schnarrender oder rasselnder Art erwartet; aber dieses Wunderwerk arbeitet fast lautlos. Nur für einen Augenblick, am Ende der Vorführung, können die sich mühsam vorbeischiebenden Zuschauer die faszinierende Rückansicht der Uhr betrachten, das Schwingen und Kreisen, das Spiel von Licht und Schatten ihrer mehr als hunderttausend Teile und Teilchen. Wo mag die *horloge astronomique* ursprünglich gestanden haben? Gäbe es keinen würdigeren Platz für sie als das enge Turmgemach?

Wir haben uns das Vergnügen gemacht, im *bâteau-mouche,* dem Aussichsboot mit gläsernen Aufbauten, eine Wasserfahrt um Besançon zu unternehmen. Die große Schleife des Doubs bietet sich in einmaliger Weise dazu an, und die Stadt zeigt sich von ihren schönsten Seiten.

Die Hochufer des Quai Vauban ziehen vorbei, einheitlich und vielgestaltig zugleich, die Häuser ebenso anziehend wie abweisend. Man ahnt, daß der Festungsbaumeister diese geschlossenen Zeilen auch zu militärischen Zwecken errichtete. Von den alten Befestigungen sieht man wuchtige Türme, von hohen Platanen überragte Mauerteile, spitznasige Vorsprünge mit kleineren Türmchen. Die Cité universitaire am anderen Ufer hat in ihren neuen Gebäuden dieses Motiv aufgenommen.

Nach dem dritten Wachtturm taucht zur Linken hoch oben die Zitadelle auf: Mauern aus schweren Quadern gefügt, den schrägen Schichtungen des hellen Gesteins aufsitzend. Und nun erwartet uns eine Überraschung. Das Boot biegt zu den Felsen hin ab in einen Hafen und zu einer Schleuse. Wir geraten in das Dunkel eines Tunnels, der hier, tief unter der Zitadelle, den Berg durchquert. Die Fahrrinne ist schmal; auf ebenso schmaler Straße nebenan begleitet der Schleusenwärter im Auto unser Boot, um am anderen Ende die zweite Schleuse zu bedienen. Über uns der gewachsene Fels, durch den man diesen Tunnel schlug – der Jura holt seine Besucher doch immer wieder ins Unterirdische.

Drüben, wieder im Hellen, fährt das Boot noch eine

kurze Strecke flußaufwärts, um eine andere Sehenswürdigkeit der Stadt zu weisen: Seit der Graf Chardonnet, ›Ingénieur des Ponts et Chaussées‹, 1884 in Besançon die Kunstseide erfand, reihen sich hier die einschlägigen Fabriken.

Erst auf dem Rückweg, der wieder durch die Schleuse führt, entdeckte ich die beiden Schilder: auf dem im Osten heißt es »zum Rhein«, das am anderen Ende des Tunnels weist »zur Rhone«. So sah man sich plötzlich in das Geflecht der großen Wasserwege, der Ströme und Kanäle einbezogen.

Square Castan nahe der Porte noire (Porta nigra): Anlage mit korinthischen Säulen und einigen nicht identifizierten Gebäuderesten (Nymphäum?) aus der Römerzeit.
Porte Rivotte: einziges noch erhaltenes Tor (16. Jahrhundert) der ehemaligen Stadtbefestigungen.
Hôpital Saint-Jacques (17. Jahrhundert) mit schönem schmiedeeisernen Gitter von 1703 und dem barocken Kuppelbau der ›Zufluchtskapelle‹ (Chapelle de la Refuge, 18. Jahrhundert). Die Gebäude finden heute noch als Krankenhaus Verwendung.
Theater: Nach Plänen von Claude-Nicolas Ledoux, 1775. Der 1958 durch einen Brand zerstörte Bau wies kühne Neuerungen auf: an Stelle von Stehparterre und Logen ein im Halbkreis angelegtes Amphitheater, mit Sitzplätzen auch im Parterre. Vom Brand verschont blieb die Fassade mit jonischen Säulen.
Hôtel de Prefecture: 1770-1778 errichtetes, für einen Verwaltungsbau ungewöhnlich elegantes Werk.
Eglise de la Madeleine (1746-1766): Ein ›Jaquemart‹, Schutzpatron der Winzer im benachbarten Stadtteil Battant, schlägt an einem der Türme des 19. Jahrhunderts die Glocke an.
Musée des Beaux Arts: Eines der ältesten französischen Museen, von L. Miquel, einem Schüler von Le Corbusier, im Inneren meisterlich modernisiert (Maler des Spätmittelalters und der Renaissance, Werke von Fragonard, Boucher und Courbet; große instruktive Uhrensammlung).
Bibliothèque municipale: umfangreiche Sammlung von illuminierten Manuskripten und Drucken, darunter ein Teil des Gebetbuches Kaiser Maximilians I., aus den berühmten Kunst-

schätzen des Nicolas Perrenot de Granvelle stammend – er bevorzugte deutsche Meister, vor allem Dürer. Der Teil des Gebetbuches mit den Randzeichnungen von Dürer und Cranach befindet sich heute in der Bayerischen Staatsbibliothek in München.
In jedem September findet in Besançon ein ›Festival de Musique‹ mit Darbietung klassischer Werke statt.

Vallée de la Loue
Gustave Courbet

Die Felswand öffnet sich wie ein Mund. Noch strömt das Wasser so ruhig aus der Tiefe, daß es am Höhlenausgang das Gestein im farbigen Spiegelbild wiedergibt. Erst draußen im Hellen beginnt sich die Flut jäh zu kräuseln, an den ersten Hindernissen aufzuschäumen, bereit zum Absturz.

Was ich hier beschreibe, ist nicht die Realität der Louequelle, sondern ein Bild von Courbet, der 1819 nahebei in Ornans geboren wurde und sein Leben lang immer wieder seine Heimat, das Tal der Loue, malte. Aus eigenem Erleben könnte ich der Darstellung noch hinzufügen: Am Weg bergab, vom Parkplatz her, ziehen im Sommer zahlreich die Besucher. Wasserrauschen, Begleitmusik jeder Jura-Reise, wird hier im Felsrund vom Echo vielfach verstärkt. Kühle steigt auf aus den Wirbeln und Kaskaden der rasch abwärts fallenden Loue. Alles in allem ein Ort, den man sich von einem Flußgott bewacht denkt, während an der Lisonquelle Nymphen spielen.

Zurück zum Auto, nicht ohne am Parkplatz in einer Crêperie einzukehren; dann geht es die Schluchten entlang talwärts. Um einen grün bepelzten, pilzförmigen Felsen, der ganz für sich allein steht, windet sich in der Tiefe die Loue, am Hang unsere Straße. Wie mit einem rauhen Fell hat niederes Gehölz alle Höhen in der Runde überzogen, den steinigen Grund unter sich versteckt.

Diese Ansicht hat Courbet nicht gemalt. Zwei kleine Parkplätze, eigentlich nur Ausbuchtungen der Straße, haben nie genug Raum für die Autos, deren Insassen hier ihre Kameras zur Hand nehmen. Aber werden sie das, was sie vor sich sehen, befriedigend wiederfinden in ihren Aufnahmen? Meine Weggefährten und Freunde, Maler der eine, Maler und Photograph der andere, schütteln den Kopf: »Das ist kaum darstellbar.« Nun treten wieder die Felsen vor, formen sich zum Amphitheater. Von ihren glatten oberen Flächen aus müßte man die schönsten Ausblicke haben. Die Landkarte bestätigt es: ›Belvédère‹ steht da immer wieder.

Dem Lauf der Loue zu folgen, auch jenseits ihrer Schluchten, ist eines der erfreulichsten Unternehmen im Jura. Friedliche kleine Ortschaften säumen nun die Ufer. Mouthier-Haute-Pierre war einmal Sitz einer Abtei. Mönche pflanzten im milden Klima die ersten Kirschbäume. Vom Kloster blieb keine Spur, aber im Frühjahr sind die Sonnenhänge immer noch vom hellen Schleier der Kirschblüte überzogen. Man bereitet einen guten Obstler aus den Früchten.

Nahe dem malerischen Lods weitet sich das Tal. Wir haben Wiesen zur Seite, auf denen Kühe grasen, vor dem Hintergrund einer Felswand. Courbet hat diese Szenerie gemalt und mit Damen belebt. Es sind drei seiner Schwestern; eine von ihnen beschattet ihr Gesicht mit dem Sonnenschirm. Sie unterhalten sich mit einer Halbwüchsigen, die das Vieh hütet, geben ihr Geld – ein Almosen, wie man damals sagte. ›Les Demoiselles de Village‹ hat der Maler das Bild genannt. Eine erste Fassung, von 1851, hängt in Leeds. Die zweite, in größerem Format, in der Courbet die Gruppe der Damen, als Symbol der Mildtätigkeit, in den Vordergrund rückte, ist im Besitz des Metropolitan Museum in New York.

Ornans, mit den Wasserfronten seiner alten Bauten, ist ohne Zweifel der schönste Ort weit und breit. Die Reihen der Häuser an beiden Ufern wurden auf Pfählen errichtet

Gustave Courbet, Selbstbildnis im Gefängnis von Sainte-Pélagie, 1873/74
Ornans, Musée Gustave Courbet

wie in Venedig. Holzgalerien scheinen im ältesten Quartier die bröckelnden Mauern zusammenzuhalten. Erker hängen weit übers Wasser. Wer wohnt hinter den verblichenen Jalousien, die jedes Fenster beschatten, unter den vorkragenden Steildächern, der Landschaft der Kamine? Führt die Loue Hochwasser, so wird dem Betrachter ängstlich zumute. Er befürchtet, der stürmische Fluß könne die ganze Herrlichkeit einmal mit sich reißen.

Die Stadt Ornans hat ihrem lange ungeliebten Sohn ein Museum gewidmet, im Haus seiner Kindheit, einem der schönsten Gebäude am Wasser. Ich saß dort am liebsten im Garten draußen, auf einer hoch gebauten Mauer über der Loue, mit dem Notizbuch auf den Knien, und versuchte dem Phänomen Courbet näher zu kommen. Nicht dem Maler, sondern dem Menschen, der hier eine behütete Jugend verlebte mit vier Schwestern zusammen, sich früh für die Kunst entschied, als junger Mann nach Paris kam.

»In unserer Gesellschaft, die so zivilisiert ist, muß ich notwendig das Leben eines Wilden führen. Ich muß mich selbst von den Regierungen freimachen. Das Volk genießt alle meine Sympathien; es ist notwendig, daß ich mich direkt an dieses wende, daß ich all mein Wissen und meine Lebenskräfte aus ihm beziehe. Deshalb habe ich begonnen mit dem großen Leben eines vagabundierenden und unabhängigen Bohémiens.«

Bei zunehmender Meisterschaft seiner Technik lösten Courbets Bilder leidenschaftliche Diskussionen zwischen Bewunderern und Gegnern aus. »Er schockierte die Klassiker, die es mit Ingres hielten, und die romantischen Anhänger von Delacroix.« In Bars und Cafés, Treffpunkten der Künstler, sollen Plakate mit folgendem Text aufgetaucht sein: »Es ist verboten, hier über Herrn Courbet zu sprechen.« War Courbet ein typischer Jurassier? »Noch zehn Jahre vor seinem Tode schreibt er voller Stolz an Victor Frond von seiner unausrottbaren Unabhängigkeit, die er auf seine Herkunft aus den Bergen des Doubs und des Jura bezieht.« Auch für ihn galt das Stichwort Freiheit. Er und seine Freunde nannten die heimatlichen Felshöhlen »unsere Zitadellen«. Er fügte sich keinen Zwängen und huldigte revolutionären Ideen; aber Gewalt und Blutvergießen verabscheute er. Zur Zeit der Herrschaft der Kommune, 1871, erhielt er den Auftrag, die Pariser Kunstschätze, vor allem die des Louvre, zu bewahren und zu schützen. Er hat diese Aufgabe glänzend gelöst. Sein ›Verbrechen‹ in dieser Zeit bestand darin, einmal – noch als

Mitglied der Kommune – einen leichtfertigen Ausspruch getan zu haben. Die Vendôme-Säule zu Paris müsse, so meinte er, als Siegeszeichen blutiger Kriege aus der Welt geschafft werden. Später riet er davon ab, aber da war es zu spät. Ohne Zutun oder Anwesenheit des Malers wurde die Säule gestürzt. Das trug ihm, dem allein die Schuld zugeschoben wurde, sechs Monate Gefängnis ein. Sein Selbstbildnis aus dieser Zeit hängt im Museum von Ornans, es zeigt den Maler am vergitterten Fenster seiner Zelle. Sein Gesicht ist nicht – noch nicht – das eines Unglücklichen. So wollte er sich wohl der Mitwelt darstellen.

Courbet hatte nicht nur eine Strafe von 500 Francs zu zahlen. Die Kosten in Höhe von 323 000 Francs für die Wiederaufrichtung der Vendôme-Säule sollten, nach dem Urteil eines zweiten Prozesses 1873, zu seinen Lasten gehen. Man begann, seine zahlreichen Bilder zu konfiszieren. Der Maler entzog sich der unzumutbaren Forderung durch eine Flucht in die Schweiz. 1877 ist er dort unglücklich und verarmt gestorben.

Courbets letzte Ruhestätte ist seit 1919 auf dem Friedhof von Ornans oberhalb des Tales zu finden. Aus den schwarzen Marmorplatten und künstlichen Blumen ringsum ragt auf seinem Grab nur ein Findling. Ein weißes Oval zeigt den Namenszug des Meisters: Courbet, peintre.

Vuillafans im Louetal ist ein besonders hübscher Ort.
In der Gegend von Ornans liegen mehrere kleine Heimatmuseen an den Straßen, auch ehemalige Handwerksbetriebe, die zu besichtigen sind, wie die Ziegelei von Malbrans oder die Schmiede von Nans-sous-Ste-Anne.

Source de la Loue
7.7.85

Frankreich

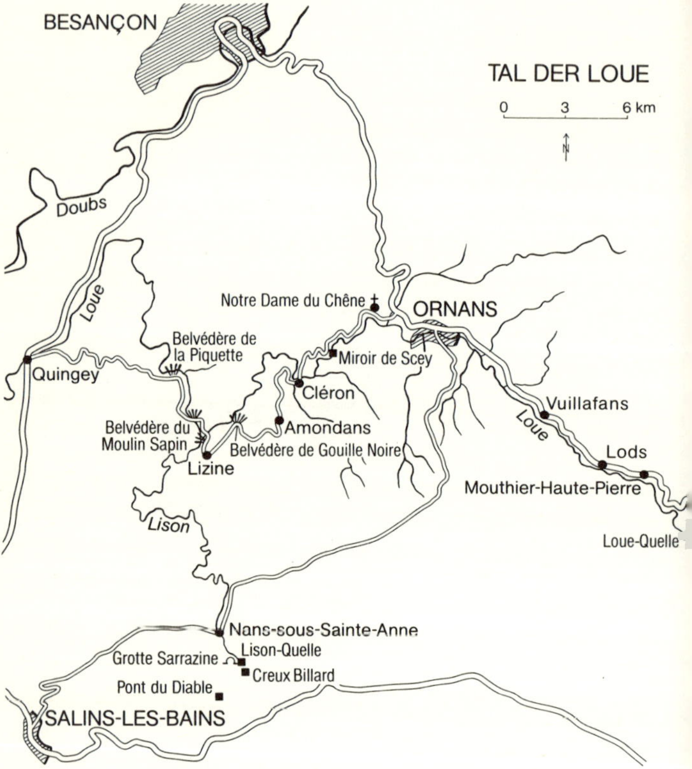
TAL DER LOUE
0
3
6 km
N
BESANÇON
Doubs
Loue
Notre Dame du Chêne
ORNANS
Belvédère de
la Piquette
Quingey
Miroir de Scey
Cléron
Vuillafans
Loue
Belvédère du
Moulin Sapin
Amondans
Belvédère de Gouille Noire
Lizine
Lods
Mouthier-Haute-Pierre
Lison
Loue-Quelle
Nans-sous-Sainte-Anne
Lison-Quelle
Grotte Sarrazine
Creux Billard
Pont du Diable
SALINS-LES-BAINS

Von Ornans bis Quingey

Vielleicht habe ich mich getäuscht. Flußabwärts von Ornans glaubte ich im Vorüberfahren einen ehemaligen Bahnhof gesehen und die verblaßten Lettern am Stationsgebäude entziffert zu haben: ›Le Bois Joli‹, das hübsche, das anmutige Gehölz. Welch passender Name für diesen Fleck Erde. Eichen und Platanen, Kastanien und Ahornbäume bevölkern das Tal. Sie beschirmen auch einen Wallfahrtsort, der Notre-Dame-du-Chêne heißt, Unsere Liebe Frau in der Eiche. Die Kirche liegt erhöht, ein neugotischer Bau. Seine Innenwände sind mit kleinen grauen Marmorplatten ausgekleidet – Votivgaben mit Danksagungen in goldener Schrift: für Befreiung von Verfolgung, für Erlösung von der Last ungerechter Anschuldigungen, für ein gutes Examen, für bewahrtes Seelenheil. Wer ist die ›Liebe Frau‹, bei der man hier Trost suchte, zu der man gebetet hat? Eine winzige dunkle Terracotta-Figur. Einem jungen Landmädchen aus der Gegend soll geträumt haben, die Statue der Jungfrau sei im Stamm einer Eiche an der Loue eingeschlossen. Und dort fand man sie. Ur-Erinnerungen an die Wirkung der Träume, die Kraft des Wassers, an heilige Bäume haben sich mit christlichem Glaubensgut verwoben. Draußen, im hellen flimmernden Laub über dem säulenumstandenen Raum, vor einem Freialtar freuten sich die Vögel lautstark am Sonnenschein.

Am Miroir de Scey wandert der beruhigte Fluß durch Wiesen, gibt Bäume und Gebüsch und ein Mühlenhaus im Spiegelbild wieder. Eine Ruine auf der Höhe erinnert an die Seigneurs, die Feudalherren der großen burgundischen Zeit. Noch einmal kam uns Courbet in den Sinn: »Um ein Land zu malen, muß man es kennen. Ich – ich kenne mein Land. Dieses Gebüsch, es wächst bei uns. Dieser Fluß hier, das ist die Loue. Kommen Sie, schauen Sie sich um. Sie werden mein Bild finden.« Heute verändern nur die bunten Boote der Kanufahrer diese Szenerie.

Wir folgten weiterhin dem Lauf der schönen Loue. Château Cléron tauchte jenseits des Wassers auf: mittelalterlich zinnenbewehrt, offensichtlich restauriert. Vor der Kirche standen nach der Sonntagsmesse die Bewohner von Cléron in dichten Gruppen zwischen den Gräbern. Ich brauchte eine Auskunft; aber da mochte man nicht stören. Doch eine Dame mit Brille, vielleicht die Lehrerin des Ortes, sagte eben einer Klosterschwester Adieu und kam schnellen Schrittes auf mich zu. Verzeihen Sie – wer bewohnt das Schloß? Ein mißtrauischer Blick, Zögern: »Die Montrichards.« Also noch die alte Familie? »Ja.« Und man kann das Schloß wirklich nur während der Sommerferien besuchen? »Leider ja.« Lohnt die Besichtigung? Erneutes Zögern. »Das kann ich schlecht beurteilen. Ich lebe selber dort. Warum stellen Sie diese Fragen?« Ich erklärte es. »Kommen Sie, ich bin sehr in Eile, aber ich gebe Ihnen unsere Prospekte.« Wir gingen durch eine kleine, von Ranken halb verborgene Tür in der Schloßmauer. Ich wartete auf dem weiten kiesbestreuten Vorhof, sah auf gepflegte Rasenflächen, beschnittenen Buchsbaum. Schon war die Dame wieder da, gab mir die Prospekte, sprang in ein bestaubtes Auto, war fort. Draußen auf dem Friedhof ging inzwischen die Klosterschwester mit einer Gießkanne auf und ab. »Ja«, sagte sie, »das war Mlle de Montrichard. Eine energische und wohltätige Dame.« Die Gießkanne wurde abgesetzt. »Wissen Sie, warum dieses Schloß erbaut wurde? Nur zum Schutz der Salztransporte von Salins nach Besançon. Salz war damals kostbarer als Öl heute.«

Hinter Cléron verläßt die Straße den Fluß und steigt zu einem Plateau hinauf. Amondans dort oben ist für mich das schöne Beispiel eines Dorfes der Franche-Comté – oder war es vielmehr, denn bei unserem letzten Besuch fanden wir die alten Pfannen der gewaltigen, auf Balken ruhenden Dächer durch neue ersetzt. Sonst ist alles geblieben, wie es war. In der Mitte des Dofplatzes hängt, überdacht, von Schwalben überflogen, eines jener weitbäuchigen Kupfergefäße, die seit altersher der Käsebereitung dienen. Ein ›Kessel des Überflusses‹, wie es in der keltischen Sage heißt.

Das Herrenhaus hat den schönsten Blick in grüne Tiefen, versteckt sich aber hinter hohen Mauern und hinter den lehmgelben, weittorigen, schön gefügten Häusern der Bauern. Eine natürliche Harmonie der Maße. Und Rosen in den Vorgärten.

Von Amondans an ziehen die Bilder jenes Tages nur noch wie ein freundlicher Film durch meine Erinnerung: Bäume und Gehölze, Kurven und Einsamkeit. Ein Wiesental mit zwei ehrwürdigen Gehöften, Val Ste-Marie. Der Kuckuck ruft. Aussichtspunkte rechts und links der Straße. Einmal sieht man auf die Schleifen des Lison hinunter, dann ist es wieder die Loue. Eine Mühle, ein Haus, Salatköpfe in einem Gärtchen 200 Meter unter uns, waren die einzige menschliche Spur weit und breit. Nein, nicht die einzige – Radler in Gruppen begegneten uns. Bergab zu einer Brücke: Der Lison ergießt sein grau-grünes Wasser in das hellere und grünere der Loue; an Birken vorbei, unter Pappelreihen. Ein Fasan in der Wiese; die Blumen höher und bunter als er.

Gegen Mittag querten wir bei Quingey die große Straße von Besançon nach Arbois. Sonntagsbetrieb in allen Gaststätten. Da wäre man unter zwei Stunden nicht wieder herausgekommen. Also beließen wir es bei einem Sandwich, einem Schluck aus der Thermosflasche.

In der Blütezeit des 16. Jahrhunderts standen auf der kurzen Strecke zwischen der Quelle des Flusses und Cléron nicht weniger als 19 Burgen und Schlösser an der Loue.
Hübsche alte Häuser im Dorf Cléron.

Lieu-Dieu
Aus meinem Notizbuch

Welches Licht, welch unglaublicher Tag …

Zufällig waren wir auf dem rechten Weg, zufällig trafen wir den Eigentümer auf einer schmalen unbezeichneten Straße im Auwald am Doubs; sonst hätten wir nicht hingefunden, nicht hinein gekonnt: Lieu-Dieu, der ›Ort Gottes‹, ist Privatbesitz.

Die Priorei von Lieu-Dieu diente den Cluniazensern als Etappenziel auf dem Weg von Burgund, vom Mutterkloster Cluny aus, nach Hirsau. Eine stille Zuflucht im Wald. Genaueres ist nicht bekannt. Bei einem ›acte de visite‹ des Jahres 1323 wurden nur der Prior und ein Mönch angetroffen.

Auf einer Lichtung ein melancholisch-verwildertes Gutshaus in edlen Maßen; kein Wunder, es wurde in die Mauern des ehemaligen romanischen Kirchenschiffes hineingebaut. Die jetzigen Besitzer bewohnen es nur noch im Sommer. Vorbei an einer geräumigen Küche: Geschirr und leere Flaschen, nach einem Picknick eben erst zusammengeräumt. Ein Quergang, eine Türe. Der Schlüssel ist eigens für uns gebracht worden, mit einem schweren Wagen, wie ihn die Farmer hier fahren. Ein Schritt weiter, und man steht in der Apsis des frühen 12. Jahrhunderts. Reine Romanik, nichts hinzugefügt: nur schwere Mauern, ihre Rundungen, ihre Bögen, schmale Rundbogenfenster und Sand am Boden. Hier sind sich Jura-Kirche und Jura-Höhle ganz nahe.

Photos der Kirche (die nicht besichtigt werden kann) und ausführliche Darstellung in ›Franche-Comté Romane‹, Edition Zodiaque (la nuit des temps), 1929.
Dieses Werk (mit Kurzfassung der Texte in deutscher und englischer Sprache) ist unentbehrlich für alle, die sich über die romanischen Kirchen des französischen Jura genauer unterrichten wollen.

Nur wenige Kilometer von Lieu-Dieu entfernt: die Kirche von Boussières mit fünfstöckigem, im romanischen Baustil errichtetem Westwerk.

Grottes d'Osselle
Tropfsteinhöhle und Bärenfriedhof

Ich sitze auf einer Terrasse über dem Doubs – wieder einmal am Doubs. Drüben weiden Kühe, kommen an den Fluß, trinken. Als wir vor einer Stunde in die Grotten gingen, schien die Sonne. Jetzt ist es grau und schwül geworden – Gewitterstimmung.

Ich bin froh, wieder freie Luft zu atmen, den weiten Himmel über mir zu haben, draußen zu sein. Drinnen im Berg herrscht das ganze Jahr über eine Temperatur von dreizehn Grad. Wir waren zu zwölft. Aber unterwegs, im Dunkeln, im ungewissen Licht der sparsam verteilten Glühbirnen, schienen manchmal mehr und manchmal weniger Personen anwesend. Ich hielt meine eigene kleine Taschenlampe in der Hand. Vor einer anderen Höhle hatte ich Postkarten gesehen, auf denen nichts als Schwärze war und die Unterschrift »Stromausfall beim Besuch der Grotten«. Das sollte ein Scherz sein.

Der erste Teil des schmalen nassen Asphaltpfades führte unter porösem Kalkgestein hin, von einer Galerie in die andere. Überall tropfte es. Stalagmiten wuchsen zu Ungeheuern auf, die größten wurden farbig angestrahlt. Stalaktiten senkten sich, filigran und elegant. Wie lange schon drangen hier Tropfen durch die niederen Felsdecken, jeder von ihnen von einem dünnen Kalkhäutchen umspannt, bis der Druck zu groß wurde, und es platzte, im Fallen einen Teil des Kalks mit sich riß? Ich würde diesen Vorgang gerne einmal in riesiger Vergrößerung sehen. Ich stelle mir eine Kalk-Wasser-Wolke vor, die plötzlich ihre Schleusen öffnet.

»Kopf runter« oder »Vorsicht, Stufe«, sagte unsere Führerin. Aber der Große Saal hatte mehr als 25 Meter Höhe. Keine einzige glatte Fläche, auch unter unseren Füßen nicht. Die Steine fühlten sich naß und fettig zugleich an. Vorwölbungen, als sei das Gestein trächtig und gebäre demnächst einen kauernden Hund. Die Farben wechselnd vom körnigen Weiß zu Gelb, Beige, Braun, zu Rotbraun und tiefem Schwarz. Kein tröstliches Grün hier unten. Ob ich deshalb ein Gefühl des Unbehagens nicht los wurde? Mehr als einen Kilometer weit ging es in den Berg hinein. Über uns, über den Steinschichtungen, den tiefreichenden Wurzeln der Bäume, einer dünnen Humusdecke, versuchte ich mir die helle Welt vorzustellen. »Wir passieren soeben die Grenze zwischen dem Département Doubs und dem Département Jura.« Streckenweise ging unsere Führerin sicheren Schrittes rückwärts, um ihre Gruppe im Auge zu behalten. Keiner konnte in Seitengalerien abirren, zurückbleiben, Unfug treiben, etwa seinen Namen in die Felswand kritzeln, ein Stück Stalaktit abbrechen als Souvenir. Das Licht einer Sektion wurde erst gelöscht, wenn in der nächsten die Lampen brannten. Die Ausleuchtung eines solchen Höhlensystems soll ebenso teuer sein wie die eines großen Bahnhofs oder einer Kathedrale.

Skelette von Bären tauchten auf, rötlich angestrahlt wie auf der Geisterbahn. Aber diese Tiere waren einmal Realität, bis zu drei Metern hoch, tonnenschwer. Tausende von ihnen hausten in diesen Höhlen. Ihre Gebeine bevölkern heute zahlreiche europäische Museen. Anderes Getier lebt hier noch. »Es ist sehr scheu und zeigt sich nicht.« In den Gesichtern unserer Mitwanderer war Ekel zu erkennen. Sagte die Führerin »chauves-souris«? Sind das nicht Fledermäuse? Im Berg hat man kein Wörterbuch dabei.

Tief im Inneren, auf der zweiten Hälfte unseres Weges, wurde der Boden plötzlich trocken, die Formationen schienen weniger bizarr. Sinterkegel und Tropfsteinzapfen, also Stalagmiten und Stalaktiten, fehlten. Wir gingen unter undurchlässigem Gestein wie in einem Tunnel. Am ›Altar des

Priesters‹, einem Felsblock, soll in Zeiten der Gefahr die Messe gelesen worden sein.

Zurück: vorbei an gelblichen Säulen, die im Wasser standen, von ihm gespiegelt wurden, Kirchenpfeilern ähnelten. An einer Wand, stumm aufgereiht, mit weindunstigem Atem nach einem guten Sonntagsessen, die nächste Gruppe, die uns vorbeiließ. »Mesdames, Messieurs, ich danke Ihnen für Ihre Aufmerksamkeit. Wir Führer sind alle Studenten und haben gegen ein kleines Trinkgeld nichts einzuwenden. Merci, adieu.«

Und nun sitze ich vor den Höhlen auf einer Terrasse über dem Doubs. Spaziergänger pflücken drüben in den Wiesen große Sträuße, auch roter Mohn ist dabei, den es bei uns kaum noch gibt. ›Coquelicot‹ sagen die Franzosen zu dieser Pflanze und legen ihre leuchtenden Blüten den Gefallenen auf die Gräber. Hinter uns sammeln sich die Besucher für die nächste Führung. Möchte ich noch einmal mitgehen? Ich glaube nicht. Wir sitzen auf der Terrasse, trinken Wein. Ich bin glücklich. »Nur im Licht kann man leben.«

Salins-les-Bains
Kostbarer als Öl heute

Ganz im Westen, am Fuße des Jura, reihen sich die sehenswürdigeren Orte wie die Glieder einer Kette aneinander. Eigentlich müßte ich mit Arc-et-Senans beginnen. Aber diese von einem Genie entworfene ›Königliche Saline‹ wäre nicht ohne das Salz entstanden, das aus den Bergen kommt. Also schlage ich einen kleinen geographischen Haken und setze Salins-les-Bains an erste Stelle.

Turm- und Mauerreste erinnern an die einstige Bedeutung dieses Ortes, dessen Häuser sich im Tal der Furieuse eng aneinanderreihen. Furieuse: Der kleine Fluß ist nicht wütender oder reißender als andere Juragewässer; sein Name will besagen, daß er außerhalb seines ursprünglichen

Bettes läuft, daß man ihn um der Salzvorkommen willen einst umleitete.

In Salins sollte man in die Höhe schauen – oder in die Tiefe steigen. Im engen Tal stehen sich zwei Felsen gegenüber, auf die – zum Teil nach Plänen von Vauban – Festungen gesetzt wurden: Traumkulissen, fast noch malerischer als die Zitadelle von Besançon. In die Tiefe steigt, wer in eindrucksvoller Weise mehr über die Gewinnung und die Geschichte des Salzes erfahren möchte.

Schon die Kelten bemerkten hier, daß ihr Vieh gewisse Wasserlöcher im Tal als Tränke bevorzugte. Sie lernten, das Fleisch ihrer Schweine, ebenso Wildbret, mit dieser salzigen Brühe haltbar zu machen. Auch die Römer aßen, so liest man, gerne Gepökeltes. Wenn wir heute das Wort ›Saline‹ benutzen, wissen wir zumeist nicht, daß sie es waren, die den Anlagen zur Gewinnung des Salzes diesen Namen gaben, nach dem keltischen ›sambels‹. Fünf römische Straßen sollen aus allen Richtungen in das Tal geführt haben; mancherorts sieht man noch Wagenspuren im felsigen Boden.

In späterer Zeit wechselten geistliche und weltliche Würdenträger im Besitz der Salinen. Mit Salz konnte man Lehensleute kaufen, Künstler verpflichten, Paläste bauen, Kriege führen. Keiner wußte das besser als Jean de Chalon, dem wir in Nozeroy begegnen werden. Aber auch weniger weltliche Vorteile ließen sich mit dem kostbaren Mineral erzielen.

Salz fürs Seelenheil: Im Laufe der Zeit erhielt fast jedes Kloster in der näheren und weiteren Umgebung von den jeweiligen Herren das Recht, sich einen gewissen Anteil aus den Salzlagern zu sichern. Wurde dieser Mißbrauch zu offensichtlich, mußten neue Bestimmungen erlassen werden.

Salz ist – im Gegensatz zum Öl heute – eine Ware, die man ohne Mühe transportieren kann, also auch stehlen. Mit strengsten Strafen wurde gegen Salzdiebe vorgegangen. Ein Galgen stand im Zentralhof der Anlage, die einer

Festung glich. Ein Vogt, vom Ende des 13. Jahrhunderts an ein Richter, hatte uneingeschränkte Macht über Leben und Tod.

Die Gewinnung von Salz verschlingt eine Unmenge Holz. Man sollte meinen, oben im Jura seien genug Bäume gewesen. Aber zur Zeit Ludwigs XV. hatte man die Wälder der Umgebung so weit gelichtet, daß neue Möglichkeiten ersonnen werden mußten, um die riesigen Pfannen zu beheizen. Der Ausweg, den man fand: Nicht das Holz wurde zur Saline transportiert, sondern die Sole zum Wald. Siebzehn Kilometer entfernt von Salins, unterhalb des letzten Plateaus, erstrecken sich mit einem Höhenunterschied von 143 Metern zwischen Loue und Doubs riesige Auwälder. Dort entstand, vom genialen Baumeister Claude-Nicolas Ledoux entworfen, das heute weithin berühmte Arc-et-Senans.

Die Sole wurde unterirdisch, im Tal der Furieuse und dann dem der Loue, nach Arc-et-Senans befördert – in ausgehöhlten Fichtenstämmen, die durch eiserne Ringe verbunden waren. Aber nur etwa 100 000 Liter von 135 000, die täglich zu Tale geleitet wurden, erreichten ihren Bestimmungsort. Risse im Holz und andere Defekte machten den Kontrolleuren ständig zu schaffen.

Da die Wasser, die aus Salins herabströmten, noch zu schwach salzhaltig waren, richtete man nahe der Loue, zwischen hölzerner Leitung und Saline, ein Gradierwerk ein. Von diesem Gebäude, in dem die Sole in bekannter Weise über Reisig tropfte, ist keine Spur mehr zu finden.

In Salins blieben von den Anlagen, die bis 1962 in Betrieb gehalten wurden, über Tage die alte Siederei und unterirdisch die vor tausend Jahren von Mönchen erbauten Gewölbe erhalten. Diese dunkle, salzig tropfende Welt ist eindrucksvoll, besonders ihr hydraulisches Pumpwerk von 1760, dessen Holzbalken noch immer majestätisch auf- und abschwingt, während ein riesiges Schaufelrad sich langsam dreht.

In den Räumen neben der Siederei ist die Geschichte

der Salzgewinnung im Jura mit zahlreichen Exponaten dokumentiert. Von sämtlichen Salinen der Region ist heute nur noch eine einzige in Betrieb.

Arc-et-Senans
Von einem Genie entworfen

Man erschrickt beinahe, wenn in der einförmig-flachen Landschaft zwischen Loue und Doubs die Königliche Saline von Arc-et-Senans wie eine Vision auftaucht. Der schönste Blick bietet sich von einer Brücke über die Loue; da glaubt man, sich dem Schloß eines Herrschers zu nähern. Aber Arc-et-Senans ist eine Industrie-Siedlung des 18. Jahrhunderts, geplant und errichtet von Claude-Nicolas Ledoux.

Der Architekt und Ingenieur Ledoux lebte von 1736 bis 1806. Man hat seine Projekte fälschlich als ›Revolutionsarchitektur‹ bezeichnet. Aber wenn seine Ideen und Vorstellungen auch revolutionär, zukunftsweisend bis in unsere Tage hinein waren, so darf man ihn, der zur Zeit der Französischen Revolution lebte, nicht zu ihren Anhängern zählen. Im Gegenteil, Ledoux diente vor allem dem König und der Aristokratie. Einige seiner frühen Bauten waren für die Mätressen großer Herren bestimmt: Madame Dubarry, die Tänzerin Guimard.

Als 1773 beschlossen wurde, nahe den Wäldern von Chaux neue Salinen-Anlagen zu errichten, beauftragte man Ledoux mit der Planung und ernannte ihn zum Generalinspektor der Salinen der Franche-Comté.

Ledoux sah sich, von seinem Lehrer Blondel beeinflußt, in erster Linie als Moralist und Erzieher. Er verlor nie den sozialen Aspekt eines Bauwerks aus den Augen. Er sagte: »Die einfache Wohnung des Bürgers erfordert die gleiche Anstrengung wie der prächtigste Palast.« Hier, in der Königlichen Saline, fand er, »dem es manchmal an Mäßigkeit fehlte«, die Möglichkeit, seine kühnsten Träume zu verwirklichen. In einem aus zwei Kreishälften bestehenden, aber durch ein Zwischenstück gestreckten Stadtplan stand das ›Haus des Direktors‹ als der absoluten Autorität im Mittelpunkt, flankiert von den niedrigeren langgestreckten Gebäuden der eigentlichen Salinen. Im weiten Rund sollten die Werkstätten und Wohnungen der Arbeiter und Handwerker gruppiert sein, während Ledoux in einem äußeren Ring alle übrigen Bauten plante, die zu einer ›Idealstadt‹ gehören – von den öffentlichen Bädern und anderen Stätten der Erholung bis zum Friedhof. Darüber hinaus sollte jedes Bauwerk durch seine Form bereits darauf hinweisen, für welche Zwecke es bestimmt sei. Säulenordnungen galten Ledoux nicht länger als Standeszeichen, er setzte sie auch vor Zweckbauten, wenn dies durch ihre Funktion begründet schien.

Leider ist dieser Traum eines genialen und guten Menschen nur teilweise verwirklicht worden. 1775 begannen die Bauarbeiten in Arc-et-Senans, aber schon drei Jahre später wurde Ledoux mit einem neuen Projekt betraut: einer Ringmauer um die Stadt Paris mit Zollhäusern, die ausschließlich für die Einziehung der Salzsteuer, der ›gabelle‹, bestimmt waren. Jährlich mehr als fünfzig Millionen Livres für die königlichen Kassen standen dabei auf dem Spiel. Für diese verhaßte Steuer machte das Volk irrtümlich Ledoux persönlich verantwortlich; 1789 mußte Finanzminister Necker ihn aus allen Ämtern entlassen. 1793 als verdächtig verhaftet, achtzehn Monate lang im Gefängnis, von der Guillotine bedroht, konnte sich der größte französische Architekt seiner Zeit von da an nur noch mit den Gravuren seiner Werke befassen.

In Arc-et-Senans sind immerhin entstanden: das Torgebäude, das Haus und die Stallungen des Direktors, die beiden ehemaligen Salzsiedereien und Häuser für Handwerker und Arbeiter.

Die Königliche Saline sollte man im hellsten Sonnenlicht sehen – auch wenn man einen schattenlosen Parkplatz in Kauf nehmen muß. Aber nur so können sich die von Ledoux kühn erdachten Wechselwirkungen von Mauer und Raum, von Licht und Schatten voll entfalten. Ob wir in dem ungeheuren Halbkreis auf dem Rasen vor dem Haus des Direktors standen, dessen aus Würfeln und Zylindern gestaltete Säulen, auch die sparsame Verwendung von Ornamenten bewunderten, und dabei an Architekten unserer Tage wie Le Corbusier erinnert wurden, oder ob wir minutiöse Detailskizzen zu Arbeitsvorgängen in den Siedereien studierten – Claude-Nicolas Ledoux schien überall persönlich gegenwärtig. So hat er die Häuser der Handwerker und Arbeiter bis ins letzte als Wohngemeinschaften durchdacht. Im Erdgeschoß lagen die Werkstätten. Im ersten Stock verfügte jede Familie über einen großen und hellen Raum; aber jeweils zwölf von ihnen hatten sich in die zentral gelegene Küche mit ihrem gewaltigen Kamin zu teilen.

Auch Frauen waren in der Saline tätig. Ich möchte annehmen, daß Ledoux selbst es war, der ihren Tätigkeiten die nur hier üblichen, treffenden Namen gab: Die ›éteignari‹ löschte die Glut unter den Salzpfannen im richtigen Augenblick mit Wasser; die ›tirari‹ zog mit einem Haken die kristallisierte Salzmasse an den Pfannenrand; die ›mettari‹ knetete das Salz in seine endgültige, einem Brotlaib ähnliche Form; die ›sechari‹ überwachte den Trocknungsvorgang.

Die Salinen von Arc-et-Senans waren unter verschiedenen Besitzern bis 1895 in Betrieb. Vor einigen Jahrzehnten wurden die zum Teil verfallenen, vom Salz angegriffenen Gebäude restauriert, vor allem auf Betreiben des damaligen Kultusministers André Malraux. Das Haus des Direktors hatte ein Blitzschlag zerstört. Hier mußte von Grund auf neu gebaut werden.

Wer heute durch das monumentale, von acht dorischen Säulen flankierte Portal das Torgebäude betritt, vorbei an einer künstlichen Grotte, mit der Ledoux an die Herkunft des Salzes aus der Tiefe erinnert, findet sich zunächst in einem Buchladen, der eine ungewöhnlich große und gute Auswahl einschlägiger Literatur anbietet. Im ehemaligen

Haus des Direktors ist der Sitz der ›Fondation Claude-Nicolas Ledoux‹, ein internationales Zentrum für Fragen der Zukunft. In den Gebäuden der ehemaligen Salzsiedereien finden Tagungen und Kongresse für Futurologen statt. Junge Künstler können vorübergehend hier ihren Wohnsitz nehmen oder ihre Werke ausstellen. Wann immer wir nach Arc-et-Senans kamen, etwas ereignete sich stets. Feste wurden gefeiert und Musik dargeboten; man konnte Robotern begegnen oder Montgolfieren aufsteigen sehen. Ledoux wäre zufrieden: Arc-et-Senans lebt.

Nans-sous-Ste-Anne
Ein Fluß und eine Liebesgeschichte

Wieder zurück in die Berge.

Auf Landkarten liest man ›le Lison‹, und in den Büchern steht es ebenso; aber ich möchte das Gewässer ›die Lison‹ nennen, weil ihr kurzes Dasein so anmutig, heiter, verspielt verläuft. Auch sie, wie im Jura üblich, »aus einer Felswand entlassen«, nicht weit von der Louequelle – aber wie anders ist der Ort! Die Sonne findet Zugang und läßt sogar noch den See im Inneren der Höhle aufleuchten. Die Lison hüpft im Doppelsprung abwärts in ihr Bett, ihr Wasser sprüht, hängt als feiner Schleier in der Luft. Ringsum stehen junge Buchen in hellem Grün, wie ein Ballett in wunderlichen Posen – die dünnen Stämme sind gebogen, gedreht, ineinander verschlungen. Immer ist ein leichter Wind zu spüren. Aber gerade hier, bei Wasserrauschen und grün flimmerndem Licht, betrügt die Lison ihre Bewunderer: Dies ist nicht ihr erstes Auftreten. Das geschah unbemerkt, ziemlich weit entfernt, an den Hängen des Waldes von Scay. Sie hat da oben sogar einen eigenen Namen: Lison-du-Haut. Die Rinne, die man dort ihr Bachbett nennt, liegt fast das ganze Jahr über trocken. Die Lison zieht es vor, mehr im Dunkeln zu leben; sie taucht nur ab und zu auf, zum Beispiel als schmales Band in einer Schlucht, die von der

Teufelsbrücke, Pont du Diable, überspannt wird. Dort kann man sie, wenn man die Mühe des Umwegs nicht scheut, für einen Augenblick sehen. Dann versteckt sie sich von neuem. Weiterhin an ihrem Wege liegt Creux Billard, ein Felskessel, in dessen Tiefe das Wasser wie in einem Trichter ruht. Ein unheimlicher und düsterer Ort, dessen fahles Licht ihm so zugehörig scheint wie die sonnige Helle der ›Source‹ dort draußen, wo die Lison nun ihren offiziellen Anfang nimmt. Daß Trichter und Quelle unterirdisch miteinander in Verbindung stehen, weiß man mit Bestimmtheit erst seit 1899. Ein junges Mädchen suchte im Creux Billard den Tod. Der düstere Kessel muß sie unwiderstehlich angezogen haben. Ihre Leiche kam ein Vierteljahr später an den Wasserfällen der ›Source‹ ans Tageslicht.

Trotz ihres kapriziösen Verhaltens führt die Lison, nun endgültig oberirdisch, sofort eine erstaunlich große Wassermenge mit sich. Wenige Kilometer weiter, wenn sie zu einer freundlich verstreuten Ortschaft in grünem Tal gelangt, ist sie bereits zum ruhig strömenden Fluß geworden.

Der Ort heißt Nans-sous-Ste-Anne. Als wir das erste Mal dorthin kamen, dachten wir nicht an die Lisonquelle, sondern an Mirabeau. Honoré Gabriel Graf Mirabeau, geboren 1749, gestorben 1791, war in seiner Jugend ein brillanter Tunichtgut, ein Spieler und Frauenheld, dessen zukünftige Laufbahn und Größe niemand ahnen konnte. Feurige Beredsamkeit, ja – aber auf eher unwerte Ziele gerichtet. Kein Gedanke zunächst an Moral, an höhere Verantwortung. Die Schulden wuchsen dem jungen Taugenichts schließlich so über den Kopf, daß sein Vater ihn in Schutzhaft nehmen ließ, auf dem Château de Joux am Doubs. Wir werden am Ende unserer Fahrt im Turmzimmer stehen, das Mirabeau dort bezog. Man ging mit diesem Gefangenen nicht eben streng um, er wurde das, was wir heute einen Freigänger nennen. Er benutzte die langen Urlaubsfristen zum Besuch bei einem Standesgenossen, dem Marquis de Monnier. Dieser Herr verfügte über einen

Sommersitz, ein Schloß in Nans-sous-Ste-Anne. Er war 75 Jahre alt, die ihm angetraute Frau, Sophie de Ruffey, eben zwanzig, Mirabeau sechsundzwanig.

Wir sahen, von Norden kommend, das Schloß jenseits der Lison liegen, fast an ihrem Ufer, in parkähnlicher Landschaft. Das Tor stand offen. Die Holzläden der Türen zur Terrasse, zum Park waren verschlossen, die Fenster im ersten Stock ebenfalls; aber die Gebäude, mit Remisen und Stallungen, schienen bewohnt. Wir blieben allein, konnten die Personen unserer Geschichte in ihre zugehörigen Kulissen setzen: Auf der Terrasse, wo jetzt nur ein paar vergessene Gartenmöbel, ein grüner Kinderstruhl standen, nehmen die drei ihren Kaffee. Mirabeau führt geistreiche Gespräche mit dem Hausherrn, der Präsident des Rechnungshofes gewesen ist, nun hier seinen Lebensabend genießen will, und mit einer jungen Frau. Wenn der Präsident des Abends, nach einem guten Essen, im Sessel am Kaminfeuer sitzt, schläft er vermutlich ein. Dann gehen Mirabeau und Sophie im Park spazieren bis zu der schmalen Brücke, die über die Lison führt. Sie müssen sehr bald an gemeinsame Flucht gedacht haben; zu verlieren hatten ja beide nichts. Geld des Alten, eine sehr große Summe, ist bereits heimlich in die Schweiz geschafft worden. Sie, Sophie, wird Männerkleidung anziehen, jenseits der Mauer sollen Pferde warten …

Aber, wo ist die Mauer? Weit und breit nichts von einer Mauer zu sehen. Ein gelbes Postauto fährt in schnellem Tempo in den Hof, der Briefträger springt heraus, legt eine Handvoll Briefe in eine Mauernische, ist schon wieder fort, ehe wir eine Frage an ihn richten können. An seiner Tür entdecken wir den Zettel: »Die Herren Mieter werden gebeten, bei der Abreise den Kühlschrank abzustellen und nach den Wasserhähnen zu sehen.« Ferienwohnungen also. Sind wir vielleicht im falschen Schloß? Stammt dieses nicht eher aus einer späteren Periode, oder wurde das alte umgebaut, die Mauer abgerissen? Fragen über Fragen.

Wir gehen zum Essen ins Hotel zur Post, sitzen auf einer

weinlaubumrankten Veranda vor dem Haus. »Ist das da drüben das Schloß, in dem Mirabeau …?« Wir werden ausgelacht: »Nein, das liegt am anderen Ende von Nans-sous-Ste-Anne.« Wird es bewohnt? »Ja, von einem sehr reichen Herrn aus Paris.« Man kann es also nicht besichtigen? »Nein, nie.«

Das richtige Schloß liegt an der Straße, die zur Lisonquelle führt. Es muß weit älteren Datums sein als das andere; die wenigen, tief im Mauerwerk liegenden vergitterten Fenster lassen es ein wenig wie ein Gefängnis erscheinen. Oder ist das Einbildung? Wirklich ist das ganze Besitztum mit Ställen, Scheunen und anderen Gebäuden von einer hohen Mauer umgeben, die jeden Blick ausschließt. Auch das hohe Tor ist zugesperrt. Hier ist es also geschehen, hier ist Sophie de Ruffey in Männerkleidung über die Mauer gestiegen. Draußen stand gewiß eine Person, die eine Leiter angelegt hatte, ein Pferd hielt. Mirabeau war es nicht. Ihn traf Sophie erst nach einem scharfen Ritt an der Schweizer Grenze.

Aber das Glück der beiden währte nicht lange. Ein Gericht in Pontarlier verhängte über Mirabeau, den Entführer, in Abwesenheit die Todesstrafe; seine Geliebte sollte für immer in ein Kloster verbannt werden.

Das Paar floh weiter nach Amsterdam, wurde dort verhaftet und nach Frankreich zurückgebracht. Mirabeau rettete seinen Kopf; aber er mußte an den Marquis de Monnier eine hohe Summe zahlen und wurde vier Jahre lang in Vincennes eingekerkert. Dann gelang es ihm, 1782, vor seine Richter in Pontarlier zu treten und sie durch die Gewalt seiner Worte umzustimmen. Das Urteil wurde annulliert. Mirabeau war frei – aber ein anderer, gänzlich Verwandelter. Neun Lebensjahre blieben ihm noch, in denen er dazu beitragen sollte, die Welt zu verändern.

Sophie de Ruffey hat das Kloster, das man ihr zuwies, bis zu ihrem Tod nicht wieder verlassen.

Das Schloß mit der hohen Mauer wird heute ›Château de Mirabeau‹ genannt. Als ob es ihm gehört hätte.

Reculée des Planches
Ende der Welt

Zu den Grotten von Planches, die am dramatischen Ende des flachen und lieblichen Kerbtales liegen, südöstlich von Arbois, kamen wir im Juni. In dieser Jahreszeit watet man knietief in Blumenwiesen, alle Wasserfälle und Gießbäche rauschen und springen. Aber ein zarter Dunst liegt oft über der Landschaft, verhüllt sie, läßt die Konturen der Riesentannen, der Hügel ringsum verschwimmen. Nur die Grenze zwischen Wäldern und Weiden ist wie immer als scharf trennende Linie erkennbar.

Im Juni sind die französischen Schulkinder zu Ausflügen unterwegs. Auch zu den Grottes des Planches kamen sie, fielen wie Spatzenschwärme ein. Sie standen an der Bretterbude mit den bunten Postkarten, griffen zu den Kuhglokken, die dort feilgeboten werden und läuteten sie zur Probe. Vor allem schleckten sie ein Eis. Aber auf einen Pfiff des Lehrers hin kletterten sie umgehend in ihr Gefährt. Schon waren sie fort. Stille lag über dem Sandplatz. Wir warfen noch einen Blick auf die gewaltige, fast weiße sonnenbeschienene Wand vor uns und über uns, folgten der Führerin auf ansteigendem Pfad neben der Cuisance, die hier in Kaskaden zu Tal springt, zogen unsere Jacken an und verschwanden im Gestein.

Dieses Höhlensystem am *bout du monde* eines Kerbtales ist anders als die meisten anderen. Die Grottes des Planches sind noch im Entstehen, sie leben. Während wir auf eisernen Stegen den unterirdischen Lauf der Cuisance zu Füßen hatten, ihr Brausen unsere Ohren füllte, konnten wir das Wasser bei der Arbeit sehen. Etwa 300 Meter über uns wußten wir das nächsthöhere Plateau. Alle Sickerwässer jener Hochfläche waren, mit Kohlensäure angereichert, in die Fugen und Ritzen dieses Karstsystems eingedrungen, hatten sie erweitert und waren gleichzeitig abgesunken, bis sie hier, unter uns, als Fluß zusammenkamen. Durch größere Ritzen brachte das Wasser bereits Steine mit, die in ihrer Bewegung den Fels noch stärker anzugreifen vermochten. Wir sahen gerundete Felsbrocken, die früher einmal in Strudeltöpfen sich gedreht und diese vertieft hatten. An den Wänden zeigten sich, wiederum durch die Arbeit des Wassers, feingezogene Spuren, die ob ihrer Form ›Tannenwälder‹ genannt werden.

Stalagmiten und Stalaktiten fehlen hier noch. Sie werden einer späteren Periode dieser Grotte angehören, vielleicht in zehntausenden von Jahren, wenn die Phasen der Erosion, der Korrosion und der Verlehmung abgeschlossen sein werden und die der Versinterung anhebt.

Durch eine *cheminée,* einen Kamin, der einmal durch herabstürzendes Wasser entstand, drang schräg ein dünner Lichtstrahl in die Tiefe. Eine blasse Pflanze gedieh dort, die drei Blätter getrieben hatte. »Oh ja«, sagte unsere kenntnisreiche Führerin, »es gibt Pflanzen hier unten, auch Tiere. Nur leben sie sozusagen langsamer. Sie vermehren sich sogar. Ihre Nachkommen sind so bleich wie sie selber.«

Auch Spuren des Menschen hat man bei der Erforschung der Höhlen im Jahre 1903 gefunden. Sie gehören der jüngeren Bronzezeit an. Eine Wohnstätte für etwa fünfzig Personen gab es hier unten, mit Haustierpferch, einem Getreidespeicher und Feuerstätten. Zu den Funden gehören Tongefäße und bronzene Gegenstände, auch zwei Skelette. Nach einem Brand der Getreidevorräte, vermutlich bei einem Angriff, wurde der Ort verlassen. Er hatte wohl nur der Zuflucht für die Bewohner des nahe gelegenen Dorfes gedient.

Als das Gitter der Grotten hinter uns zuschlug, die Schlüssel rasselten, sagte ich unserer Führerin, daß dieses Höhlensystem mir viel aufregender erschienen sei als jene, die versintert, museal sind. Madame meinte: »Die Deutschen ziehen diesen Ort allen anderen in der Gegend vor, während Franzosen sich mehr an den spielerischen Formen der Stalaktiten etwa in den Grottes d'Osselle erfreuen.«

Von der Reculée des Planches aus kann man zu einer anderen, viel gerühmten Sehenswürdigkeit fahren, dem

Cirque du Fer à Cheval, einem hufeisenförmigen Talkessel. Wir meinten aber, es lohne den Weg eigentlich nicht. Das Tal, an dessen oberem Rand wir standen, ermangelte ein wenig der Lieblichkeit. Eine Kiesgrube lag wie eine gelbe Wunde im Grün; man hörte die Lastwagen auf ihrem Weg dorthin um die Kurven rauschen. Das Restaurant, von dem aus ein Pfad zu diesem Belvedere führt, war geschlossen. Eine Katze machte hier den Fremdenführer. Sie wies uns den Weg und begleitete uns.

Arbois
Wein und Türme

Place de la Liberté in Arbois: Die Fremden drehen hier von früh bis spät ihre Runden um den Brunnen, suchen einen Parkplatz. Sie wollen Wein einkaufen, in Probierstuben sitzen und trinken, oder mit einem Kleinbus auf eines der Weingüter des Königs der Region hinausfahren. Zu welchem Zweck und Ziel? Um dort wieder in einer Probierstube zu sitzen und zu trinken. Der König heißt Henri Maire. Damit verrate ich kein Geheimnis; man kann es auf vielen Reklameschildern lesen. Bei ihm geht die Zahl der jährlich abgefüllten Flaschen in die Millionen.

Die Place de la Liberté umrunden nicht nur die Touristen, auch die Tankwagen, deren Inhalt Wein ist. Alles dreht sich hier um Reben, Trauben, gegorenen Traubensaft, Wein. Die letzten Abhänge des Jura, die sich nach Westen hin bis zur Ebene von Bresse ziehen, sind in einer Tiefe von etwa fünf Kilometern Weinland: le Vignoble. Aus Poulsard- und Trousseau-Trauben wird Rotwein und Rosé, aus Chardonnay- und Savagnin-Sorten Weißwein gewonnen. Weißer ist mir der liebste. Man trinkt ihn leicht gekühlt. In ihm entdeckte ich einen Widerhall der Juralandschaft und ihrer Böden, aus denen er stammt.

›Vin de paille‹ wird aus Trauben gemacht, die lange auf

Stroh trockneten. Man reicht ihn, gekühlt, als Apéritif oder zum Dessert. Für Gourmets: Er soll auch zu Gänseleber passen. Vom ›Vin jaune‹, dem gelben Wein, werden wir später sprechen, wenn wir nach Château-Chalon kommen.

Alles hat hier mit Wein zu tun: Auch den schönsten Blick auf Arbois findet man auf einem Weinberg, der hoch über der Stadt liegt. Wir waren um die Mittagszeit da oben, standen auf einem Weg zwischen den Rebengärten: Mitte Oktober, nur wenige Tage vor der Lese; noch so heiß, daß jede pralle Traubenbeere in der Sonne glühte, ihr Saft kochte. Zwischen den abfallenden Reihen der Rebstöcke stand der rotgoldene eckige Turm der Pfarrkirche Saint-Just und war auch von oben betrachtet noch gewaltig und hoch.

An diesem Tag bewunderten wir den Turm noch ein zweites Mal, im Spiegelbild, unten am Ufer der Cuisance, in einem Gärtchen der Altstadt. Ein verzauberter Ort, an dem alles so winzig beieinander war: aufstrebende Oleanderschößlinge in ihren Kübeln, buchsbaumgesäumte runde Beete, nicht viel größer als Kuchenplatten. Und dahinter, im Wasser gespiegelt: der Kirchturm, die alte Brücke, die ehemaligen Befestigungen.

Am Ortsrand von Arbois – rechterhand, wenn man von Norden kommt – liegt ein stilles, ganz von Efeu umsponnenes Haus. Hier lebte das »Genie mit dem guten Herzen«, Louis Pasteur, in seinen Jugendjahren. Der Vater war Gerber, daher die Lage des Anwesens am Fluß. Man kann es besichtigen. Die Zeit ist stehen geblieben hinter den roten samtenen Vorhängen des Wohnzimmers. Wunderbar geordnet ist alles, so wie der Gelehrte es sich wünschte. Wie menschlich, denke ich mir, sah damals, vor hundert Jahren, ein Laboratorium aus, wie gemütlich wirken die dicken Glaskolben, mit deren Hilfe Pasteur seine großartigen Entdeckungen machte. Desinfizieren, Pasteurisieren, Impfen gegen Tollwut oder Milzbrand: All das und vieles andere ist untrennbar mit seinem Namen verbunden. Sein Vater also Gerber und damit ein wenig Chemiker; die Mutter

Gärtnerin, von ihr die Kenntnis der Pflanzenwelt. Aber die ungeheure Genauigkeit des Sehens, die Gabe, am Objekt oder im Experiment nach langer Prüfung doch etwas zu entdecken, was anderen verborgen blieb – waren das nicht sehr jurassische Eigenschaften? Auch der Wille weiterzumachen, wenn alle Versuche zu scheitern schienen. Pasteur soll dann vor seinen Kolben, Mikroskopen, Instrumenten, mit denen man ihn allein lassen mußte, stundenlang auf- und abgelaufen sein, laut klagend: »Oh, mon Dieu, oh mon Dieu!« Dann begann er aufs neue mit seinen Untersuchungen.

Mit Trauben aus dem väterlichen Weinberg von Arbois gelang Pasteur hier der Nachweis, daß, wenn sie unter Luftabschluß keimfrei zur Reife gelangen, keine Gärung stattfindet, also kein Wein entstehen kann. Einmal mehr war eine seiner Entdeckungen den Mitmenschen nützlich und hilfreich.

Eine Straße, die sich von Arbois aus nach Süden hin auf halber Höhe hinzieht, wird ›Route des Vins‹ genannt. Bei uns sehen Weinstraßen anders aus: Da folgt eine Anlage und eine Rebenreihe der anderen; jeder Zentimeter des kostbaren Bodens ist ausgenutzt; die bescheidenen Häuser der Winzer klemmen sich in sonnenlose Winkel. Hier, zwischen Arbois und Poligny, wechseln Rebgärten mit kleinen Hainen, mit Wiesen sogar, auf denen Kühe weiden. Betreiben die Besitzer den Anbau lässiger? Sind sie größere Lebenskünstler, nicht so sehr am Verdienen interessiert? Ein Blick ins Tal hinunter, wo in der Domaine von Sorbief des erfolgreichen Flaschenmillionärs, Monsieur Maire, zwischen den Rebenreihen kein freier Platz zu entdecken ist, könnte diese Annahme bestätigen. Vielleicht hat es aber auch mit der Bodenbeschaffenheit zu tun, oder mit den Folgen eines verheerenden Reblausbefalls Ende des vorigen Jahrhunderts. So genau wollen wir es gar nicht wissen. Unser stiller Weg ist so schön. Pupillin kommt, auch das eine bekannte Lage. Rechts und links stehen die Kellertore offen, im Vorbeifahren hören wir Gelächter aus dem Dunkeln. Bald wird der hohe Kirchturm von Saint-Hippolyte auftauchen. Noch hinauf zum Dorf Chamole mit der schönen Aussicht, und wieder steil bergab nach Poligny.

Die Pfarrkirche Saint-Just besitzt ein dem 11. Jahrhundert entstammende, im 13. überhöhtes Mittelschiff. Ihr schöner Turm, der die Gegend weithin beherrscht, ist 60 Meter hoch und wurde im 16. Jahrhundert erbaut.
Weinmuseum im alten Rathaus; Heimatmuseum (Musée Sarret de Grozon).

Poligny
Bacchus in der Kirche

Heute haben wir zu Ehren dieses Kapitels die letzte Flasche aufgemacht. Auf dem Etikett steht: »Caveau des Jacobins, Poulsard«, ferner: »Côtes du Jura« und »Mis en bouteille à la Fruitière Vinicole, Poligny«. Unter dem Caveau des Jacobins darf man sich nun nicht eine jener kahlen kalten Hallen vorstellen, in denen die Flaschen klappernd in Gestellen kreisen, maschinell abgefüllt, verkorkt, mit Stanniolkapseln versehen, etikettiert werden. Der ›Keller der Jakobiner‹ ist ein gotischer Kirchenraum des 13. Jahrhunderts. Damals einem Orden dieses Namens zugehörig. Ob die Mönche sich um Pilger auf dem Wege zu Jakobus, dem Heiligen von Compostela, kümmerten? Ich konnte nichts darüber erfahren.

Im Keller der Jakobiner geht es gemütlich zu. Als wir anlangten, verließ eben eine fröhliche Schar alter Weiblein den unheiligen Ort, angeführt von ihrem Pfarrer; sie hatten wohl einen Probeschluck getan. In der geschnitzten Supraporte, unter dem Kopf eines Putto, grüßte uns das blauweiße Emailschild der Coopérative Vinicole. Innen empfängt Kühle und Dämmerung den Besucher. An einem Tischchen im Halbdunklel entdeckten wir einen der Küfer;

er klebte Etiketten auf und ließ sich Zeit dabei. »Das ist Vin jaune, der beste Jura-Wein. Man muß sorgsam mit ihm umgehen.« Was kostet die Flasche? »92 Francs.«

Im Kirchenschiff reihen sich zwischen den alten Sandsteinpfeilern riesige dunkle Holzfässer. Aus den Nischen sind die Heiligen verschwunden. Über dem ehemaligen Hochaltar blieb der barocke Aufbau unversehrt; aber der Rahmen ist leer, die Wand dahinter blind. Noch werden die Plätze der Seitenaltäre von Putten überschwebt, deren Nasen und Backen aber im Lauf der Zeiten schwarz geworden sind, so als habe man ihnen Bärte aufgeklebt. Die Küfer in ihren bodenlangen blauen Schürzen erwiesen sich als freundlich. Der Dunst des guten Weines füllte den Raum. Sonnenlicht drang nur zögernd, in dünnen Strähnen, durch die staubigen Fenster.

Wein aus Poligny wird bereits 915 erwähnt. Hier hatten Burgunds Herzöge, Frankreichs Könige Rebgärten und Vorratskeller. Überall trifft man auf Spuren einer noblen Vergangenheit: bei den Brunnen der Stadt, in weitläufigen arkadengesäumten Höfen, vor der hohen, doppelt geführten Steintreppe am Rathaus. Oder im Vorübergehen an dunklen geschnitzten Türen rechts und links der beiden Hauptstraßen. Die Gewölbe des Klosters der Clarissinnen dienten Johann Ohnefurcht als Weinkeller, ehe er dieses Gebäude mit dem edlen Portal den Ordensfrauen überließ.

Die hl. Colette begann 1415 den Bau ihres Hauses. Im selben Jahr wurde nebenan der Grundstein zur Collégiale Saint-Hippolyte gelegt, deren mächtiger Turm uns bei der Ankunft in Poligny schon von weitem begrüßte. Stifter dieser Kirche war ein reicher Bürger der Stadt. An ihrem sonst schmucklosen Hauptportal, auf dem Mittelpfeiler, sieht der Besucher eine Madonna des 15. Jahrhunderts, darüber ein Relief mit der Darstellung des Martyriums des St-Hippolyte. Die Legende erzählt, er sei von Pferden zerrissen worden.

Im Inneren der Kirche glaubt man sich ins Burgund des 15. Jahrhunderts versetzt und meint beinahe, sich in einem

Museum zu befinden. Durch starkfarbene Fenster fällt rotes und blaues Licht auf kniende steinerne Gestalten, Würdenträger der Kirche; ihre Hände sind im Gebet erhoben. Hoch an den Wänden oder in Seitenkapellen aufgestellt: eine Schar von Heiligen. Die hl. Anna belehrt eine kindliche Jungfrau Maria, zusammen blicken sie in die Seiten eines Buches – eine besonders anrührende Gruppe. Viele der Kunstwerke sind farbig gefaßt, so das Triumphkreuz und ein hölzerner Schnitzaltar in einer Seitenkapelle, der die Passionsgeschichte erzählt.

Mouthier-Vieillard liegt abseits und ist ältestes Poligny. Gassen und Gäßchen führen auf einen quadratischen Platz. Die niederen Häuser ringsum lehnen aneinander, als bedürften sie einer Stütze für ihr Alter. Hier haben gewiß Weinbauern gewohnt – vielleicht tun sie es noch. Die Kirche von Mouthier-Vieillard, in der Mitte des Platzes im Grünen, mit einem spitzen steinernen Turm, stammt in Teilen noch aus romanischer Zeit. Dieses älteste Gotteshaus der Stadt war lange Zeit dem Verfall überlassen. Man hat es erst vor kurzem wieder in Stand gesetzt, mit einigen Kunstwerken ausgeschmückt. Auf Wunsch ist der Kirchenraum Besuchern zugänglich. Leider wissen das wenige.

Wir fanden den friedlichen Platz verlassen. Ein alter Mann schlief in der Sonne auf einer Bank unter Bäumen. Das Leben spielt sich in Poligny an anderen Orten ab: im Auf- und Abflanieren auf den beiden Hauptstraßen oder vor den Bars und Cafés rund um den Brunnen an ihrem Ende, wo viel junges Volk sitzt, das hier Nützliches und Nahrhaftes erlernt, zum Beispiel in der École Nationale d'Industrie laitière. Poligny gilt als Hauptstadt des französischen Gruyère-Käses, den man ›Comté‹ nennt. Wer diesen Käse kauft, und dazu bieten sich zahlreiche Möglichkeiten, bekommt gleich eine Handvoll Zettel mit Rezepten als Dreingabe.

Angenehm ist die Stadt besonders an Sommerabenden, wenn nach einem heißen Tag der ›Montaine‹, ein kühlender Wind aus dem nächsten Kerbtal, der Culée de Vaux, durch die Straßen und Gassen streicht und alle Fensterläden klappern läßt. Die Nächte sind dann frisch, und der nächste Morgen sieht den Besucher guten Mutes und erholt, bereit zu neuen Taten und Fahrten.

Alte, noch vollständig eingerichtete Apotheke neben einem Kreuzgang, einem Hôtel-Dieu des 17. Jahrhunderts entstammend, ist ins heutige Krankenhaus eingefügt. Auf Wunsch Führung.

Von Poligny aus steigt die große Straße nach Genf (112 km) durch ein malerisches Kerbtal, Culée de Vaux, auf die nächsten Anhöhen.

Revermont

Im ›Guten Land‹

Im Juni blühten hier überall die Akazien – falsche zwar, Robinia pseudoacacia, wie man uns streng belehrte, aber was tat's, ihr weißes Schäumen im Grün, an allen Hängen ringsum, war den Wassergespinsten der Kaskaden in den Bergen oben nicht unähnlich und ebenso schön.

Die Landschaft des Revermont zieht sich über die letzten Ausläufer des Jura zur Saône hin. Noch sind die Gebäude gelb und großzügig, echte Jura-Häuser. Noch ragen weiße Felsen auf, von geringerer Höhe zwar, aber bedeutend wirkend, da sie allein stehen, von einzelnen Tannen begleitet. Aber dazwischen schieben sich schon die Reben. Die Dörfer reihen sich am Rande des letzten Plateaus, und jedes von ihnen hat einen Aussichtsplatz, von dem aus der Blick über die nahrhaften Ebenen von Bresse geht. Im Junidunst, unter einem fast weißen Himmel, sah es freilich aus, als läge da drüben ein großes Gewässer. Dem englischen Ehepaar, auf einer der Terrassen beim friedlichen Picknick, waren diese verschleierten Fernen im Lauf der Jahre lieb geworden.

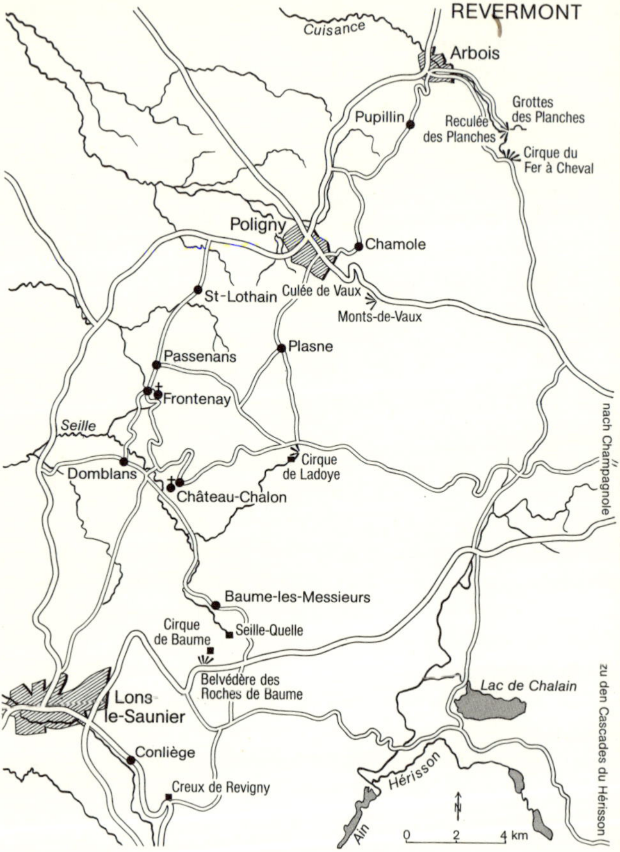

»Erhöht das nicht den Reiz der Landschaft? Da wirkt jeder Ausblick wie eine chinesische Tuschzeichnung.« Die beiden kehren immer wieder ins Revermont zurück, im Juni, zum Wandern über weite Strecken. »Warum wollen Sie dieses Buch veröffentlichen? Es war so schön still hier.« Es wird, versicherten wir, still bleiben. Dies ist keine Gegend für betriebsame Menschen. Künstler haben sie entdeckt, beschreiben sie – mit besonderer Liebe, wenn sie hier geboren wurden.

Bei Bernard Clavel heißt es: »Mein Vater war Bäcker. Seine Welt umfaßte jenes Gebiet, in dem man sein Brot aß. Wo er seinen Wein, sein Mehl, sein Winterholz kaufte, Käse und Speck für die Mitternachtsmahlzeit, Eier und Butter für den Sonntagskuchen und das Salz, das in so reicher Menge aus der Tiefe unserer Comté kommt.«

»Le bon pays«, das gute Land, sagen die Leute.

Frontenay zum Beispiel, auf der Höhe: sein Friedhof, in dem man auf Moosboden geht, die Toten im Schattendunkel eines dichten Laubdaches ruhen, ein altes Steinkreuz in ihrer Mitte, grün übersponnen. Die Kirche dort scheint sich still auszuruhen von einer langen Vergangenheit. Der Bau entstammt dem 14. Jahrhundert, ist aber in Teilen noch älter, romanisch. Über verfallene Steinstufen, durch niedere Tore in den Stützmauern der Gartenterrassen geht es hinauf zum Schloß, das ebenso alt sein soll wie die Kirche. »Unweit der malerischen Ruine einer alten gotischen Kirche lag das Schloß mit seinen vielen Türmen, inmitten eines Parks ...« So stelle ich mir den Ort vor, an dem Julien Sorel, der Held aus ›Le Rouge et le Noir‹, seinen Sommer als Hauslehrer verbrachte. Und indem ich Stendhal zitiere, kommt mir in den Sinn, daß Julien Sorel sich wünschte, nach seinem Tod in einer Grotte im Jura beigesetzt zu werden. So geschah es, des Nachts, beim Schein vieler Kerzen.

Heute vermietet man im Schloß Ferienwohnungen; aber der weite Hof mit seinen knorrigen Buchen und dem prachtvollen Ausblick darf besichtigt werden.

Über dem freundlichen Winzerdorf Saint-Lothain liegt eine Kirche inmitten von Reben. Ihre Entstehung geht auf ein Kloster zurück, das hier im 6. Jahrhundert durch den hl. Lothain, einen Burgunder, begründet wurde.
Ältester Teil der Kirche ist die Krypta (Anfang des 10. Jahrhun-

derts), in die man über steinerne Stufen hinabsteigt. Sie sind durch eine Falltür verschließbar.
Am Altar der Krypta soll der Heilige die Messe gefeiert haben. Von drei steinernen Sarkophagen trägt einer die Inschrift: Hic requiescit Sanctus Lautenus abbas.

Château-Chalon
Noch sind wir im Revermont

Château-Chalon, ein sehr alter Ort, hockt wie ein Raubvogelnest auf dem höchsten Felsen weit und breit und hat alle seine gen Süden liegenden Hänge den Trauben überlassen. Das Terrain fällt steil zum Tal der Seille ab; die Rebenreihen sind jeweils nach dem Sonneneinfall ausgerichtet. Das sieht von ferne aus, als seien sie von der Hand eines Riesen kreuz und quer gebürstet.

Der berühmte Wein von Château-Chalon ist – höchst ungewöhnlich – der Tatkraft von Frauen zu verdanken. Die Äbtissin eines Benediktinerklosters auf der Höhe und ihre Nonnen waren es, die hier Reben anpflanzten. Vom Kloster, dessen erste Gründung bis ins 7. Jahrhundert zurückgeht und das schon damals den Damen der großen Familien vorbehalten war, blieb nach 1791 kaum eine Spur. Nur einige Häuser der ›Chanoinesses‹ des 17. und 18. Jahrhunderts sind in den engen Gassen des Winzerdorfes erhalten.

Wir kamen wenige Tage vor der Lese, im Oktober, nach Château-Chalon. Die Weinbauern saßen vor ihren Häusern und schienen nur zu warten. Es war, als hielte das Dorf den Atem an. Der große Platz vor der Pfarrkirche lag leer in der Mittagssonne; an einer mächtigen Linde, an den Platanen rührte sich kein Blatt. Die altersgrauen Steinplatten auf dem Kirchendach empfingen die letzte Wärme dieses Spätherbstes. Daß sich hier in Sommernächten bei ›Son et Lumière‹, einer Licht- und Tonschau, die Besucher drängen, schien kaum vorstellbar.

Durch ein altes Tor, eine alte Mauer gelangt man unter Bäumen zu einer umfriedeten Terrasse. Trotz der prächtigen Aussicht: An diesem Tag gefiel uns der stille Kirchplatz besser. Wir kehrten um, saßen auf einer niederen warmen Steinmauer. Niemand störte uns. In der nächsten Gasse stand, quergestellt, ein vergessener Puppenwagen.

Die Lese, das wußten wir, würde in diesem Jahr am 15. Oktober beginnen. Das beschließen alle Weinbauern gemeinsam. »In acht Tagen«, sagten wir. Dann würde man die Plastik-Kiepen zwischen den Rebenreihen als bunte Flecken im Grün auf- und abwandern sehen: frühmorgens und am späten Nachmittag, wenn es kühler ist, in den Steilhängen, wo kein Traktor mehr hingelangt und die Arbeit am schwersten ist. Die Helfer kommen von weither, auch aus den Fabriken der Industriegebiete im Norden; sie sind aber zumeist aus der Gegend gebürtig. Aus den letzten Trauben, deren Lese bereits in den November fallen kann, wird ›Vin jaune‹, der berühmte gelbe Wein, gekeltert. Er wird aus der Savagnin-Traube gewonnen, muß mindestens sechs Jahre im Eichenfaß lagern und kann bis zu sechzehn Alkoholgrade erreichen. Vin jaune ist im Geschmack dem Sherry verwandt und kann wie dieser noch in hohem Alter getrunken werden. Das bernsteinfarbene Getränk soll besonders gut zu Jura-Käse und frischen Nüssen munden.

Im Revermont, dieser erholsamen Landschaft, liegt alles angenehm nah beieinander. Nur wenige Kilometer trennten uns von Baume-les-Messieurs im Cirque de Baume.

Das berühmte Frauenkloster des 7. Jahrhunderts fiel samt seiner Kirche zur Zeit der Französischen Revolution der Spitzhacke zum Opfer. Geblieben ist die Pfarrkirche des 12. Jahrhunderts, ein letztes Beispiel frühromanischer Bauweise in der Franche-Comté, mit gotischem Chor.
Unweit von Château-Chalon: der Cirque de Ladoye, malerisches und blumenreiches Kerbtal, an dessen Grunde eine kleine Ortschaft liegt.

Baume-les-Messieurs

Im Cirque de Baume treffen drei Kerbtäler aufeinander – eine bewegte Landschaft der grünen Abgründe, in der sich Kirchen und Klosterbauten und Wiesen und Grotten und ein über Tuffsteinfelsen rinnender Quell verstecken – Höhepunkt einer Jura-Reise.

Für mich war der Cirque de Baume vor Jahren Auftakt und Anfang. Wir kamen damals aus der Provence, hatten unterwegs übernachtet und wollten abends in München sein. »Können wir noch einen kleinen Umweg machen?« hieß es plötzlich. »Ich möchte Euch etwas zeigen.« So bogen wir ostwärts zu den Ausläufern des Jura ab, von dem ich damals noch nichts wußte, gerade den Namen kannte. Die Straße lief fast eben durch eine freundliche, aber eher belanglose Gegend. Was sollten wir hier? Wozu der zeitraubende Umweg? Dann hielten wir an einem Parkplatz, traten ans Geländer.

In der Tiefe lag, staunenswert schön, ein anderes Land, von weißen Felsen gesäumt. Mit den Weiden und Straßen bei uns oben schien diese grün leuchtende geheimnisvolle Welt nichts gemein zu haben. Ein Ende der Schlucht da unten war nicht zu sehen; aber mit dem Fernglas entdeckten wir einen spitz ragenden Kirchturm. »Das ist Baumc-les-Messieurs. Doch diesmal müssen wir leider umkehren.«

18 *Source Bleue: Quelle des Cusancin*
19 *Waldweide in den Franches Montagnes*
20 *Cirque de Baume: Tuffsteinfelsen*
21 *Vallée de la Loue: Tal der Maler*
22 *Vue des Alpes*
23 *Bei Château-Chalon: Heimat des berühmten ›Vin jaune‹*
24 *Angler auf dem Doubs*
25 *Creux-du-Van: ›Amphitheater‹ der Felsen*
26 *Auf dem Chasseral*
27 *Der ›Große Sprung‹ des Hérisson*

Schon als ich wieder ins Auto stieg, wußte ich: Ich würde zurückkommen, diesen Jura zu ergründen suchen. So ist im Lauf der Jahre dieses Buch entstanden.

Fast immer machten wir am späten Nachmittag dem Tal unseren Besuch, wenn wir annehmen konnten, daß die Touristen in ihre Autos und Busse geklettert und heimgefahren seien. Ich erinnere mich an eine feuchte, schon fast dämmrige Herbststunde: die Reihe der mächtigen Linden vor der Klosterpforte so flammend bunt im Laub wie Bäume und Sträucher am Fuß der hellen Felsen ringsum; im Klosterbezirk Torweg hinter Torweg, Hof hinter Hof; zwischen den mürben Mauern noch die Wärme eines Sonnentages; müde der Brunnen mit seinem leisen Geplätscher im zweiten gepflasterten Geviert, an dem der eckige Turm der Kirche aufsteigt. Die Spuren eines ehemaligen Kreuzganges lassen sich aus dem Gemäuer ablesen. Wir gingen diesmal nicht die Steinstufen zur Seitenpforte der Kirche hinauf, sondern zurück zum ersten Hof und durchs Hauptportal, vorbei an musizierenden Engeln.

Als dieses Gotteshaus zu Anfang des 12. Jahrhunderts errichtet wurde, nannte sich die Klostersiedlung noch bescheiden Baume-les-Moines. Die Zahl der Mönche muß bereits groß gewesen sein, das beweist dieser Bau. Vom Portal bis zum flämischen Flügelaltar im Chor ist es für den Besucher ein weiter Weg. Ein schmiedeeisernes Gitter schützt dieses Kunstwerk des 16. Jahrhunderts; ein zweites Gitter hütet vor einer Seitenkapelle steinerne Schläfer auf ihren Sarkophagen. In langer Reihe stehen die Pfeiler des Mittelschiffes, runde und eckige einander abwechselnd; die dem Chor nächsten waren für uns im sinkenden Abend kaum noch zu erkennen.

Ähnlich verliert sich die Reihe der großen Gestalten dieses Klosters im Dunkel der Geschichte. Wer war Begründer und erster Abt? Ein großer Heiliger, Columbanus selbst? Ich würde der Legende gerne Glauben schenken. Petrus Venerabilis erwägt in einem Brief die Möglichkeit, setzt aber hinzu: Auch wenn die Gründung nur im Geist des Iren erfolgt sei, so würde das genügen. Die nächste große Erscheinung, nun schon Ende des 9. Jahrhunderts, war Abt Bernon. Mit sechs Mönchen von Baume und sechs eines zweiten Jura-Klosters, Gigny, das seiner Leitung unterstand, zog er um einer weiteren Gründung willen nach Burgund, nach Cluny. Damit sind wir bei einem der großen Augenblicke des Mittelalters. Ich werde in Gigny darüber berichten, weil dieser Ort, wie wir sehen werden, so arm ist, in so ärmlicher Umgebung liegt, daß nichts den Besucher von einer Beschwörung des Vergangenen ablenkt.

Ein dritter Großer der Frühzeit von Baume-les-Moines: der hl. Aldegrin. Dieser Mönch, aus adeligem Hause stammend, wollte auf dem Weg nach Rom nur einige Wochen in Baume Rast machen. Er blieb bis an sein Lebensende. Nicht etwa als Abt, sondern als Anachoret. Er zog sich in die Einsamkeit des Cirque de Baume zurück. Eines der Täler trägt noch heute seinen Namen.

Ein Vierter schließlich, Odo oder Odon, fand sich »mit hundert Büchern« vor der Klosterpforte ein und begehrte Aufnahme. Solche Gelehrsamkeit war damals selten. Odo übernahm zunächst die Schule.

Auch in Baume folgten auf Zeiten der Blüte solche des Niedergangs oder der Zerstörung – schließlich Zeiten der Hoffart. 1756 bestätigte ein neuer Name schon länger bestehende Verhältnisse: Baume-les-Messieurs. Im Kloster der Herren teilten sich nur noch etwa fünfzehn Canonici in die Einkünfte. Jeder von ihnen bewohnte ein eigenes kleines Haus. Und jeder von ihnen mußte, wie auch in anderen Klöstern des Juras, sechzehn adelige Vorfahren nachweisen können. Der Himmel des französischen 17. und 18. Jahrhunderts schien in erster Linie den Privilegierten vorbehalten. Mit der Revolution fand alles ein Ende. Aber die Baulichkeiten entgingen der Zerstörung.

Später an jenem Herbstabend machten wir noch einen Besuch in der ehemaligen Wohnung des Abtes, saßen unter dunklen Balken, am Feuer eines riesigen Kamins. Die Bewohnerin des noblen Raumes, Josette Cotas, nennt sich

›graveur‹ und fertigt, zumeist aus Papier und Pappe, kleine Objekte – in sich geschlossene verzauberte Welten, so wie Baume-les-Messieurs selbst in sein Tal eingeschlossen, verzaubert liegt. »Aber im Winter kann ich leider nicht hierbleiben, es wird zu kalt.« Unter den verschiedenartigen

Anwohnern der Höfe herrsche eine schöne Gemeinschaft. »Fast alle, die wir hier leben, stammen aus Familien, unter deren Vorfahren mindestens einer Mönch in diesem Kloster war.«

Auch die alten Kanoniker-Häuser sind heute in Privatbesitz. Ihre blumenbunten Vorgärtchen kann man im Vorübergehen bewundern. Aber die kleinen Gartenanlagen hinter den Häusern sind fremden Augen entzogen; sie scheinen über dem Tal zu schweben, Felswände als nahes Gegenüber.

Mit dem ummauerten Klosterrevier, in das von drei Seiten Bäume und Felsen herabschauen, und mit der kleinen Ortschaft hat der Besucher noch nicht alle Schönheiten dieses Tals erforscht. Mehrere Kilometer weit kann man auf schmaler Straße dem Ufer der Seille entlangfahren, bis zum ›Ende der Welt‹, das sich hier mit einem altmodischen Holzbau – ehemals Hotel, heute Restaurant –, mit einem Parkplatz unter dichtem Laub und einem bizarren Tuffsteinfelsen zeigt. Dahinter und darüber öffnet sich die Wand des Talkessels zu einem Höhlensystem. Dramatisch hängt das stellenweise schwarze Gestein über den eisernen Stegen und Treppen, die zum Eingang der Grotten führen. Hier waren wir an einem Maiabend. Zu ›höhlenmüde‹, um an einer Besichtigung teilzunehmen, saß ich auf kiesbestreuter Terrasse und wartete auf die anderen. Den Tuffsteinfelsen mir gegenüber hätte ich noch länger betrachten mögen: Formationen dieser Art kennen wir, künstlich gefügt, aus Zoologischen Gärten, von springenden und hockenden Affen besetzt. Hier dagegen ein Schauspiel der Natur. Die grünen, braunen und farblos-weißlichen Bärte der Flechten und Gräser dem Gestein anhängend, triefend naß, von Wasser überrieselt, Wassertropfen aufsaugend und wieder silbern versprühend, oder einen Strahl in eine andere Richtung entsendend, auf immerfort veränderten Bahnen, Kaskaden, Wasserfälle en miniature – ein genialer Landschaftsgärtner hätte es nicht schöner gestalten können. Hoch über dem Tuffstein wußte ich den Ort der

Quelle, aus der an diesem Tag das Wasser reichlich strömte. Aber zu anderen Zeiten entläßt die Wand nur ein mageres Rinnsal. Dann steht der Gießbach, ehe er den Tuffsteinfelsen erreicht, fast regungslos in den absteigenden Stufen seines Bettes – ein Spiegel unter dem anderen.

Einmal, nach einem sehr heißen Sommer, fanden wir Tuffstein, Moose und Flechten staubtrocken. Aber auch so, ohne rinnendes Wasser, erschien mir das Gebilde wie ein schönes Kunstwerk.

Lons-le-Saunier
Ein Gelegenheitslied

Ende April 1792 – als die Französische Revolution noch nicht in eine blutige Phase getreten war, sondern ihre Ideen zunächst auch die guten Geister entflammten – schrieb die Frau des Bürgermeisters von Straßburg, eine Baronin Dietrich, an ihren Bruder: »Du weißt, daß wir viele Leute im Hause empfangen und man immer etwas erfinden muß, um Abwechslung in die Unterhaltung zu bringen. Und so hat mein Mann die Idee gehabt, irgendein Gelegenheitslied komponieren zu lassen. Der Kapitän vom Ingenieurkorps, Rouget de Lisle, ein liebenswürdiger Dichter und Kompositeur, hat sehr schnell diese Musik eines Kriegsliedes gemacht. Mein Mann, der eine gute Tenorstimme hat, hat das Stück gleich gesungen, das sehr anziehend ist und eine gewisse Eigenart zeigt. Es ist ein besserer Gluck, lebendiger und belebter. Ich für mein Teil habe meine Begabung für Orchestrierung dabei angewandt und arrangierte die Partitur für Klavier und andere Instrumente, so daß ich viel zu arbeiten habe. Das Stück ist bei uns gepielt worden, zur großen Zufriedenheit der ganzen Gesellschaft.« Zufrieden waren die Zuhörer – aber weder sie noch die Baronin Dietrich ahnten, daß sie als erste eine unsterbliche Melodie, unvergängliche Verse zu hören bekamen: jene Hymne, die wir heute als ›Marseillaise‹ kennen.

Warum berichte ich von diesem Ereignis, das sich entfernt von den Jurahöhen zutrug? Weil der Dichter und Komponist, in Lons-le-Saunier geboren, ein Sohn des Jura war, und weil das Flammenwort seiner Heimat, Freiheit, auch sein Herz entzündete, wenn auch nur für die Stunden einer einzigen Nacht.

Den adligen Zunamen hatte sich Rouget, aus bescheidenem Hause stammend, selbst zugelegt, um mit besseren Voraussetzungen in die Armee eintreten zu können. Der junge Mann wird als freundlich und unauffällig geschildert, eher im Salon beim Klavierspiel oder Verse schmiedend anzutreffen als draußen beim Bau von Befestigungsanlagen. In Straßburg war er gern gesehener Gast im Hause des Bürgermeisters. Am 25. April 1792, als die Nachricht von der Kriegserklärung Frankreichs an Österreich und Preußen Straßburg erreicht und die Grenzstadt in einen Taumel der Begeisterung versetzt, als überall patriotische Worte tönen, marschierende Kolonnen, Kommandorufe und anrollende Artillerie zu hören sind, gibt Dietrich ein Fest in seinem Hause. Vom guten Wein des Bürgermeisters beschwingt, ergehen sich die Anwesenden in großartigen Reden und Trinksprüchen. Auch Rouget wächst in der Euphorie dieser Stunde über sich hinaus. Ob er, dem so schöne Melodien einfielen, für die ausziehende Armee ein Marschlied komponieren könne, wird er vom Hausherrn gefragt. Rouget eilt heim, durch eine Stadt, die in der Nacht vor Kriegsbeginn keine Ruhe findet, in der das Trommeln, Rufen, Rollen, Rasseln nicht verstummt. In wenigen Stunden gelingt es dem jungen Jurassier, alles, was er eben erst gehört und gesehen hat, in makellose, wie gehämmerte Verse zu formen und sie in eine Melodie zu setzen, die ihresgleichen nicht kennt: »Allons, enfants de la patrie, le jour de gloire est arrivé ...«

Applaus am nächsten Abend, wie wir aus dem Brief der Frau Bürgermeister wissen, mehr zunächst nicht. Die Weise wird ›Chant de guerre pour l'armée du Rhin‹, Kriegslied für die Rheinarmee, genannt, vom Straßburger Musikkorps einstudiert und von einem patriotischen Verleger gedruckt. Aber beim Vormarsch ist sie nicht zu hören. Sie scheint vergessen. Ihre Stunde kommt erst zwei Monate später, und nicht am Rhein, sondern in Marseille, als dort fünfhundert Freiwillige am Abend vor ihrem Ausmarsch beieinandersitzen. Einer unter ihnen muß das Blatt mit Text und Melodie besessen haben – wie es in seine Hände gelangte, ist unbekannt. Er singt das neue Kriegslied seinen Kameraden vor, wiederum in einer Stunde des Aufbruchs, der Euphorie. Fünfhundert stimmen es bereits in dieser Nacht im Chor an, singen es auf dem langen Marsch nach Norden; und als sie, von den Parisern in hellen Scharen begrüßt, in die Hauptstadt einziehen, werden Melodie und Worte vom Volk im Echo aufgenommen. Nun ist Rougets ›Chant de guerre‹ wirklich ein Kriegslied geworden, und »die feindlichen Generäle sehen erschreckt, daß sie nichts der explosiven Kraft dieser fürchterlichen Hymne entgegenzusetzen haben, wenn sie, gleichzeitig von Tausenden und Tausenden gesungen, wie eine klingende, klirrende Welle gegen ihre eigenen Reihen stürmt«. Siegeslied, Todeslied: Eine Brandfackel ist entzündet, die ihr Feuer in alle Ecken der Welt tragen wird, im Guten wie im Bösen. Noch wird sie nicht ›Marseillaise‹ genannt, sondern Marseiller Marsch. Auch Goethe nennt sie so, als er den Auszug der geschlagenen französischen Truppen aus der Garnisonstadt Mainz beschreibt, am 24. Juli 1793: »... sie waren ganz still bis gegen uns herangezogen, als ihre Musik den Marseiller Marsch anstimmte. Dieses revolutionäre Te Deum hat ohnehin etwas Trauriges, Ahnungsvolles, wenn es auch noch so mutig vorgetragen wird; diesmal aber nahmen sie das Tempo ganz langsam, dem schleichenden Schritt gemäß den sie ritten. Es war ergreifend und furchtbar ...«

Und Rouget de Lisle? Sein unsterbliches Werk löste sich von ihm. Er wurde als Verfasser nicht genannt. Man kann sich vorstellen, wie er, dem seine Melodie, seine Verse überall entgegentönen, verzweifelt schreien möchte: »Das stammt doch von mir, das habe ich gemacht!« Er überlebte die Nacht des 25. April 1792 um vierundvierzig Jahre – verbittert, erfolglos, in größter Armut. Als angeblicher Konterrevolutionär wurde er zur Zeit Robespierres verhaftet, und nur dessen Sturz rettete ihn vor der Guillotine, auf der Bürgermeister Dietrich und viele der Straßburger Freunde ihr Leben ließen. Rouget lebte zumeist in einem Weindorf seiner Heimat, in der Nähe von Lons-le-Saunier; eine kleine Staatspension, die der immer wieder aufbegehrende alte Mann endlich erhielt, schützte ihn vor äußerstem Elend. Im Ersten Weltkrieg, als die Marseillaise längst Nationalhymne Frankreichs war und die Kämpfenden von neuem entflammte, wurden die sterblichen Überreste des Jurassiers neben denen des Korsen Napoleon im Invalidendom beigesetzt. Ruhm, der zu spät kam.

Lons-le-Saunier heute: Wer den häßlichen Ring der Industriebezirke durchquert hat, findet sich unmittelbar im Herzen einer freundlichen, sehr französischen Kleinstadt. In der Rue du Commerce schwingen sich Arkaden wie Festgirlanden zu beiden Seiten. »Seht her«, sagen die Lédoniens, die Bewohner dieser Stadt, »so unabhängigen Geistes sind wir hier, daß beim Wiederaufbau nach einem Brand jeder Anwohner die Bogenwölbung an seinem Hause anders gestaltet hat.« In Nr. 24 wurde Rouget de Lisle geboren; eine Plakette erinnert daran.

Wir erfreuten uns an den Annehmlichkeiten dieses Ortes. Den Auslagen der Confiserie ›Zum Prinzen von Oranien‹ konnten wir selten widerstehen. In unserem Grandhotel der Gründerzeit fuhr man im klappernden und schaukelnden Lift aufwärts und suchte in endlosen Gängen sein Zimmer. Das Frühstück nahmen wir in einem weißen Saal, unter dem Bild einer tanzenden Flora. Traten wir aber aus dem Portal, so hatten wir den bronzenen Rücken eines stattlichen Mannes vor Augen, der, die Fahne Frankreichs raffend, heldenhaft auf seinem Postament steht. So stellt man sich in Lons-le-Saunier den armen Kapitän vom Ingenieurkorps vor.

Nach: Stefan Zweig, Sternstunden der Menschheit, Stockholm 1943, und Hermann Wendel, Die Marseillaise, Zürich 1936.

Sehenswert: Kirche Saint-Désiré in der Altstadt mit Krypta aus dem 11. Jahrhundert; Hospital des 18. Jahrhunderts mit schönem schmiedeeisernen Gitter und alter Apotheke; Stadtmuseum.
Thermalanlagen mit Park.

Südöstlich von Lons-le-Saunier: Creux de Revigny, Amphitheater der Felsen, in deren Grotten und Spalten während des zehnjährigen Krieges im 17. Jahrhundert Verfolgte Zuflucht fanden.

Gigny und Saint-Hymetière
Immer geradeaus

So geht das auf Reisen: Manchmal stellt sich eine Region einleuchtend und überschaubar dar; aber eine andere gibt ein Rätsel nach dem anderen auf.

Wir waren, von Lons-le-Saunier kommend, in südlicher Richtung aufgebrochen, auf dem Weg zu den romanischen Kirchen von Gigny und Saint-Hymetière. Nachtquartier in Arinthod. Plötzlich fuhren wir, Kilometer um Kilometer, auf schnurgerader Straße. Wieso? Das war doch sonst nicht Jura-Art. Und was für Bäume waren es, die uns rechts und links begleiteten? Wuchsen sie von Natur so auf, hochstämmig mit mageren Kronen, oder waren sie nach französischer Unsitte zurechtgestutzt worden? Ihren Blättern nach mußten es Pappeln sein.

Warum trugen die wenigen ärmlichen Orte am Wege so oft Namen, die auf ›ia‹ endeten? Wie hießen die Berge, die am Horizont standen, auf die wir zufuhren?

Als wir abends in Arinthod auf und ab gingen, auch rund um den schönen Brunnen vor der Kirche, hatten wir weitere Fragen: Wieso gibt es in diesem sehr abgelegenen Ort, der bei Einbruch der Dunkelheit wie verlassen wirkt, einen Friseur, der es mit Pariser Konkurrenz aufnehmen könnte? Warum ging, als einzige Passantin, eine sehr elegant gekleidete Dame vorbei und ließ, auf spitzen Absätzen, ihre Schritte in den Arkaden widerhallen? Für diese Fragen fanden wir keine zufriedenstellende Antwort.

Aber die anderen Rätsel fanden ihre Lösung, wenn auch erst später. Ein Lexikon französischer Ortsnamen gab Auskunft, daß jene auf ›ia‹ endenden Ortsnamen lateinischen Ursprungs sind. Nun sah ich alles deutlich vor mir: die alte Straße, die nach römischer Art streng und unerbittlich geradeaus lief, auf der die Legionen marschierten; und rechts und links die ›Villen‹, Landgüter der Eroberer. Vermutlich ist verdienten Kämpfern hier Grund und Boden zugeteilt worden: In Cressia wohnte einst Crassus, in Coisia stand die Villa des Cosius, Charchilla gehörte dem Carcilius und Chisséria dem Cassarius.

Die Berge, die vor uns auftauchten, werden ›Petites Montagnes‹ genannt. Eine unbedeutende Auffaltung, aber, wie man hört, hübsch zum Wandern.

Gigny, ein armes lehmfarbenes Dorf: Um die Kirche drängen sich die wenigen Häuser, durch Mauern und Torbogen miteinander verbunden. Nur die alten Ziegeldächer sind der Nachbarschaft der Kirche würdig, deren Bedachung in Material und Farbe gleich. Die Kirche selbst ist vor einen Steilhang gesetzt. Ein hoher und ernster Bau, dem jeglicher Schmuck fehlt, wenn man von den Tier- und Menschenfratzen der Kragsteine absieht – Dämonenabwehr, Gegenzauber.

Nach Gigny fährt man nicht nur um dieser Kirche willen; man denkt hier vor allem daran, was ihr Gründer und Erbauer, jener Abt Bernon, an anderen Orten bewirkt hat. Bernon, ein Adeliger aus der Gegend von Besançon, ein Mann des Jura also, wurde 888 oder 889 Mönch. Aber er schien nicht zu einem stillen Dasein des Gebets und der Kontemplation berufen; immer neue Aufgaben warteten auf ihn. Zunächst galt es, die alte Abtei von Baume-les-Messieurs, damals noch Baume-les-Moines, zu neuem Leben zu erwecken. Als ihr Abt paßte Bernon die unvergängliche Regel des hl. Benedikt in Einzelheiten den Bedingungen und Erfordernissen seiner Zeit so weise an, daß zahlreiche andere Klöster seine Auslegung übernahmen. Seine zweite Aufgabe: Gründung von Gigny zu Beginn des 10. Jahrhunderts. Die Abtei muß schon in wenigen Jahren ein blühendes, im Glauben festes Gemeinwesen geworden sein. Bernon konnte im Jahre 910 sechs der Brüder – und sechs aus Baume-les-Moines – nach Burgund mitnehmen, wo ihn die dritte und größte Aufgabe erwartete. Herzog Wilhelm von Aquitanien, mit Beinamen ›der Fromme‹, hatte ihn beauftragt, auch dort eine Abtei zu gründen: Cluny.

Wenn auch die Größe und Kraft des Klosterstaates der Cluniazenser erst in den folgenden Jahrhunderten zur höchsten Entfaltung kamen – mit Bernon, dem ersten Abt fing alles an. Als seinen Nachfolger in Cluny bestimmte Bernon testamentarisch jenen Odo, dem wir schon in Baume begegneten, der als junger Mönch mit Büchern beladen vor der Klosterpforte stand und später in Cluny bedeutende geistige, auch musikalische Akzente setzte. Nur zweihundert Jahre später errichteten die Mönche in Cluny ein Gotteshaus, das zu seiner Zeit das größte der Christenheit war.

Wenn ich vor dem schlichten Bau der Abteikirche von Gigny stehe, so glaube ich im Geist dahinter die vieltürmige, hochgebaute Klosterstadt Cluny zu erahnen, die wir nur aus alten Ansichten kennen, da sie in der Französischen Revolution nahezu völlig zerstört wurde. Nicht so Gigny. Es lag weitab, und war unwichtig geworden.
Auch im Inneren ist die Kirche schlicht und schmucklos, nahezu unverputzt. Aber welche Kraft geht von den nackten, ebenmäßig behauenen, aufeinandergeschichteten Jurasteinen aus, von den sechs massiven Pfeilerpaaren, die das überwölbte Mittelschiff von den beiden Seitenschiffen trennen. Auf dem alten Altartisch im Chor die Reliquien eines hl. Taurin, der in dieser Kirche verehrt wird. Der achteckige Turm über der Vierung stammt in seinem untersten Stockwerk mit doppelten Blendarkaden noch aus der

ältesten Zeit; die oberen Etagen und eine elegant geschwungene Kuppel wurden erst im 18. Jahrhundert hinzugefügt. Dieser Turm ragt, mit Spitze und Kreuz, gerade bis zum oberen Rand des Steilhangs hinauf, in dessen Schutz die Kirche steht.

In Saint-Hymetière, 23 Kilometer entfernt, jenseits von Arinthod, ist alles ganz anders. Zunächst: Die Kirche gehört zu einem gedeihlichen Dorf. Auf der Suche nach dem Schlüssel zur Pforte mußten wir Hühner von der Straße scheuchen und Mistfuhren ausweichen. Laute Gespräche über den Gartenzaun ließen uns am Leben der Bewohner teilnehmen. Wir lernten die kräftige Alte kennen, die hier das Kommando führt, und ihren bescheidenen Mann. Daß die eigentliche Schlüsselbewahrerin, im Haus mit der grünen Tür – an der wir vergeblich geklopft hatten –, verreist sei, auf Besuch, erfuhren wir auch. Eine andere Alte lief in Pantoffeln vor uns her und sperrte auf. Nicht aus Mißtrauen oder in der Hoffnung auf ein Trinkgeld tat sie das, nur aus Freundlichkeit und Anteilnahme.

In meiner Erinnerung ist Saint-Hymetière den Blumenwiesen zugehörig, in denen die Kirche liegt; auch den Schwalben, die zwitschernd aus- und einfliegen, hier zu Hause sind, so daß immer eines der schmalen Fenster offen stehen muß. Sie bauen, meine ich, ihre Nester in ähnlich runder Form wie die Wölbungen über Vierung und Apsis, wo eine ebenmäßige Steinreihung auf die andere gesetzt ist, in immer engeren Kreisen. Alles ist hier einfach, bescheiden, überschaubar. Es bedarf nicht der in verschiedenen Farben getönten Grundrißskizze am Eingang, um zu wissen: Dieses Stück Mauer der Nordseite muß zur ursprünglichen Kirche des 11. Jahrhunderts gehört haben, auch die Vierung mit ihrer Kuppel und der südliche Querhausarm. Was später entstand, stammt aus dem 12. und – nach einem Brand – dem 17. Jahrhundert. Teile altersbrauner Weinpressen dienen als Lesepult und Kerzenleuchter.

Wer war St-Hymetière? Ein Mönch, ein Einsiedler. Viel mehr weiß man nicht. Über seiner Klause, die ein guter

Ort gewesen sein muß, wurde die Kirche errichtet. Ist es ihm zu danken, daß dieses kleine Gotteshaus unsere Herzen fröhlich stimmte, daß wir uns später, bei anderen Fahrten, jedesmal freuten, wenn der achteckige weiße Turm, mit seiner Kuppel, seinem Kreuz und noch einem Hahn darauf, vor uns am Horizont auftauchte?

Barrage de Vouglans
Die Talsperre im Aintal

Das Aintal muß einmal wild und wunderschön gewesen sein. Der Mensch hat es verändert, mit einer gewaltigen Staumauer in seiner ganzen Breite abgeriegelt. Seen entstanden und eine gezähmte Ferienlandschaft. Holzbraune Chalets reihen sich auf den Höhen. Unten am Ufer heben und senken sich die schwimmenden Bootsstege mit dem Steigen und Fallen des Stauwassers. Manchmal reicht das grüne Gehölz an den Hängen bis hinunter zum Seespiegel; dann wieder ist es durch einen häßlichen braungelben Rand gegen ihn abgesetzt. Man kennt das von anderen derartigen Anlagen.

»Die Wolken nehmen die Gestalt der Landschaft an, die sie übergleiten, und sie formen sich nach den Tälern, den Feldern, den Bergen, sie bewahren diese Formen und prägen sie in den Himmel.« Das schreibt Lamartine. Im Aintal, so scheint mir, hat sich auch der Himmel nach der Errichtung der großen Talsperre verändert. Er ist langweilig geworden, da die Wolken nicht mehr dramatische Zwiesprache mit einem wild brausenden Fluß halten können.

Ehe man seinerzeit begann, den Fluß nutzbar zu machen, wurde der Felsgrund des Aintales Meter um Meter untersucht und geprüft. Immer wieder stieß man auf Spalten und Risse im Gestein, die zu versiegeln waren, ja ganze unterirdische Höhlensysteme wurden entdeckt. Man hat, wo es nötig war, eine Betonschicht über die Geheimnisse der Tiefe gebreitet. Quer über die künftigen Stauseen oberhalb der Talsperre von Vouglans wurde eine Brücke erbaut, Pont de la Pyle. Sie ruht auf drei mächtigen 76 Meter hohen Pfeilern. Steht man heute an dieser Stelle, so geht der Blick weit übers Wasser. Befahren Laster die Brücke, so beginnt das Bauwerk heftig zu schwanken.

Die Talsperre von Vouglans ist ein faszinierender Ort. In einer Höhe von mehr als hundert Metern schwingt sich die Staumauer vom einen Steilhang zum gegenüberliegenden. Man kann über ihre Krone hinweggehen und tief ins Innere der gewaltigen Schleusentore blicken. Ein Fischreiher zog über dem Wasser seine Kreise.

Wir wollten uns einige Auskünfte holen und fuhren, an Verbotsschildern vorbei, steil bergab zu den Gebäuden am Grunde der Schlucht. Menschen scheinen hier überflüssig. Das summende Turbinenhaus lag verlassen, ebenso die Treppenhäuser und Korridore der Verwaltung. Ich fand nur einen Ingenieur an seinem Schreibtisch. Er las die Morgenzeitung, gab aber bereitwillig Auskunft. Wir hatten noch ein anderes Thema, das uns beiden am Herzen lag: die Reiher. Ich weiß jetzt, daß sie erst seit das Tal sich zum See auffüllte, hier zu Hause sind.

Je weiter wir nun nach Süden kamen, umso häufiger kreuzten sich über unseren Köpfen die elektrischen Überlandleitungen. Ihre Masten besetzten die Höhen. Sie ragten dort regellos aus dem Gehölz. Beim Stande unserer Zivilisation muß es wohl so sein. Aber ich war nicht so unbeschwert heiterer Stimmung wie sonst im Jura, während wir unserem nächsten Ziel zufuhren: Oyonnax.

Nördlich der Talsperre: Orgelet, hübsches altes Städtchen, einst eine der Residenzen der mächtigen Chalons (siehe Nozeroy); überraschend großräumige Kirche Notre-Dame des 15. und 16. Jahrhunderts mit 55 Meter hohem gotischen Turm; mit Platanen bestandener Kirchplatz.

Saint-Christophe, hochgelegener Wallfahrtsort mit Kirche des 12.-15. Jahrhunderts; wird auf Wunsch von der Küsterin (im

Nebenhaus) geöffnet; einige sehenswerte Kunstwerke und Fragmente aus verschiedenen Epochen.

Oyonnax
Die Plastikstadt

Kleine Ursachen, große Wirkungen: Im Jahre 877 soll Clovis, Sohn des Frankenkönigs Dagobert, eine Abordnung nach Genf geschickt haben, um sich der Hand einer sächsischen Prinzessin zu versichern, die als Mündel des Burgunderherrschers dort lebte. Die kleine Gruppe wurde von jenem Leodogardus angeführt, den wir als St-Léger kennen. In den dichten Wäldern, die Oyonnax umgaben und noch umgeben, brach ihm ein Wagenrad. Die Bewohner des Ortes, damals wie heute fleißig und geschickt, reparierten nicht nur den Schaden, sondern gaben ihrem hohen Gast auch Geschenke als Beweis ihrer handwerklichen Fähigkeiten mit: Haarkämme, aus dem harten Buchsbaumholz der Jurahöhen geschnitzt. Die gefielen, so heißt es, dem Leodogardus so gut, daß er später, als er ein mächtiger Bischof geworden war, den Leuten im Wald das Monopol der Herstellung von Buchsbaumkämmen verlieh. Da die fränkischen Krieger ihre Haare lang trugen, sollen die Handwerker von Oyonnax keine schlechten Geschäfte gemacht haben. Das erzählt die Legende. Vom 14. Jahrhundert an sind die Kammacher urkundlich nachweisbar. Im Winter schnitzten die Oyonnaxiens ihre Kämme, im Frühjahr trugen sie als *colporteurs,* Hausierer, die fertige Ware weit ins Land; im Sommer ging man der Feldarbeit nach und im Herbst wurde neues Buchsbaumholz gesammelt. In späterer Zeit stellte man sich jeweils mit großem Geschick auf neue Materialien um: das Horn der Wiederkäuer, Schildpatt der Schildkröten. Mit Einführung der Dampfkraft entstanden aus den Ateliers der Handwerker kleine Industriebetriebe. 1869 wurde das Zelluloid erfunden: erneuter

Aufschwung. Die Bewohner von Oyonnax, die offensichtlich immer etwas rascher sind als andere, erhielten 1889 als erste Stadt in Frankreich Elektrizität über Fernleitung von einem 16 Kilometer entfernten Kraftwerk. Bakelit und andere Kunstharze, heute schon fast vergessen, kamen auf den Markt.

Und dann beginnt das Zeitalter der Plastikmaterialien. Bei einem Besuch in Arc-et-Senans sahen wir in einem jener Gebäude, die der Zukunft gewidmet sind, eine eindrucksvolle kleine Ausstellung. Eine Tafel am Eingang erweckte das Interesse des Betrachters. »Jede Epoche«, so hieß es da, »arbeitet mit dem Material, das ihr gemäß ist.« Zunächst gewahrte man schöne Steine, dann edle Hölzer, dann Eisen und Stahl. Wer den Hauptraum betrat, sah unsere Welt von heute – und alles aus Plastik. Für den häuslichen Gebrauch: Abfalleimer, Besen, Vasen, Tischtücher, Telefonapparate, Geschirr, Blumen, Teekessel, Fernsehgeräte, Kleidung, Badewannen, Kinderspielzeug. Für draußen: Angelruten, Flugzeuge, Boote, Autos, Skulpturen, Skier. Alles bunt und glänzend – solange es neu ist. Beim Verlassen des Raumes mahnte eine zweite Tafel: »Und was kommt danach?«

Viele der Gegenstände, die wir in Arc-et-Senans gesehen hatten, werden heute in Oyonnax hergestellt. In fünfhundert Fabriken und Werkstätten fertigen 13 500 Arbeiter etwa 20 000 Artikel an. Die Zahl der Einwohner ist entsprechend gestiegen. Oyonnax in seinem Hochtal hat gegen Ende des 20. Jahrhunderts als Stadt der Plastikmaterialien europäischen Rang erreicht. Wer aus den umliegenden Wäldern kommt, glaubt sich plötzlich der Vision einer amerikanischen Großstadt gegenüber. Auch beim Näherkommen bleibt dieser Eindruck bestehen. Wo die Straßen noch im Bau sind, wirbeln Lastwagen rötlichen Staub auf. Diese Wagen und der Staub sind allgegenwärtig. Und die Verkehrsampeln. Die eindrucksvollen Bauten einer Ausstellungshalle und eines Kulturzentrums tauchen auf. Nur neue und neueste Materialien wurden hier verwendet. Die

Balkone der Mietskasernen leuchten bunt in wechselnden Farben, plastikverkleidet. Oyonnax ist gewiß keine schöne, aber eine überwältigend lebendige und junge Stadt. Vormittags beherrschen Mütter mit Kinderwagen und Kleinkindern das Straßenbild. Aus dem Kinosaal des Kulturzentrums quellen nach einer Vorführung Schulklassen in endlosem Strom. In den Bars geht es dagegen um diese Stunde ruhig zu. Arbeitslose – ob es sie hier überhaupt gibt? Der Prospekt verschweigt es, aber er merkt an, daß man in Oyonnax mit mehr als zweihundert Vereinen *grégaire* sei, gesellig.

Trotz aller präzisen Auskünfte bleibe ich verwirrt: Wie kann es hier, wenig entfernt von den Einsamkeiten der Petites Montagnes, so ganz anders sein? Nur eine schmale Jurakette liegt zwischen Saint-Hymetière, das wir am Tage zuvor ansahen, und der Plastikstadt. Eine freundliche Dame, deren Informationsbüro im Mittelpunkt des Kulturzentrums zu finden ist, gab uns die klassische Antwort: »Da drüben waren Sie in der Franche-Comté. Hier sind Sie in Frankreich«.

Etwa vier Kilometer nördlich von Oyonnax liegt Dortan. Der Ort nennt sich ›Ville Martyre‹. Im Juli 1944 fanden in diesem Gebiet zwischen SS und Résistance Kämpfe in brutalster Form statt. Am 21. Juli wurde der Ort niedergebrannt. Als neutraler Nachbar übernahm die Schweiz die Patenschaft über das zerstörte Dortan und baute seine Häuser wieder auf.

Im Bugey
Blau-weiß-rote Strohblumen

Den Eingang zur Kluse bedeckt ein See; dahinter, wie von der Faust eines Riesen in den Engpaß gestopft und gepreßt, liegt die Ortschaft: Nantua. 1986 war der Riese noch einmal am Werke: In großer Höhe über der Stadt, da, wo die

Felsen beinahe zusammenstoßen, spielte er mit Betonklötzen und Eisenstützen; eine Teilstrecke der Autobahn, die Genf mit Lyon verbinden wird, wurde da gebaut, verschwand in einem schon fertig ummauerten Tunnel. Nötig war es ja, daß der Verkehr auf dieser Route umgeleitet wird. Bisher donnerten die Schwertransporte auf zwei Einbahnstraßen je talab- und talaufwärts durch den Ort; die armen Nantuaner (les Nantuariens), 3639 an der Zahl, müssen häufig um ihren Schlaf gebracht worden sein.

Still und friedlich dagegen ist es am See, wo man an der Promenade unter Bäumen sitzt. Wäre da nicht, unweit des Ufers, ein Mahnmal für die jüdischen Deportierten, auf dem ein riesiger Stein des Schicksals über der ausgestreckten ausgemergelten Gestalt eines Mannes drohend schwebt – man könnte dem bunten Treiben ringsum fröhlicher zuschauen.

Nantua sei, so heißt es im Führer, immer wieder in Strudel von Streitereien geraten: zwischen Savoyen und der Franche-Comté, den Leuten vom nächsten Plateau und den Genfern jenseits der Berge, zu schweigen von Burgund und dem Heiligen Römischen Reich Deutscher Nation. Gern denkt man in Nantua dagegen an die Postkutschenzeit zurück. Da wurde hier, auf dem Weg von Bourg-en-Bresse nach Genf, Station gemacht, und kräftige Gäule standen bereit, um die Fuhrwerke den Engpaß hinauf und übers Gebirge zu ziehen.

In Nantua soll man ausgezeichnet speisen. Wir haben dort nur gefrühstückt; und diese Mahlzeit ist ja nirgendwo in Frankreich ein nennenswertes Ereignis. Eine große dampfende Schale mit Milchkaffee, dazu Croissants – *c'est tout*. Aber es genügt auch.

Von Nantua aus fuhren wir, unter Umgehung der Hauptstraße, hinauf aufs stille Plateau des Bugey. Nie zuvor sah ich solche Blumenwiesen wie damals im Juni. So weit das Auge reichte: ein bunter Teppich, kniehoch. Das Grün der Gräser verschwand beinahe im Weiß und Rosa der Margariten und des Wiesenschaumkrauts, dem Gelb der

Trollblumen, zwischen rotem Mohn, blauen Glockenblumen und blauem Ehrenpreis. Wann hier Mahd ist, ob diese Wiesen überhaupt gedüngt werden – ich weiß es nicht. Die wenigen Ortschaften schienen sich in Senken zu verstekken. Hauteville-Lompnes, einen Kurort, umfuhren wir in großem Bogen. Der dem Jura eigene Sommerdunst verhüllte die Horizonte; nur der gewaltige Umriß des Grand Colombier war nicht auszulöschen.

Dann sahen wir die anderen Blumen, Strohblumen. Sie waren blau und weiß und rot gefärbt und lagen auf Gräbern an der Straße. Wir waren in ein Gebiet geraten, in dem sich, im Februar 1944, erbitterte Kämpfe zwischen Résistance und deutschen Truppen abspielten. Wir hielten an, schlugen den – französischen – Führer der Gegend auf: »Das Hauptquartier der Résistance, von dem aus zahlreiche wichtige Straßen und Eisenbahnstrecken überwacht werden konnten, sowie die verstreuten Feldlager wurden im Morgengrauen des 5. Februar von den Deutschen auf den umliegenden Höhen umzingelt ...« Der Schnee lag hoch. Im Einsatz waren Lastwagen. Die deutschen Soldaten standen auf Skiern oder liefen zu Fuß. Die Männer des Widerstandes kannten jeden Weg und Steg, konnten sich zerstreuen, im Maquis verstecken, aus dem Hinterhalt operieren. Die Dörfer und ihre Einwohner mußten leiden. Lassen sich Partisanenkämpfe je rechtfertigen? Welcher Stellenwert kommt ihnen in einer ›Mathematik des Unrechts‹ zu? Ein weites Feld. Auf den Grabsteinen, die wir in diesem Landstrich immer wieder verstreut fanden, unter denen fast nur junge Menschen liegen, auch junge Algerier, steht: »pour la France«. Im Juli jenes Jahres fand ein zweiter Angriff mit leichter Artillerie und Fallschirmjägern statt.

Von einem frühen Benediktinerkloster in Nantua blieb nur die Kirche, die zur Zeit der Französischen Revolution beschädigt und später Pfarrkirche wurde (Saint-Michel). Starke Zerstörungen am Portal des 12. Jahrhunderts. Ebenfalls noch aus dieser Zeit: Teile des Kirchenschiffes; reich geschmückte Chapelle Sainte-Anne im Renaissance-Stil; ungewöhnlich hohe und helle Kuppel über der Vierung; in der Sakristei: ›Martyrium des hl. Sebastian‹ von Delacroix. An der Südseite der Kirche erinnert ›le mur des demoiselles‹ an mildtätige Frauen, die sich während einer Epidemie für Pestkranke opferten und zum Lohn ihre letzte Ruhestätte in der Abteikirche finden sollten. Dazu mußte eine Zwischenmauer errichtet werden, da Frauen die Beisetzung in einer Kirche verwehrt war.

Belley
Heimat eines Feinschmeckers

Bei Sonnenschein und in froher Erwartung kamen wir an. Belley bietet zwar nichts Außergewöhnliches, aber es ist ein freundlicher und heiterer Ort, den hellen Himmeln der Provence nahe. Bald nach der Einfahrt begegneten wir ihm, vielmehr seiner Büste auf hohem Sockel: Anthelme Brillat-Savarin (1755-1826). Viele halten ihn für einen berühmten Koch. Das stimmt nicht. Er wußte zwar mehr über die Zubereitung feinen und feinsten Essens als seine Zeitgenossen; er verfügte in seiner Küche bereits über so fortschrittliche Geräte wie einen Sparkochtopf, einen Bratspieß mit Uhrwerk und einen Verdampfapparat, aber die Arbeit in dieser Küche überließ er seinen Bediensteten. Von Beruf Rechtsanwalt, glänzte er als vorzüglicher Gastgeber und charmanter Erzähler, Zierde jeder Gesellschaft. Das Eigenschaftswort ›débonnaire‹, überaus gutherzig, scheint wie für ihn geschaffen. Daß er nun, auf seinem Sockel, der Heimatstadt den Rücken kehrt, hat keine symbolische Bedeutung. Er liebte Belley – auch wenn er zumeist in Paris und, zeitweilig ins Exil geflohen, in den Vereinigten Staaten lebte. Und Belley liebte ihn, liebt ihn noch immer. In gewisser Weise scheint sein Einfluß auf die Lebensweise der kleinen Stadt bis heute ungebrochen.

Wir standen also zunächst vor seinem Denkmal. Sein Blick geht zu den Bergen hinüber, vor allem zum Grand Colombier, dessen Silhouette die Gegend beherrscht. Drei bronzene junge Damen leisten ihm Gesellschaft. Eine trägt einen Fisch im Arm, die zweite hält einen Hasen hoch. Die dritte steht vor einem Obstkorb und betrachtet einen – vermutlich eßbaren – Vogel in ihrer Hand. Die Büste Brillat-Savarins ist mit Reben bekränzt. Am Sockel ist der schöne Ausspruch zu lesen: »Convier quelqu'un c'est se charger de son bonheur pendant tout le temps qu'il est sous notre toit«, jemanden einladen heißt, ihn glücklich machen, so lange er unter unserem Dache weilt. Diese und viele andere Weisheiten über das Essen und das Trinken, das Schlafen und das Träumen, das Dick- und das Magerwerden finden sich in jenem philosophischen Werk in zwei Bänden, das ihn weltberühmt gemacht hat: ›La Physiologie du Goût‹. Das »theoretische, historische und zeitgenössische Werk« ist allen Pariser Feinschmeckern gewidmet und bietet, als Sittenbild seiner Zeit, eine höchst vergnügliche Lektüre.

Da Brillat-Savarin ein so vorzüglicher Gastgeber war, meint er es noch heute mit den ankommenden Fremden gut: Er offeriert in nächster Nachbarschaft eine schöne Promenade, ferner ein Postamt, einen schattigen Parkplatz und ein Office du Tourisme – Annehmlichkeiten, nach denen man andernorts oft lange suchen muß. Schließlich sollte es, wie wir gelesen hatten, an diesem Platz noch ein im In- und Ausland berühmtes Restaurant geben, das ›Pernollet‹. Schon von weitem konnten wir die verlockende Inschrift lesen.

Wie es auf Reisen so geht: Um keine Zeit zu verlieren – denn der südliche Jura dehnt sich weit – hatten wir mittags meist recht frugal gegessen. Brillat-Savarin würde uns herzlich bedauert haben. Für ihn war dazumal in einem erstklassigen Restaurant folgende Auswahl an Speisen unerläßlich: »12 Suppen, 24 Vorgerichte, 15-30 Gerichte aus Rindfleisch, 30 Wild- und Geflügelgerichte, 24

Fischgerichte« ... und so fort bis zu den fünfzig Beigerichten und fünfzig verschiedenen Sorten Nachtisch. In solcher Erwartung hatten wir für diesen Tag ein Festmahl geplant und überquerten, während uns das Wasser bereits im Munde zusammenlief, die Promenade. Welche Enttäuschung! Wir standen vor blind gewordenen Scheiben; staubige grüne Vorhänge wehrten den Blick ins Innere. Das Pernollet, dieser Tempel der Eßkunst, ist seit mehreren Jahren geschlossen.

Es blieb uns nichts andres übrig: Wir mußten versuchen, uns die Genießer früherer Tage nach den Schilderungen des Meisters vorzustellen, sie im Geist hinter den geschlossenen Vorhängen Platz nehmen zu lassen: »Die zur Feinschmekkerei Prädestinierten sind gewöhnlich von mittlerer Größe, haben ein rundes oder viereckiges Gesicht, niedrige Stirn, kurze Nase, sinnliche Lippen und ein rundes Kinn.« Ergänzend sei mitgeteilt, was eine Beobachterin, die das berühmte Lokal vor etwa dreißig Jahren besucht hatte, weniger vornehm beschrieb: »Die alten Knaben da drinnen haben eine Figur wie eine Ananas.« Und weiter: »Die Frauen sind rundlich, mehr hübsch als schön, und neigen ein wenig zum Embonpoint. Nichts ist lieblicher anzuschauen als eine hübsche Feinschmeckerin unter den Waffen! Ihre Serviette kleidet sie vorteilhaft, eine Hand ruht auf dem Tische, die andere führt zierlich geschnittene Bissen oder einem Rebhuhnflügel zum Munde.«

An diesem Samstag vormittag trösteten wir uns, so gut es ging, mit dem Anblick der verlockenden Auslagen in zahlreichen Lebensmittelgeschäften. Unter den Mimosenbäumen der Fußgängerzone waren die Hausfrauen von Belley beim Einkauf zu beobachten, ihre Arme mit Baguettes gefüllt, die frohe Absicht ins Gesicht geschrieben, zum Wochenende etwas Gutes zu kochen, nach den Lehren ihres berühmten Mitbürgers. Die Ehemänner trugen schwer an den Einkaufstaschen. »... denn selbst, wenn sie getrennt schlafen«, schreibt der philosophische Feinschmecker, »so essen sie doch wenigstens an demselben Tische; sie haben ein stets sich erneuerndes Gesprächsthema; denn sie sprechen nicht nur von dem, was sie gerade essen, sondern auch von dem, was sie gegessen haben und essen werden ...«

Brillat-Savarins Haus grenzt an die Fußgängerzone. Die Fenster des kleinen Palais sind von Rundbogen überwölbt. Den Innenhof umgeben verglaste Loggien, auch ein Brunnen und ein kleiner Garten sind da, aber alles ist in Verfall begriffen, offensichtlich nicht mehr bewohnt. Tempi passati. Man ist versucht, sich die ›Chevaliers‹ und die ›Abbés‹ vorzustellen, die hier ein- und ausgingen und deren Verschwinden nach der Französischen Revolution Brillat-Savarin beklagte: »Die Chevaliers hatten etwa Militärisches in ihrer Haltung. Würdevoll führten sie ihre Bissen zum Munde und gemessen verrichteten sie ihre Kauarbeit, während sie beifällige Blicke in horizontaler Richtung vom Hausherrn zur Hausfrau gleiten ließen. Die Abbés dagegen saßen krumm da, um ihrem Teller näher zu sein, die rechte Hand machten sie rund, wie die Katze ihre Pfote, wenn sie Kastanien aus dem Feuer holen will.«

Später am Tag, vor der Weiterfahrt, saßen wir vor einem der Cafés an der Place des Terreaux. Lastwagen mit Fleisch, Tieflader, hochgefüllt mit Käselaiben, umrundeten den Platz mit seinem vielstrahligen Brunnen. Wir tranken eine vorzügliche Schokolade, zu Ehren Brillat-Savarins. Dieses Getränk lag ihm besonders am Herzen. Er empfahl es abgemagerten Personen mit Salep versetzt, Nervösen dagegen mit krampfstillenden Orangenblüten.

Er schreibt: »›Mein verehrter Herr‹, sagte mir vor mehr als fünfzig Jahren Madame d'Arestel, Oberin des Klosters Mariae Heimsuchung in Belley, ›wenn Sie eine gute Schokolade trinken wollen, so lassen Sie sie bereits am Abend vorher in einer Steingutkaffeekanne ansetzen und über Nacht stehen. Die Ruhe während der Nacht verdickt sie und gibt ihr ein sammetartiges Gepräge, wodurch sie weit besser wird. Der liebe Gott kann sich durch diesen kleinen Trick nicht beleidigt fühlen, es ist ja die Liebe selbst.‹«

Das schöne Gebäude des ehemaligen bischöflichen Palais wird restauriert und in ein Kulturzentrum umgewandelt.
Die Cathédrale Saint-Jean entstammt, mit Ausnahme des Nordportals (14. Jahrhundert) und eines weiträumigen Chors (15. Jahrhundert), dem 19. Jahrhundert.

Grand Colombier
Mit und ohne Aussicht

Die Einsamkeiten des Bugey sind kaum zu übertreffen. Rückblickend versuchten wir uns zu erinnern, wem wir, damals im Juni, auf der Straße begegneten: »Dem dünnen Mann, der Rollen unter seinen Skiern hatte.« – »Dem Reiter im Cowboykostüm.« – Der Kuhherde ...«

Ja, die Herde. Da waren wir, am nächsten Vormittag, schon zum Grand Colombier abgebogen und fuhren steil bergauf, ständig steil, ständig bergauf. Wir holten die Herde ein, vielleicht zwanzig Stück, alles Jungvieh, mit gesenkten Köpfen trabend, so daß die Glocken laut tönten. Dazu die Begleiter, meist Buben oder junge Männer, im Laufschritt, die Tiere im Zuruf leitend und mahnend, mit langen Stöcken nachhelfend: Almauftrieb. Wir wünschten ihnen einen guten Sommer.

Oben am Gipfel angelangt, stellten wir unseren Wagen neben den einzigen anderen, dessen Insassen über die windige Höhe und das magere Gras liefen. Wir waren alle umsonst gekommen. Ziehende Nebel versperrten überall den Blick. Von der Rhone tief unten, der Grenze meines Juragebietes, von Savoyen drüben, der Alpenkette mit ihrer schönsten Erhebung, dem Montblanc, war nichts zu sehen. Vielleicht, sagten wir, führt uns das Schicksal noch einmal hierher, an einem klaren Tag.

Als wir enttäuscht talwärts fuhren, nun auf breiterer

Grand Colombier
23.5.87

Frankreich

Straße, der Rhone zu, begegneten uns andere Herden. Dieser 15. Juni schien ein Tag des allgemeinen Aufbruchs zu sein. Aber hier wurden die Tiere in großen Transportern zu ihren schönen Almen gefahren.

Nachtrag. Ein Jahr später fuhren wir zum zweiten Mal auf den Berg. Da stand der Montblanc weiß am Himmel, begleitet von der Kette seiner Trabanten.

An diesem Tag des Glücks besuchten wir noch einen anderen Aussichtspunkt, unterhalb des Colombiergipfels. Der Ort heißt Grand Fenestrez. Hier bricht die Kette der großen Erhebungen des Jura ab, verabschiedet sich jäh und ohne mildernde Umstände. Als ob eine Tür zuschlüge: »Jetzt ist's genug«. Über dem Abgrund hingen auch hier, wie an der Dent du Vaulion, jene Bretter, von denen aus die Drachenflieger sich in die Luft werfen. Mehrere von ihnen hatten sich versammelt, berieten, sahen dem Zug der Wolken entgegen, traten immer wieder an die ungeschützte Felskante vor, schüttelten den Kopf. Ihre Ikarusflügel blieben zusammengepackt auf den Autodächern.

Von einer besonnten Steinbank aus sahen wir das Land und die Gewässer unter uns ausgebreitet: Die Rhone, durch gewaltige Stauanlagen gezähmt, zog grüngrau und mächtig ihres Weges, setzte schon zur Biegung nach Westen an, deren Verlauf man noch weithin mit den Augen verfolgen konnte. Ihre rechten Ufer sind hier flach, auenreich, oder von Industrieanlagen besetzt. Drüben: der Lac du Bourget in milden Hügeln, Reviere der Kastanienbäume – Savoyen. Für mich begann dort das ›Ausland‹.

Zu Füßen des Grand Colombier: Seyssel, an den Ufern der Rhone hübsch gelegen, für seinen guten Wein bekannt.
Flußaufwärts das Stauwerk von Génissiat, eine technische Anlage von gigantischen Ausmaßen. Bis zum Jahre 1948 hatte auch die Rhone ihre *perte*, sie ging bei Bellegarde zeitweilig verloren. Hier wurde das Tal in ein 23 Kilometer langes Wasserreservoir umgewandelt, wobei – ähnlich wie bei der Talsperre

von Vouglans – der Untergrund sorgfältig untersucht und zubetoniert werden mußte. Die Sperrmauer, an der schmalsten Stelle zwischen Felswänden errichtet, ist 104 Meter hoch und hat an der Basis eine Breite von 100 Metern. Durch die Regulierung der Rhone – einem zuvor ungebärdigen und in seiner Höhe ständig schwankenden Fluß – konnten große Flächen Südfrankreichs bewässert und die Schiffahrt weiter ins Land hinein ermöglicht werden. Die Leitung des hydro-elektrischen Unternehmens liegt in den Händen der ›Compagnie Nationale du Rhône‹.

An der Talsperre von Génissiat verschiedene Aussichtspunkte. Regelmäßige Führungen.

Défilé de l'Ecluse
Schon Caesar wußte es

Ende November 1870: Theodor Fontane, seit den Tagen von Besançon auf der Insel Oléron im Atlantik inhaftiert, wird entlassen. »Endlich frei!« Der Dichter soll sich auf schnellstem Wege in die Schweiz begeben – allein. Gendarmen, die ihn zuvor unterwegs bewachten, aber auch beschützten, fehlen diesmal. In einer Zeit revolutionärer Umtriebe fürchtet Fontane nicht zu Unrecht neue Abenteuer und Gefahren. Tag und Nacht im Zug: Er verbirgt sich, so gut er kann, hinter den Blättern einer Zeitung, deren Text er schon auswendig weiß. Er spricht kaum, stellt sich schlafend. Man nähert sich, von Lyon aus, endlich der Schweizer Grenze zwischen Bellegarde und Genf. »Nun waren wir in den Jura hinein; die Wälder bereift, die Häupter tief in Schnee. Ein Sturm pfiff; aber gleichviel, es ging vorwärts. Die letzte französische Schildwache, den Kopf in der Kapuze, sah von der Felsenbrücke hoch oben auf unseren, ihm mutmaßlich wie Spielzeug erscheinenden Zug hernieder ...«

Der Ort, den Fontane hier schildert, ist das Défilé de l'Ecluse, ein Engpaß. Schon Caesar erkannte die strategische Bedeutung der Kluse und schildert sie in seinen ›Commentarii de Bello Gallico‹. Den Genfer See nennt er Lacus Lemannus, die Rhone Rhodanus. Er weiß, daß es hier jenen Engpaß gibt, der das Land der Helvetier mit dem der Sequaner verbindet, und einen Weg hinüber, »augustum et difficile, inter montem Juram et flumen Rhodanum«, ».... ein enger und beschwerlicher Weg, zwischen der Rhone und dem Juragebirge, wo kaum ein Wagen fortkam; das sehr hohe Gebirge aber beherrschte ihn, so daß wenig Mannschaft ihn leicht sperren konnte ...« Eine der großen Verbindungsstraßen zwischen Frankreich und der Schweiz führt auch heute an dieser Stelle vorbei. Anhalten und Aussteigen ist kaum möglich, teilweise polizeilich untersagt. Wer den Ort in seiner malerischen Großartigkeit überschauen will, muß weiterfahren, zunächst in Richtung Genf, dann, zur Südseite der Schlucht hin, auf immer schmalere Nebenstraßen abbiegen. Der Aussichtspunkt selbst ist weder markiert noch in Karten eingetragen. Auch ein größerer Parkplatz fehlt. Die Autos drängen sich linkerhand gegen eine Felswand, die Insassen springen wie Hasen ans Geländer hinüber, ehe der nächste Wagen um die nahe Kurve kommt.

Aber welch ein Blick! Tief unter uns hellgrünes schäumendes Wasser, im schmalen steinigen Bett die Rhone. Wirklich die Rhone? Soll das der Fluß sein, der, kaum dreißig Kilometer entfernt, eben aus dem Lac Léman entlassen, ruhig strömend Genf durchquert? Neben dem Wasser die Schienen der Eisenbahn, Fontanes Strecke. Uns gegenüber im Steilhang die Straße; Autos in langer Kette fädeln sich durch die Felstore. Aber man hört, über dem Rauschen des Wasser aus der Tiefe, nichts vom Verkehr da drüben. Fontane hatte schon recht, als er schrieb: »... wie Spielzeug«. Darüber, mit dem Gestein verwachsen, von gleicher Farbe, ein Fort. Zuletzt umkämpft im Jahre 1944: deutsche Soldaten gegen Männer der Résistance, auch hier.

Die Schichtungen im Fels liegen bloß. Man glaubt dem Jura ins Herz sehen zu können: »Schaut her, so bin ich – und so versucht der Mensch, mich zu beherrschen.« Wo hören die Vorwerke der Festung auf, wo beginnt die Natur? Auch mit dem Fernglas ist das kaum auszumachen. Und noch viel höher droben, wie verirrte Felskletterer, die Masten der Überlandleitungen. Um den Himmel über den nackten Gipfeln des Grand Crêt d'Eau zu sehen, muß ich den Kopf weit zurücklegen.

Im Weiterfahren – wir wollen den Rundweg in Bellegarde beschließen – stehen jenseits eines Tales, in dem die Rhone sich ausbreiten und nach Süden einbiegen kann, die blauen Stufen des ersten und zweiten Juraplateaus am Horizont, wie mit dem Lineal gezogen.

Bei ihrem Austritt aus dem Genfer See hat die Rhone eine Breite von fast 350 Metern. Im Défilé de l'Ecluse zwingen die Felsen sie in ein Bett von nur 20 Metern Breite.

Valserine und Forêt du Massacre

Von Bellegarde aus nordwärts nach Saint-Claude: Am Anfang der Fahrt durchs Tal der Valserine steht, wie zur Begrüßung, eine steinerne Brücke aus alter Zeit, schwingt sich in einem einzigen Bogen über das wild strudelnde Bergwasser. Es hat soeben eine Klamm überwunden. Dann geht die Straße, wie in einer grünen Rinne, immer dem Flußlauf entgegen langsam bergauf – und ständig in Kurven. Zunächst zählten wir sie noch, dann ergaben wir uns in unser Schicksal. Vor uns fuhr ein Schulbus. Arme Kinder, dachte ich, zweimal täglich müssen sie diese Schleuderfahrt erdulden.

Die Valserine hat sich zwischen den höchsten Bergen des Jura ihren Weg gebahnt. Sie ist ein ungestümes Gewässer, das man nach starken Regenfällen fürchten muß. Ausnahmsweise als echte Quelle, nicht als *résurgence* ans Tageslicht tretend, bewältigt der Fluß auf nur fünfzig Kilometern Länge einen Höhenunterschied von tausend Metern, ehe er bei Bellegarde in die Rhone mündet. Hoch über seinen Ufern stehen Gipfel, die bis weit ins Frühjahr hinein Schnee tragen: Crêt de la Chalame, Crêt de la Neige, Mont Colomby de Gex und Mont-Rond. In einigen nördlichen Mulden des Crêt de la Neige liegt sogar ewiger Schnee, der einzige des Jura.

Im Winter herrscht im Hochtal der Valserine ein reger Skibetrieb. Im Frühling überziehen weißer Krokus, Glokkenblumen und Soldanellen die stillen Hänge; sie folgen dem schmelzenden Schnee auf dem Fuße. Im Sommer und Herbst blühen hier Anemonen, Trollblumen und Enzian.

Wir im Auto sahen, der nächsten Kurve gewiß, nicht allzu viel von dieser schönen Landschaft. Nach 32 Kilometern kamen wir in Mijoux und bei einer Kreuzung an. Hier hat die große Strecke über den Col de la Faucille auf ihrer Berg- und Talbahn den tiefsten Punkt erreicht.

Saint-Claude? Nach links abbiegen. Aber vor uns lag die Forêt du Massacre.

Dieser Wald zieht sich meilenweit bis zum Gipfel des Crêt Pela hinauf und erreicht damit eine Höhe von 1400 Metern. Jene Untat, die ihm seinen unheimlichen Namen gab, liegt weit zurück: Im 16. Jahrhundert mußten Schweizer Söldner, in Diensten des französischen Königs, durch savoyische Truppen hier ihr Leben lassen.

Die Forêt du Massacre ist für mich einer der schönsten Bergwälder des Jura – wenig befahren, fast eine Wildnis. Man besuche ihn im Herbst, wenn gegen Abend die Sonnenstrahlen schräg durch bunt belaubte Zweige fallen, einen toten Baum, ein Sumpfloch, ein Stück Waldweide aufleuchten lassen und verzaubern. Selbst bei schlechtem Wetter muß es hier schön sein; Nebelschwaden werden dann langfädig zwischen den Tannenwipfeln treiben. Bei einer Fahrt Anfang Mai dagegen wurden wir enttäuscht:

alles noch kahl, wie tot, die Hohlwege unter Schnee. Da kehrten wir um.

Von der Fôret du Massacre oder vom Col de la Faucille aus, an einem besonders aussichtsreichen Berg (la Dôle) vorüber, sind die Wintersportorte Les Rousses, La Cure und Saint-Cergue zu erreichen. Man befindet sich hier teils auf französischem, teils auf Schweizer Gebiet. Über Saint-Cergue führt, ebenso wie über den Col de la Faucille, eine kurvenreiche Paßstraße hinunter ins Mittelland und zum Genfer See. Zwischen beiden Straßen liegt, eben noch Frankreich zugehörig, Divonne-les-Bains: Thermalkurort mit Pferde-Rennbahn und ausgedehnten Sportanlagen an einem künstlichen See.

Col de la Faucille
An Voltaire denkend

Immer hält man, wenn die Waldkulisse sich öffnet, erwartungsvoll den Atem an – wird der Montblanc, der an klaren Tagen, besonders bei Föhn und gegen Abend, hier den Himmel beherrscht, zu sehen sein?

Restaurants und Hotels zeigen die Paßhöhe an. Hier ist man dem Mont-Rond und dem Mont Colomby de Gex ganz nahe. Der Mont-Rond ist für seine großartige Aussicht berühmt. Aber die Seilbahn zum Gipfel fanden wir weder im Frühjahr noch im Herbst in Betrieb.

Ein Schlagbaum an der Straße gilt nicht dem Reisenden, sondern dem Güterverkehr. Er zeigt den Beginn einer Freihandelszone an. Noch bleibt man in Frankreich. Die etwas verwirrende Grenze zur Schweiz hin läuft teilweise erst durch die Vororte von Genf drunten. Die Straße über den Col de la Faucille zieht sich bis dahin durch das Pays de Gex. Daß dieses Stück Land, im Winkel zwischen Bergen und Rhone, Freihandelszone wurde und, mit Unterbrechung, bis heute blieb, ist Voltaire zu danken. Als Schloßherr von Ferney, das im Grenzbereich liegt, und als Wohltäter seiner ›Untertanen‹ erhielt er von Ludwig XVI. die Zusicherung, daß Tabak und Salz aus der Schweiz in dieses Gebiet zollfrei eingeführt werden dürften.

Auf der Terrasse eines Hotels am Paß sitzend, sahen wir zu unseren Füßen das Pays de Gex aus blauem Dunst auftauchen – mit ihm den Genfer See, das schweizerische Mittelland. Sollten wir hinunterfahren? Aber wir wußten, daß Schloß Ferney und sein Park, achtzehn Jahre lang Wohnsitz des großen Philosophen, heute von modernen Wohnsiedlungen ganz umstellt und schwer auffindbar sind. Eine Besichtigung wäre ohnehin nur samstags nachmittags im Juli und August möglich. Und welchen Gewinn brächte uns die museale Kühle eines Hauses, aus dem das Leben entschwunden ist? Ein fürstliches Leben mit ungezählten Besuchern, geistvollen Gesprächen, mit Aufführungen im eigenen Theatersaal und sonntäglichen Gängen zu einer Kapelle, über der »Deo erexit Voltaire« steht.

Wir blieben friedlich sitzen, bis sich das Land drunten aufs neue verschleierte. Dann machten wir uns auf den Weg, zurück bis Mijoux, in Spitzkehren hinauf auf die nächste Höhe und nun endgültig nach Saint-Claude.

Nahe Ferney-Voltaire hat das Centre Européen de la Recherche Nucléaire, CERN, beim Bau eines neuen unterirdischen Speicherrings von fast 30 Kilometern Länge diesen so gelegt, daß er möglichst nicht mit dem unzuverlässigen Kalkgestein des Jura in Berührung kommt.

Saint-Claude
Von Anachoreten und was danach kam

Wer in christlicher Frühzeit als Einsiedler im tiefsten Wald leben wollte, konnte keinen geeigneteren Ort finden als das Tal, in dem heute Saint-Claude verborgen liegt.

Von welcher Seite man auch kommt, überall stehen Berge im Wege. Die Straßen steigen und fallen; eine Kurve folgt der anderen. In der Tiefe rauscht es. Tannen sind allgegenwärtig. Die Eisenbahn vollführt die tollsten Kunststücke, schraubt sich durch Felsen, ehe sie von Norden, von Morbier und Morez aus, Saint-Claude erreicht. Schließlich ist man angelangt – und findet nicht die geringste Spur eines frommen Jahrtausends.

Hier fing alles mit den Brüdern Romanus und Lupizinus an, Jurassiern, denen wir schon in der Schweiz drüben, in Romainmôtier, begegneten. Diese Heiligen des 5. Jahrhunderts müssen einen ungeheuren und weitreichenden Einfluß ausgeübt haben. Die Schüler strömten ihnen so zahlreich zu, daß nach einem Menschenalter die Jurahöhen von einem Netz der Klöster, Einsiedeleien und frommen Stationen überzogen waren; ein Gottesstaat im kleinen, mit mehr als fünfzehnhundert Mönchen und mit Condat als Mittelpunkt. Das Kloster wurde dort errichtet, wo Romanus und Lupizinus unter einer Tanne, bei einer Quelle, ihr Leben als Anachoreten begonnen hatten. Der Abt von Condat regierte als geistiger und weltlicher Herrscher uneingeschränkt, wenn auch seine Territorien vom 9. Jahrhundert an nominell dem Heiligen Römischen Reich Deutscher Nation zugehörig waren.

Als sei dieses Tal, in dem Bienne und Tacon zusammenfließen, ein besonders guter Nährboden für ihren Glauben, folgten einander im Laufe der Jahrhunderte die heiligen Männer. Sie zogen weitere Schüler an, auch Scharen von Wallfahrern. Diese kamen im 6. Jahrhundert um des hl. Oyan willen; später war es St-Claude, dessen Ruhm den seiner frommen Vorgänger überschattete. Er war Erzbischof von Besançon gewesen, zog aber ein Wirken in der Einsamkeit vor. Zu seinen Lebzeiten und nach seinem Tode wurden ihm zahlreiche Wunder zugeschrieben. Kloster und Wallfahrtsort nahmen seinen Namen an.

In langen Zügen kletterten die Pilger den letzten steilen Hang zum Klosterbezirk hinauf. Für sie verfertigten die Mönche aus dem Buchsbaum der umliegenden Wälder fromme Andenken und Kinderspielzeug. ›Petits objets‹ nannte man das, und nennt es noch heute so.

Unter den Pilgern waren hochgestellte Persönlichkeiten, auch aus königlichem Hause. Ludwig XI. kam 1482 in Erfüllung eines Gelöbnisses. Durch Stiftungen wie seiner, durch die Gaben der Wallfahrer wuchs mit dem Ruhm auch der Reichtum des Klosters. Mit dem Reichtum kam die Versuchung und mit der Versuchung der Niedergang: Da es das viele Geld nicht mit vielen teilen wollte, beschränkte das Kloster, in dessen Mauern einmal fünfhundert Mönche beteten, die Zahl der Insassen allmählich auf fünfunddreißig, später auf nur zwanzig. Der Adel der Franche-Comté drängte herzu und veränderte die Regeln der Aufnahme zu seinen Gunsten. Wie in anderen Jura-Klöstern entstand auch hier, statt einer Hochburg des Glaubens, eine lose Gemeinschaft großer Herren, von denen jeder ein eigenes Haus besaß und in Luxus lebte. Für sie mochte gelten, was Saint-Simon über Jean de Watteville, Abt von Baume-les Messieurs, schreibt: »Er hatte überall seine Wagen und Pferde, trieb großen Aufwand, hielt große Tafel, besaß eine schöne Meute und liebte fröhliche Gesellschaft. Dem anderen Geschlecht gegenüber war er nicht abgeneigt ...«

Da Rom diesem Treiben keinen Einhalt gebieten konnte, wurde das Kloster von der benediktinischen Regel entbunden, indem man den Abt zum Bischof, aus den Mönchen Kanoniker machte. Bis in die zweite Hälfte des 18. Jahrhunderts hielten die Klosterinsassen ihre ›Untertanen‹ auf den Jurahöhen als Leibeigene. Die großen Geister der Aufklärung, auch Voltaire, sahen es mit Abscheu. Selbst Goethe wußte davon. In der Schilderung seines Rittes durch den Jura beschreibt er die Bewohner der Gegend von Les Rousses: »Sie gehören fast als Leibeigene an die Canonici von Saint-Claude, sie sind an die Erde gebunden, viele Abgaben liegen auf ihnen ...« Die Stürme der Revolution fegten hier altes Unrecht fort.

Von Saint-Claude aus zu erreichen: Saint-Romain. Auf einer Klippe, der Crête de Balme, hoch über dem Tal der Bienne gelegen, beschwört dieser einsame Ort die Zeit der ersten Anachoreten im Jura. Kapelle des 14. Jahrhunderts.
Die romanische Kirche Saint-Lupicin dagegen, oberhalb von Saint-Claude, liegt zwischen Wohnsiedlungen. Die Kirche des 12. Jahrhunderts ist eine der besterhaltenen Bauten dieser Zeit in der Franche-Comté, wurde allerdings im 19. Jahrhundert in unglücklicher Weise restauriert. Fassade und Portal sollen aus einem früheren Bau stammen, der nach 790 auf Veranlassung Karls des Großen entstand.
Über den seltsamen Lebenslauf des Jean de Watteville berichtet Saint-Simon: ›Miniaturen vom Hofe Ludwigs XIV.‹, München, 1927.

Besuch beim Maître-Pipier

Die dramatische Lage von Saint-Claude – über dem Zusammenfluß von Bienne und Tacon, im Schnittpunkt mehrerer Täler – zwingt die Bewohner dazu, ins Steile hinein zu bauen, ihre Häuser an Felswände zu kleben, zwischen grünem Gewucher. Schaute ich im sechsten Stockwerk unseres Hotels aus dem Fenster, so hatte ich das Kellergeschoß des nächsthöheren Hauses vor Augen.

Die Brücken über Tacon und Bienne bieten den besten Blick auf die Dächer und Kamine der Häuser und Werkstätten und kleinen Fabriken, die sich an den Ufern der Flüsse aneinanderreihen und ineinanderschieben oder die Hänge hinaufklettern. Manch' alte Häßlichkeit: scheibenschmale, vielfenstrige graue Gebäude, an deren Mauern Wäsche hängt. Aber die grüne Kulisse der Berge ringsum versöhnt das Auge. Den besten Platz haben die Toten inne: auf einer Terrasse über dem Tacon. Außerhalb des Stadtkerns wuchern Hochhäuser wie Pilze, wo immer sich ein ebener Platz fand. Dennoch ist man gerne in Saint-Claude, dieser überaus emsigen Stadt. Überall werden Pfeifen fabriziert, Diamanten geschliffen, Brillengläser umrandet, Spielwaren hergestellt.

Den Pfeifen galt das Interesse der Bewohner, seit Monsieur Nicot, Botschafter Frankreichs in Portugal, 1560 den Tabak und *la pipe* am französischen Hofe einführte. Damals verwendete man silberne Pfeifenköpfe. Erst im 18. Jahrhundert ging man in Saint-Claude, mit Porzellanöfen aus Deutschland, ernsthaft ans Werk. Die Pfeifen aus Buchsbaum, aus Nuß- und Birnbaumholz konnten allerdings mit dem Tabak in Brand geraten. Die Wende kam durch einen Korsen, der 1854 einem Pfeifenmacher aus der Nähe von Saint-Claude das Bruyèreholz empfahl, das Wurzelholz jener bis zu fünf Meter hohen Heidekrautsträucher, die am Mittelmeer und besonders auf Korsika gedeihen. Seither wird in Saint-Claude fast ausschließlich dieses Material verwendet. Bis in unsere Tage hatte man hier das Monopol für die Bruyèrepfeife, die immer noch weltweit als beste anerkannt ist. Im Herkunftsland wird das besonders widerstandsfähige Wurzelholz bereits in passende Stücke geschnitten und zwanzig Stunden lang gekocht, später in Saint-Claude zwei Monate lang getrocknet, ehe die Fabrikation beginnt. Vieles ist dabei Handarbeit.

Große Fabriken mit modernen Hallen haben wir in Saint-Claude nicht entdeckt, wohl aber zahlreiche kleine Betriebe in Familienbesitz mit wenigen Angestellten, deren Werkstätten in den Stuben winkliger Häuser untergebracht sind, zumeist nahe der alten Brücke über die Bienne, wo einstmals die Züge der Pilger zum Schrein des St-Claude den Berg hinaufzogen.

Wir hatten das Vergnügen, einem *maître-pipier* bei der

Arbeit zuzuschauen. Dieser fröhliche Mann, eher Künstler als Handwerker, stellt mit nur drei Hilfskräften die schönsten Pfeifen her. Mit seinem Sohn wächst die vierte Generation der Pfeifenmacher in dieser Familie heran. Hier lernten wir, daß die wertvollsten Exemplare aus natürlichem, nicht koloriertem Wurzelholz verfertigt werden und daß ihr Mundstück aus Ebenholz besteht. Die Meister der Pfeifenmacher, zwölf an der Zahl, sind in einer Bruderschaft zusammengeschlossen. Sie treffen sich zu feierlichen Sitzungen, in ihren zweifarbenen Ornat gehüllt, und wählen einmal im Jahr den ›Pfeifenraucher Nr. 1 von Frankreich‹. Millionen von Pfeifen verlassen jedes Jahr die Stadt. Den Besucher begrüßt, bei der Einfahrt über die dreißig Meter hohe Tacon-Brücke, in einem Beet ein buschig gewachsenes, sorgsam zurechtgestutztes grünes Modell dieses Rauchgeräts.

Und die Stätte der ehemaligen Wallfahrt? An ihrer Stelle, da, wo einst Romanus unter einer Tanne sein Werk begann, erhebt sich eine gotische Kathedrale, erbaut im 14. und 15. Jahrhundert. Eindrucksvoll ist vor allem das Äußere der Apsis mit den lanzenartigen Spitzen der schmalen Wehrtürme; die Kirche war befestigte Fluchtburg. Im 18. Jahrhundert wurde im Westen ein Turm angefügt und dem Bau eine kühle klassische Fassade vorgesetzt. Ruhm der Kathedrale war ihr Mitte des 15. Jahrhunderts vom Genfer Meister Jehan de Vitry geschnitztes Chorgestühl, das nicht nur Propheten und Apostel zur Darstellung brachte, sondern auch Szenen des täglichen Lebens jener Zeit. Etwa die Hälfte des Gestühls fiel 1983 einem Brand zum Opfer. Man will eine Rekonstruktion an Hand von alten Aufnahmen und Beschreibungen versuchen. Der Schrein des St-Claude, der in dieser Kirche verehrt wurde, ist in den Wirren der Französischen Revolution spurlos verschwunden.

Cascades du Hérisson

Der Hérisson wird aus dem Lac de Bonlieu entlassen und stürzt auf nur drei Kilometern Länge fast 300 Meter in die Tiefe. Sein Rauschen füllt, wenn man ihn zur rechten Zeit besucht, das ganze Tal. Man bleibt ja im Jura in besonderem Maße den Launen der Natur ausgesetzt. Entweder muß man Regen hinnehmen, dann zeigen sich alle Quellen und Fälle und Kaskaden in ihrer vollen Pracht. Erfreut man sich aber an Wochen wolkenlosen Wetters, dann darf man sich nicht wundern, wenn bei einem so kurzen dramatischen Flußlauf wie dem des Hérisson die Wasserspiele sehr bald ärmlich werden und schließlich beinahe versiegen. Ich würde meinen Lesern wünschen, was wir selbst erlebten: Sonne nach Regen.

Dem Fluß in seinen Felsschluchten ein Stück weit entgegenzugehen, ist die bequemste Art der Annäherung. Ein rauher, aber fast ebener Pfad führt von einem Parkplatz unter Bäumen am Wasser entlang, das sich hier, nach seinem gewaltsamen Lauf, noch keineswegs besänftigt hat. Es schäumt und springt und wird erst weiter unten im Tal in zwei Seen zur Ruhe kommen.

Eine Gruppe junger Leute lief uns über den Weg; sie waren von Kopf bis Fuß tropfnaß, und ihre Augen leuchteten. Ich hätte gerne ihre wilden Sprünge und Kapriolen zu Füßen der großen Kaskade gesehen, als sie versuchten, sich der donnernden Wasserwand so weit wie möglich zu nähern. Solch stürzende Fluten vermögen in einen fast rauschhaften Zustand zu versetzen.

Wir blieben respektvoll im Trockenen beim Anblick dieses Naturwunders: Eine Felswand von mehr als sechzig Metern Höhe, die hier das Tal quert, ist an ihrer oberen Kante ebenmäßig gerundet und schickt das Wasser fächerförmig in die Tiefe: ›Cascade de l'Eventail‹ genannt. Seitlich führt der nun schmale und steile, nach Regen auch glatte Pfad in den Teil des Tals oberhalb der Kaskade, eigentlich in einen Kessel, denn bis zu einer zweiten Felswand ist es nicht weit. In einem einzigen Strahl, dem ›Grand Saut‹, überwindet das Wasser dieses obere Hindernis. Die seitlichen Hänge sind hier näher zusammengerückt, der Ort ist wilder und einsamer. Man steht wie eingehüllt in die Gewalt des Wassers, in sein Rauschen, das nie ein häßliches Geräusch sein kann.

Hier, beim ›Großen Sprung‹, kehrten wir um. Das Wichtigste hatten wir gesehen.

Auf dem Rückweg begegnete uns drunten ein langer Zug von Lahmen und Gebrechlichen, vermutlich Insassen eines Altersheims. Sie schauten ängstlich drein. »Ist es noch weit? Wird man naß?« Nein, es war zum Glück gar nicht mehr weit für sie. Aber es blieb ihnen nicht einmal Zeit, nach einem kurzen Blick auf die Fächerkaskade in der einladenden Gaststube am Parkplatz sich auszuruhen. Wiederholtes mahnendes Hupen – dann rollte ihr Gefährt schon wieder talwärts, während wir noch drinnen vor dem lodernden Feuer eines offenen Kamins lagerten und mit den Wirtsleuten ein Kartoffelgericht teilten.

Die Gegend um die Cascades du Hérisson mit ihren zahlreichen Seen, Flüssen und Wasserfällen ist ein beliebtes Ferienziel der Franzosen. Am Lac de Chalain sind ausgedehnte Freizeitanlagen und Campingplätze entstanden. Daß hier schon in der Vorzeit sich Menschen aufhielten, beweisen Überreste eines Pfahldorfes, die 1904 in einer Periode großer Trockenheit zum Vorschein kamen; u. a. wurde ein neun Meter langer Einbaum aus Eichenholz gefunden, den man heute im Museum von Lons-le-Saunier bewundern kann.

Aussichtsreichster Berg der Region: der Pic de l'Aigle (993 m). Nördlich bieten, um den Weiler Pont-de-la-Chaux, mehrere kleine Flüsse ihre Sehenswürdigkeiten: die Schluchten der Lemme und der Langouette und die Kaskaden der Billaude.

Source de l'Ain
Aus meinem Notizbuch

Östlich der Straße nach Champagnole liegen Orte mit so seltsamen Namen wie Syam, Sirod und Nozeroy. In diese Gegend kommt selten ein Fremder.

Wir gingen auf einem schmalen Pfad im Dickicht und suchten den Ain nahe seiner Quelle. Er war, nach einem regenlosen Sommer, nicht mehr vorhanden. Nur seine steinige Spur zog sich durchs Gebüsch, von Moosen überzogen, in schwärzliche Kuhlen absinkend – malerisch und erschreckend zugleich. Schließlich, unter einem Holzgeländer, fiel das leere Bachbett, nun sandig, wie eine Tunneleinfahrt in die Tiefe einer Felswand. Wir gingen trockenen Fußes hinunter, wagten uns in schwarze höhlenartige Gänge, bis die beginnende Finsternis uns zurücktrieb.

Mindestens fünfzehn Meter hoch muß das Quellwasser ansteigen, ehe der Ain sein Bett überhaupt erreicht. Daß er riesige Seen nährt, Elektrizität in großer Menge liefert, zum breiten Fluß wird – wir konnten es uns nicht vorstellen, selbst wenn wir an die zahlreichen Rinnsale dachten, die dem Ain unterwegs Wasser zuführen. Wieder einmal standen wir vor einem Jura-Rätsel. Nur blasse Zyklamen über dem Abgrund erinnerten daran, daß hier zu anderer Zeit Feuchtigkeit und Kühle herrschen, und aufstäubende Gischt diese Blumen aus dem Boden lockt.

Nozeroy
Ein Ort zum Ausruhen

Die Geschichte von Nozeroy beginnt mit dem ersten ihrer Feudalherren, Jean de Chalon, dem burgundischen Königshaus verwandt, mit den Beinamen ›l'Antique‹ oder ›le Sage‹, der Weise. Er errichtet im 13. Jahrhundert auf einem Hügel über dem Val de Mièges seine Burg. Er handelt so klug und diplomatisch, vermutlich auch so skrupellos, daß ihm am Ende seines Lebens fünfhundert Ortschaften lehenspflichtig sind, darunter die Salzstadt Salins – eine Goldgrube, wie wir wissen. Jean l'Antique – der dreimal heiratet und sechzehn Kinder hinterläßt – kontrolliert auch die Salzstraßen nach Italien und zur Schweiz hinüber. Die Gelehrten an seinem Hofe, seine Edelleute, Rechtsberater, Kunsthandwerker, die besten der Franche-Comté, errichten neben der Burg ihre Häuser. So entsteht die Stadt Nozeroy.

Im 14. Jahrhundert kann der sechste Herr von Chalon-Arlay durch Heirat seinem Namen ein ›Prinz von Oranien‹ hinzufügen. Die Familie ist zur mächtigsten in der Comté aufgestiegen. Der nächste Herr auf Nozeroy, Louis II., läßt die alte Burg abreißen und errichtet ein türmereiches Schloß, »das schönste im Lande«.

Der letzte der Chalon, Philibert III., Generalissimus Karls V. und Vizekönig von Neapel, fällt 1530 bei der Belagerung von Florenz. Die Besitztümer der Chalon-Arlay kommen in fremde Hände.

Nozeroy heute: Vom Schloß blieben nur Trümmer. Aber die Handvoll Einwohner darf sich weiterhin Städter nennen.

Wir durchschritten das dunkle Tor im Uhrturm, standen auf der Gasse, die heute Grand'Rue heißt, und spürten es gleich: Hier hat einmal ein großes und nobles Geschlecht gelebt. Alte Häuser, gelbe Steine: Miniaturstadt auf dem Hügel, von friedlichen Menschen bewohnt. Auf der Place des Annonciades spielten die Kinder, saßen Frauen unter den Haustüren. Die Zweige einer riesigen Kastanie warfen ihre Schatten über das Idyll. In der Kirche, die sich abseits hält, sahen wir die in wundervoller Geduld aus feinstem geflochtenen Stroh gefertigten Stickereien der Nonnen.

Nozeroy wurde für uns ein Ort zum Ausruhen, wohltuender Hintergrund für Hasenbraten und gute Gespräche. Jenseits der Stadtmauer gingen wir, allein, auf einer Promenade auf und ab, hegten freundliche Gedanken und rühmten den Ausblick aufs weite Land.

Im 15. Jahrhundert lebte Prinzessin Louise von Savoyen, Gemahlin des Hugo von Chalon, in Nozeroy. Die ›Bonne Dame‹, der man Wunder zuschrieb, ist in dankbarer Erinnerung der Stadtbewohner; das von ihr gegründete Hôpital de Sainte-Barbe dient noch heute als Krankenhaus. 1839 erfolgte ihre Seligsprechung, 1965 die Überführung der Reliquien aus der königlichen Grablege in Turin nach Nozeroy.
Im 16. Jahrhundert war der Ort bedeutende Schulstadt, in der Gilbert Cousin lehrte, zuvor Sekretär des Erasmus von Rotterdam.

Château de Joux
Der dritte Gefangene

Als wir dieses Mal in Pontarlier einfuhren, brach ein Gewitter los. Aus allen Klusen und Felswänden jenseits der Stadt rollte uns das Echo der Donnerschläge vielfach entgegen. Unsere Scheinwerfer und ein Blitz ließen für Augenblicke einen Triumphbogen aufleuchten, den die Stadt nach Brand und Wiederaufbau errichtet hat, zur Zeit Ludwigs XV. Die Hauptstraße erwies sich wie immer als Engpaß für Autos. Das schöne Portal der ›Ancienne Chapelle des Annonciades‹ blieb heute unbemerkt. Die Fußgänger – Touristen und Einheimische – standen unter den offenen Türen der Läden und Cafés, manche noch mit dem Glas in der Hand, aus dem sie bei Beginn des Unwetters getrunken hatten. Für ein Abräumen der Tische auf dem Bürgersteig war keine Zeit mehr geblieben. Weiter, und hinaus aus der Stadt. Viel war damit nicht versäumt, das wußten wir schon von früheren Fahrten.

Und nun: Château de Joux. Ehe unsere Straße sich zur gewaltigen Felsschlucht Cluse-et-Mijoux hinabsenkt, kommt die Abzweigung zur Festung hinauf. Der Jura, mit seinen bizarren Formationen, Balkons und vorspringenden Felsnasen, ist ein ideales Gelände für grimmige Trutzburgen in großer Höhe. Das weiche Gestein erlaubt es überdies, auch in seinem Inneren Fuß zu fassen, sich einzugraben und einzunisten. Dem Château de Joux gehört der Preis unter diesen Bauten: Es wurde schon im 12. Jahrhundert errichtet, von Rittern, denen die Straßen zu ihren Füßen aus der Schweiz nach Frankreich von Fall zu Fall reiche Beute bot. Die Feste, in strategisch so wichtiger Lage, wurde vielfach verändert und ausgebaut; auch Vauban – wie könnte es anders sein – hatte hier seine Hand im Spiel.

In steilen Kehren durch Wald hinauf. Oben, vor dem ersten Torgewölbe, rannten die Teilnehmer einer Besichtigungsgruppe durch den sintflutartigen Regen zu ihren Autos zurück. Ein Schirm war da nutzlos. Was tun? Wenn wir gewartet hätten, wäre es für diesen Tag zu spät für eine Burgführung geworden. Also: die Jacke über den Kopf gezogen, hinaus: eine erste Zugbrücke entlang, durch finsteres Gemäuer, über einen Vorhof, hinein in den Empfangsraum. Ein bärbeißiger Wärter betrachtete unser nasses Erscheinen mit Mißtrauen. Stammte er vielleicht noch aus der Zeit, in der das Fort nur Gefangene in seinen Mauern sah? Seit der Französischen Revolution diente es als Staatsgefängnis. Drei berühmte Männer wurden in seinen Verliesen eingekerkert. Einer hieß Toussaint-Louverture, der zweite war Mirabeau, der dritte Heinrich von Kleist.

Unser Führer erschien, er war zum Glück jung und heiter, und nur der unförmig große, klappernde Schlüsselbund in seiner Hand paßte zu den düsteren Kulissen, die wir nun durchschritten: Zugbrücken, Fallgitter, gepflasterte Höfe, Treppen, Türme, dunkle und dumpfe Räume und Verliese ohne Zahl, und immer wieder Treppen.

»Hier wurde Mirabeau gefangengehalten, der Turm ist nach ihm benannt. Als junger Mann und Tunichtgut hatte er hohe Schulden; sein Vater mußte einen Haftbefehl gegen ihn erwirken, um ihn vor seinen Gläubigern zu schützen.« Ein kreisrundes Gemach, in dem aus drei schmalen Fenstern der Blick gewiß weit ins grüne Tal des Doubs geht – falls das Wetter schön ist. Ein tröstlicher Kamin. Aber aus dem offenen Gebälk darüber muß es kräftig gezogen haben. »Um diese Türme fliegen Falken«, sagte unser Führer. Wie es dem feurigen Falken Mirabeau gelang, unter dramatischen Umständen dem Gefängnisleben und aus Frankreich zu entfliehen, noch dazu mit einer Geliebten, das habe ich bereits berichtet.

»Und hier die Räume der Berthe de Joux.« Damit kamen wir zum düstersten Kapitel der an bösen Begebenheiten nicht eben armen Geschichte der Burg. Man erzählt, einer der Herren von Joux sei in die Kreuzzüge gezogen, seine Frau habe derweil einen kranken oder verwundeten jungen Ritter gepflegt. Die beiden seien in Liebe zueinander entbrannt, der Hausherr ertappte sie bei seiner Heimkehr. Die Rache des Betrogenen sei zeitgemäß grausam gewesen: Den Geliebten seiner Frau ließ er aufknüpfen, sie in ein fensterloses Loch sperren, aus dem sie zweimal des Tages, durch eine Öffnung in der Wand, in den angrenzenden Raum klettern mußte, um den Leichnam vor dem Fenster hängen zu sehen. Ihr Fuß habe im Trittstein seine Spuren hinterlassen.

Wir blieben länger an diesem Ort angeblicher seelischer Torturen. Da war das Fenster und die Öffnung in der Wand, mit einer tiefen Mulde im Trittstein, dahinter ein dunkles schrankartiges Gelaß. In mir begannen sich erste Zweifel zu regen. Die Historie vom heimkehrenden Kreuzritter, der seine ungetreue Frau ertappt, ist nicht einmalig. Und was heißt hier ertappen? Ein Burgherr kehrt nicht lautlos und unbemerkt vom Kreuzzug zurück. Da sind zuerst die Rufe des Wächters vom Turm. Da knirschen und knarren die Zugbrücken. Die Fallgitter rasseln. Knappen und Gesinde laufen mit lautem Erstaunen im Hof zusammen. Pferde wiehern und die Rüstungen klirren. Dann der schwere Schritt des Heimkehrenden auf der Treppe – sollte da nicht ein Liebespaar, selbst wenn man die Dicke einer Burgmauer bedenkt, gewarnt sein und sich rechtzeitig aus einer verfänglichen Situation retten können? Es mag sein, daß der Ritter trotzdem von der Treulosigkeit seiner Frau erfuhr. Den Nebenbuhler aufzuhängen, würde zu den Usancen der damaligen Zeit passen; auch daß die arme Ehefrau dabei zuschauen mußte und eine Zeitlang gefangen gesetzt wurde. Aber das übrige? Ich betrachtete die Mulde im Trittstein und stellte fest, daß sie tiefer geht als jene steinernen Narben, die Regimenter von Soldaten nach Jahrhunderten im Pflaster der Tore und Passagen der Festung von Besançon hinterlassen haben. Ein Frauenfuß, der zwölf Jahre hindurch – so lange soll die Gefangenschaft gedauert haben – zweimal täglich einen Stein betritt, kann keine solchen Spuren eindrücken.

Ich blickte fragend zu unserem Führer hinüber. »Dokumentarisch«, sagte er, »dokumentarisch läßt sich nur nachweisen, daß einer der Burgherren an einem Kreuzzug teilnahm. Ferner, daß seine Frau ihre letzten Lebensjahre im Kloster Montbenoît nicht weit von hier am Doubs verbrachte, und daß beider Sohn nach dem Tod der Mutter diesem Kloster eine größere Summe vermachte.«

Hinter uns nassem Häuflein knallten die Türen zu, rasselten die Schlüssel. Nun wurde uns die Zelle von Toussaint-Louverture gezeigt. Aber ist dies wirklich sein Verlies gewesen? Der hölzerne Boden ist offensichtlich neueren Datums, die Wände sind weiß gekalkt. Ein Fenster ist vorhanden, sogar ein Kamin. Auf dem Sims die Lithographie eines Mannes, der wie ein gütiger Gelehrter aussieht, im dunklen Rock mit Spitzenjabot; keinesfalls wie ein ehemaliger Sklave oder ein Neger. Aber Toussaint-Louverture war beides. Auf der Insel, die San Domingo hieß und seit seiner Zeit Haiti heißt, vertrieb er die französischen Kolonialherren und befreite seine Sklavenbrüder von ihren Fesseln. Er wurde ein wohltätiger Despot der Insel, bis Napoleon eine Strafexpedition ausschickte, um die aufsässigen Einheimischen noch einmal zu unterjochen und ihren Anführer nach Frankreich zu verschleppen, ins Fort de Joux. Toussaint-Louverture kam aus tropischem Klima in den Jura, dahin, wo es am rauhesten ist. Haben die Insassen der Festung überhaupt je Wärme verspürt? Selbst wenn ich bezweifle, daß man diesen Gefangenen in eines der unteren, lichtlosen, direkt in den Felsen gehauenen Verliese steckte – kalt und feucht und zugig ist es hier überall. Man hat den Tod des Sklavenbefreiers, um es juristisch auszudrücken, »billigend in Kauf genommen«. Als er ankam, war er schon krank. Ihm einen Arzt zu schicken, hielt man für unnütz, »da die Konstitution der Neger in nichts der der Europäer gleiche«. Am Morgen des 27. April 1803 fand man den Kämpfer für die Freiheit seines Volkes tot in der Zelle liegen, gekrümmten Leibes, vielleicht erfroren.

Auf dem Kamin, neben seinem Bild, erinnern vertrocknete Blumen an den Besuch dankbarer Landsleute aus Haiti.

Das Rauschen des Regens hatte nachgelassen, die Blitze zuckten nicht mehr über die Felswände, der Donner war längst verhallt, jenseits von Pontarlier. Dafür kroch Nebel vom Doubs her hoch. Er würde unseren Felsen bald eingehüllt haben, nur die Festung herausragen lassen wie das Traumbild einer Gralsburg in magischen Schleiern – so wie man es von Postkarten kennt. Aber wenn man selbst da oben steht, ist alles anders und keineswegs märchenhaft. Eine Sirene heulte auf, verstummte wieder. »Probe«, sagte unser Führer, »ehe die Alarmanlage für die Nacht eingeschaltet wird.« Die Dunkelheit kam rasch. Wir hatten noch den Abstieg über die Wendeltreppe zu bestehen, die der spätere Marschall Joffre als junger ›Officier du Génie‹ in die Felsen treiben ließ. 212 Stufen. Liegen hinter den engen Betonmauern, die um mich kreisten, weitere Gefängniszellen, zu denen der Zutritt verwehrt bleibt? Mir wurde schwindlig. Die anderen unserer Gruppe waren weit voraus, ich hörte nur den Hall ihrer Schritte, ihre Stimmen. Ich mußte an den dritten berühmten Gefangenen des Fort de Joux denken, an Heinrich von Kleist.

Wie war er hierhergeraten? Zeit der Napoleonischen Kriege: Im Januar 1807 hatte Kleist Königsberg verlassen, wo sich damals das preußische Hauptquartier befand. Der Dichter war seiner aufgezwungenen Tätigkeit bei einer

Domänenkammer überdrüssig, mit sich und der Welt uneins. Seine Begleiter auf dem Weg nach Berlin: ein Hauptmann von Ehrenberg und der Leutnant von Gauvain, beide soeben aus den Diensten des Königs von Preußen entlassen, während Kleists Militärzeit schon länger zurücklag. Sie gingen – ihrer Meinung nach als harmlose und neutrale Personen – zu Fuß ihrem Ziel entgegen.

Bei ihrem Eintreffen in Berlin werden sie, als sie ihre Pässe vorlegen, ohne Angabe von Gründen verhaftet. Kleist, so schreibt ein Zeitgenosse, möge den kontrollierenden Beamten besonders verdächtig vorgekommen sein, »da er so leicht verlegen ward, stotterte, errötete, ein Kindergesicht hatte und französisch eigentlich fließender sprach als deutsch«.

In einem späteren Schreiben des französischen Generalgouverneurs von Berlin, Clarke, an Kleists Schwester Ulrike heißt es: »Ihr Herr Bruder hat sich der Gefahr ausgesetzt, als Spion betrachtet zu werden, als er sich aus dem feindlichen Hauptquartier hinter die französische Armee begab, und ich habe ihn sogar mit Nachsicht behandelt, indem ich ihn nach Frankreich bringen ließ.« Die Verhaftung erfolgte am 30. Januar, aber erst einen Monat später erreichten die Herren, von einem Gendarm bewacht, ihren Bestimmungsort. Mit Empörung hatten die Freunde ihre Überstellung als gewöhnliche Kriegsgefangene erdulden müssen. Die Behandlung unterwegs entsprach nicht ihrem Rang als Offiziere. General Clarke wird sich später für dieses Versehen entschuldigen: »... hatte ich Order gegeben, um die Strenge dieses Transports zu mildern, aber sie ist zu spät gekommen.«

Am 5. März treffen die drei im Fort de Joux ein. Kleist beschreibt es seiner Schwester: »Nichts kann öder sein, als der Anblick dieses, auf einem nackten Felsen liegenden, Schlosses, das zu keinem anderen Zweck, als zur Aufbewahrung der Gefangenen, noch unterhalten wird. Wir mußten aussteigen, und zu Fuß hinauf gehn; das Wetter war entsetzlich, und der Sturm drohte uns, auf diesem schmalen, eisbedeckten Wege, in den Abgrund hinunter zu wehen ... wir hatten in Besançon schon Rosen gesehen; doch hier, an dem nördlichen Abhang des Jura, lag noch drei Fuß hoher Schnee.«

Zunächst ergeht es den Gefangenen schlecht, weniger aus böser Absicht, als vielmehr in Unkenntnis ihrer Personen. Man »fing damit an, uns, jeden abgesondert, in ein Gewölbe zu führen, das zum Teil in den Felsen gehauen, zum Teil von großen Quadersteinen aufgeführt, ohne Licht und ohne Luft war ... Gauvain kam in das Gefängnis zu sitzen, in welchem Toussaint l'Ouverture gestorben war; unsre Fenster waren mit dreifachen Gittern versehen, und wie viele Türen hinter uns verschlossen wurden, das weiß ich gar nicht ...« Sie beschweren sich beim Kommandanten, den Kleist, wohl zu Recht, für einen »edelmütigen Mann« hält. Dieser berichtet dem Kriegsministerium in Paris: »Herr Hauptmann Ehrenberg ist krank und scheint auf der Brust sehr zu leiden. In der Ungewißheit über Ihre Absichten bezüglich dieser Gefangenen habe ich geglaubt, sie im Wachtturm und in Einzelhaft unterbringen zu müssen ... ich habe ihnen vorläufig die Freiheit gegeben, tagsüber zusammenzukommen und sich, gleichfalls tagsüber, bis zum dritten Wall zu bewegen.« Soweit der Kommandant. Die drei erhalten also bessere Quartiere. Der Wachtturm liegt hoch. Von den Wällen aus sieht man ins Tal des Doubs hinab. Kleist vermerkt: »... Das Wetter war schön, die Gegend umher romantisch.«

Nun geschieht Erstaunliches. In Königsberg steckte Kleist, wie wir wissen, in einer tiefen Krise, »entzweit sich mit allen, ... lag oft ganze Tage lang, wie er freilich sagte, mehr aus Unlust als aus Unwohlsein zu Bett«. Aber in seinem Kerker im Château de Joux schreibt er!

Jener andere Gefangene, Toussaint-Louverture, starb hier fünf Jahre zuvor. Die Nachricht von seinem Los und dem seiner Insel war bis nach Preußen gedrungen und hatte dort Beachtung gefunden: auch er ein Gegner Napoleons. Als Gefangener, der sich bis zum dritten Wall frei bewegen durfte, wird Kleist von Schicksalsgenossen weitere Einzelheiten über die Geschehnisse auf San Domingo erfahren haben. Er nimmt die Feder zur Hand und beginnt: »Zu Port au Prince, auf dem französischen Anteil der Insel St. Domingo, lebte, zu Anfang dieses Jahrhunderts, als die Schwarzen die Weißen ermordeten, auf der Pflanzung des Herrn Guillaume von Villeneuve, ein fürchterlicher alter Neger namens Congo Hoango ...« So ist eine der schönsten Kleist'schen Novellen entstanden, ›Die Verlobung in St. Domingo‹.

Inzwischen bemühen sich seine Schwester Ulrike und die Freunde in Berlin, dem Gefangenen zur Freiheit zu verhelfen. Ein halbes Jahrhundert später wird es dem ebenfalls in Frankreich inhaftierten angeblichen Spion Theodor Fontane ähnlich ergehen. Am 11. April überführt man Kleist nach Châlons, am 15. August trifft er wieder in Berlin ein. Seine Schwester schreibt: »Die Reise hatte ihm viel gekostet, er kömmt, stellt sich vor die Behörde, man fragt ihn: haben Sie Forderungen zu machen? Keine, als die frühere, als ich arretiert wurde: meinen Paß zu unterschreiben.«

Auf dem Fort de Joux fragte ich vergeblich nach Kleists Zelle. Sie ist dort ebenso in Vergessenheit geraten wie ihr Bewohner.

Zurück zur Wendeltreppe in den Felsen: Der Abstieg über die 212 Stufen endet bei einem Brunnen von großer Tiefe, der allein die Festungsbewohner mit Wasser versorgte. Die Steine unter unseren Füßen waren naß und glitschig. Verliese gibt es auch hier noch. »Aber«, sagte unser Führer tröstend, »die stammen aus der alleraltesten Zeit und wurden später nie wieder benutzt.«

Am äußersten Festungstor entließ er uns in die tannenduftende, tropfende Dunkelheit.

Zitate: Heinrich von Kleist, Briefe, hrsg. von Helmut Sembdner, Bremen 1959, und Heinrich von Kleists Lebensspuren, Bremen 1957.

Creux-du-Van
20.5.87

Schweiz

HEIMFAHRT

Creux-du-Van

Rückzug aus unserem Jura: Wir sagten dem Doubs Adieu und fuhren talwärts über die Grenze durchs Val-de-Travers. Da sahen wir, bei Brot-Dessous, ehe die Straße in die wilde Schlucht der Areuse abbiegt, in der Ferne eine helle Felswand schimmern. Das mußte Creux-du-Van sein, da wollten wir noch hin, auch wenn der Umweg mit dem Auto, über den Neuenburger See, Gorgier und Montalchez weit und nicht leicht zu finden war. Erst gegen Abend gelangten wir, zuletzt auf schlechten Wegen, zum Parkplatz auf der Höhe, bei einer einfachen *alpage*. Dann ging es über Matten bergauf, bis zu einer Mauer, zum Schutz des Viehs errichtet, mit schmalen Lücken zum Hindurchschlüpfen. Sie schien, so weit das Auge reichte, einen noch unsichtbaren Bezirk abzugrenzen. Plötzlich sahen wir es, schwindelerregend nah unter uns: ein ungeheures Amphitheater aus Felsen, rotgolden leuchtend im Abendlicht; Naturschutzgebiet, Revier der Steinböcke und der Falken, der jungen Adler – Creux-du-Van. Jenseits ging der Blick in weite, sich eindunkelnde Täler, vom Val-de-Travers bis hinüber nach La Brévine und La Sagne.

Auf dem Rückweg hielten wir zum letzten Mal Einkehr auf den Jurahöhen, in einer Almhütte: Die Stube unter dunkler Balkendecke, nur ein einziger langer, betagter Tisch in der Mitte des Raumes, an dem sie aufgereiht saßen, der Senn, seine Helfer und zwei Gäste, bei Wein und Brot. Einer aß seine Fondue über zuckender Flamme, tauchte schweigend einen Brocken nach dem anderen ein, zog ihn bedächtig durch die dampfende Käsemasse. Wir saßen ganz unten am Tisch, mit dem Rücken zum offenen Feuer. Ein schwerer Klotz wurde nachgeschoben – Buchenholz, wie wir es überall an den Hängen zum See hin gesehen hatten. Durch ein kleines Fenster fielen fast waagrecht die letzten Sonnenstrahlen, gerade über unseren Tisch hin. »Ihr solltet morgen früh wiederkommen, dann sind die Steinböcke da; sie haben eben Junge und üben mit denen das Klettern.« Neben der ins Eck gemauerten Feuerstelle stak hier noch ein schwerer eiserner Haken in seinem Schwenkbalken; früher hing dort ein Kupferkessel zur Käsebereitung. »Habt Ihr keine Almwirtschaft mehr?« – »Doch, aber es kommt nur noch das Jungvieh herauf.« Neben der Haustür hingen, an ihren Lederriemen aufgereiht, die riesigen Glocken für den Auftrieb. Jede trug den Namen einer Frau aus der Familie des Besitzers. »Das ist eine alte Tradition bei uns.«

Wir gingen erst, als es dunkel war. Der Senner, ein älterer Mann, der uns beim Eintreten nur kühl gemustert hatte, erhob sich vom Tisch und gab jedem von uns die Hand, so gemessen wie ein großer Herr, der seine Gäste verabschiedet.

Jura als Kulisse

Auch unten im ›Seeland‹ ist der Jura allgegenwärtig, als dunkle, fast düstere und abweisende Wand hinter den Hügeln der Reben und des Lichts. Überall, wo Wein wächst, finden sich die Spuren einer sehr alten Kultur. Würde man auf einer Waldweide der Freiberge nachgraben, kämen gewiß keine Götter der Antike ans Tageslicht wie hier, am Fuß des Jura, in Boscéaz bei Orbe. Ein wohlhabender römischer Gutsherr schmückte seine Villa, nahe der Stadt, mit Mosaikfußböden.

Welch ein schönes und reiches Land ringsum! Burgen ragen auf; mit jeweils vier runden Türmen an den Ecken ihres hohen Mauergevierts erinnern sie in ihrer Bauweise daran, daß hier einmal Savoyen der Herr war. Neuenburger und Bieler See liegen schimmernd zu Füßen der Berge. Weiche südliche Luft und ein kräftiger reiner Jura-Wind vereinen sich zu einer belebenden, erheiternden Atmosphäre. Schmale Straßen, von gelben Mauern begrenzt, ziehen gemächlich zwischen den Rebengärten dahin. Die Landhäuser sind wahre Herrensitze, wenn man sie auch ganz an den Rand der Weinberge gebaut hat, um kostbaren Reben guten Boden nicht streitig zu machen.

Die kleinen Städte und Dörfer auf der Höhe und unten am See, in denen einmal nur Winzer und Fischer lebten, haben zumeist ihren alten Kern bewahrt und ähneln einander mit dem warmen Honiggelb ihrer Fassaden und Türme aus acht Jahrhunderten. Die Steinbrüche von Hauterive bei Neuchâtel lieferten immer schon das edle Material, einen Sandstein, der in der Sonne zu leuchten beginnt.

Im milden Klima des Seelandes spielt sich das Leben der Bewohner weit mehr im Freien ab als droben auf den Jurahöhen. Enge, hügelauf und hügelab kletternde Gassen sind ihre Welt, und das Rauschen der Brunnen begleitet ihre Gespräche, wenn sie einander treffen, eng um einen Caféhaustisch gedrängt zusammen sitzen. Sobald das Wetter es zuläßt, füllen Stühle und Tische jeden Winkel der Fußgängerzone, oft bis an den Rand der Fahrbahn. Dann mag es geschehen, daß ein Motorradfahrer sich und seine Maschine bis zur Gruppe der Freunde hinschiebt, die am vordersten Platz versammelt sind. Aufgeschlagener Helm und Lederwams, breite Brust und starke Muskeln, kräftige Züge eines runden, vielleicht von einem Bart umgebenen Gesichts: Diese jungen Männer sehen aufs erstaunlichste den Abbildungen ihrer Vorfahren, der Reisläufer, ähnlich.

Welch ein schönes Land! Aber zu viele Menschen wollen an dieser Schönheit teilhaben, kommen als Touristen oder siedeln sich an. Häuserreihen und Wohntürme, Schnellstraßen, Tankstellen, Supermärkte und Restaurants haben sich überall zwischen das Alte, Gewachsene geschoben, wo immer in Ufernähe noch ein freier Platz zu finden war. Ich sah einen Weinberg, in dem Bagger und Kräne sich zwischen den Rebstöcken bewegten. Eine Baugrube war bereits ausgehoben. Nur noch einmal durften diese Trauben zur Reife gelangen.

Wer aus den Einsamkeiten der Jurahöhen herabsteigt, dessen Blick ist vielleicht geschärft für solch betrübliche Anzeichen. Auch unsere Ohren waren empfindlicher geworden; der Lärm einer nie abreißenden Kette von Autos tat weh. Nein, sagten wir, so wollen wir nicht vom Jura Abschied nehmen. Wir möchten nur freundliche Erinnerungen an unsere Zeit dort bewahren. Also bestiegen wir ein Boot und fuhren auf die Seen hinaus.

Die schönen Mosaikböden von Boscéaz bei Orbe können besichtigt werden.
Orbe: sehr alte Siedlung (römisch: Urba); Kirche Notre-Dame (15./16. Jahrhundert), Schloßturm, Rathaus.
Bei Mathod das hochgelegene Schloß Champvent aus dem 13. Jahrhundert, eindrucksvolle viertürmige Burganlage (carré savoyard), in Privatbesitz.

Auf dem Wasser

Von Yverdon bis Biel kann man, ab Ende Mai bis Ende September, mit dem Boot unterwegs sein – vorausgesetzt, der Reisende scheut mehrfaches Umsteigen nicht und nimmt auch längere Wartezeiten in Kauf.

Wir begannen unsere Wasserfahrt in Yverdon, an der Thielle, die hier durch flaches Schwemmland zieht, ehe sie in den Lac de Neuchâtel einmündet – vorbei an kleinen Gärten und friedlichen Leuten in Liegestühlen.

Yverdon hat uns gefallen. In seinem alten Stadtkern führen drei Gassen fast parallel zum Schloß aus savoyischer Zeit – so daß die Verteidiger diese Anmarschwege von einem der vier dicken Türme aus im Blickfeld hatten. Die noble Fassade des ›Temple‹ der Reformierten Kirche schließt den Schloßplatz ab. In diesem schönen, strengen Bau findet man alle Elemente der jurassischen Landkirchen wieder, freilich in großem und eindrucksvollem Maßstab. Nicht eine, sondern drei hölzerne Emporen ziehen sich in der Höhe des weiten Raumes hin; dieser wendet sich mit seiner Breitseite und mit allen präzise ausgerichteten Bankreihen der Kanzel und dem Abendmahlstisch zu. Aber das würdige Gotteshaus war es nicht, was mir in Yverdon den stärksten Eindruck machte, sondern die Inschrift eines Denkmals vor seiner Tür. Da steht ein Mann im schlichten Gehrock auf seinem Postament und schaut freundlich auf zwei Kinder: Heinrich Pestalozzi, der hier von 1805 an zwanzig Jahre lang ein Erziehungsinstitut leitete. Am Sockel seines Denkmals lasen wir: »Ich lebte wie ein Bettler, um Bettler zu lehren, wie Menschen zu leben.«

Bald hinter der Thiellemündung taucht zur Linken, am Nordufer des Sees, Grandson auf. In seiner Nähe wurde die große Schlacht gegen Karl den Kühnen gewonnen. Das Schloß, eine Wehranlage, beeindruckt, aber erfreut nicht – nur abweisende nackte Mauern und Türme; ein Gebäude für den Ernstfall. Wir im Schiff hatten immerhin den schönsten Blick auf sein Gemäuer. Aber von der romanischen Kirche im Dorf Grandson war nur der Turm zu entdecken.

Bei Concise endet was Waadtland, der Kanton Neuchâtel beginnt. Vom alten Pfarrhaus leuchten die letzten grünweißen, schräg gestreiften Fensterläden herüber. Die Kirche nebenan stammt, wie die in Grandson, aus romanischer Zeit. Rebenreihen ziehen bergwärts, gegen den Mont-Aubert hin, bis dahin, wo der Wald beginnt. In der Höhe treten einzelne helle Jurafelsen aus dem Grün.

Nun überquert unser kleines Schiff den See. Die Wasser des Lac de Neuchâtel seien, so sagen Anwohner, farbiger als jene des Genfer Sees. Woher kommen, so fragten wir uns, diese zaubrischen Töne – die mauve, blaßblauen, rosa, grünen Schattierungen, der opalene Glanz? Entstehen sie im Wechselspiel zwischen den streng-dunklen Jurabergen im Norden und den hellen Himmeln über dem flachen Land gegenüber? Dort tauchte jetzt, türmereich hinter seiner Stadtmauer, Estavayer-le-Lac auf. So verlockend das Bild dieses Ortes sich bietet, für uns begann dort das ›Ausland‹. Wir stiegen um und fuhren weiter, in Gesellschaft von Bäuerinnen, die drüben in Neuchâtel auf dem Markt ihr Gemüse und ihr Obst verkaufen wollten.

Wieder am Nordufer: In Saint-Aubin fiel uns die südliche Vegetation auf, die zahlreichen Platanen. Dörfer in Seenähe verstecken sich hinter Bäumen. Idyllen? Nur wer da drüben die Straßen befuhr, weiß, daß der Augenschein vom Boot aus trügen kann, daß man die stillen Winkel, die noch unverdorbenen Landschaften der oberen Terrassen manchmal erst nach einiger Mühe findet. ›La Béroche‹ heißt dieses Gebiet, über und hinter dem wir in großer Höhe die Felsmauern des Creux-du-Van wußten.

In Cortaillod gibt es nur wenige Häuser am Ufer; die meisten liegen oberhalb ihrer Weinberge auf einem Hügel. Man glaubt schon von weitem zu erkennen, daß der Wein die Bewohner wohlhabend gemacht hat.

Schöne Villen, kleinen Schlössern ähnlich, waren nun häufiger zu entdecken. Manche, die hier am Wasser liegen, wurden allerdings nicht von Winzern erbaut, sondern durch ›Indienneurs‹, Nachfahren von Hugenotten, die aus Frankreich die Kunst des Kattundrucks mitbrachten. Die Muster dieser Stoffe sind bezaubernd – man kann sie im Musée des Indiennes in Colombier bewundern und vergißt dabei, daß sie teilweise für einen finsteren Zweck bestimmt waren: zum Ankauf von ›schwarzem Elfenbein‹, afrikanischen Sklaven. Da man bei der Herstellung der Stoffe viel Wasser benötigte, setzten die Indienneurs ihre weitläufigen Gebäude ans Seeufer. In manchen von ihnen leben noch die Nachkommen.

Bei Colombier mündet die Areuse in den See. Sie hat sich, nach ihrem friedlichen Lauf durch das Tal von Travers, zuletzt durch Schluchten kämpfen müssen.

Colombier: Das gewaltige Schloß, auf römischen Fundamenten errichtet, dient heute als Kaserne. In preußischer Zeit war es für Lord Maréchal George Keith, den Gönner Rousseaus, als Statthalter ein würdiger Rahmen. Als ›preußisch‹ möchte man auch jene Alleen bezeichnen, die vom Schloß aus schnurgerade in alle Richtungen führen; sie wurden aber von einem Franzosen, dem Duc de Nemours, angelegt.

Aus den Rebgärten des Winzerdorfes Auvernier stammt jener Wein, der nach seiner Farbe ›Oeil de Perdrix‹, Rebhuhnauge, genannt und bis zur Reife in riesigen alten Holzfässern aufbewahrt wird.

Nun ist es nicht mehr weit bis Neuchâtel. Die Weinberge treten zurück. Im Vorort Serrières hat der Kaufmann und Zuckerbäcker Philippe Suchard 1826 die erste Schokoladenfabrik der Schweiz gegründet. Zuvor konnte man eine von François Cailler hergestellte Mischung aus geriebenen Kakaobohnen und Zucker nur als Arznei in Apotheken kaufen. Die aufblühenden Werke des Philippe Suchard und seines Sohnes waren auch in sozialer Hinsicht bemerkenswert: Für die Arbeiter wurden Wohnungen gebaut, eine besondere Unfallversicherung wurde abgeschlossen.

Philippe Suchard der Ältere war nicht nur Geschäftsmann, sondern auch ein unermüdlich Reisender und ein Abenteurer, dessen Unternehmungen in fremden Ländern allerdings nicht vom Glück begünstigt waren. Als exotisches Relikt seiner vielseitigen Interessen ragt in der Nähe der Suchard-Werke der Turm eines Minaretts auf, auch vom Boot aus erkennbar.

»Die Stadt Neuenburg, halb in der Sonne und halb im Schatten, schaut, ohne sich in ihrer Ruhe stören zu lassen, auf See und Himmelsrand hinaus. Es ist eine Stadt, in der man noch viele alte enge Gassen findet, fast ohne Gehsteige; sie krümmen sich sachte und münden auf kleine Plätze; auf den Brunnenstöcken steht der übliche Fahnenträger oder auch der Greif mit offenem Rachen, der ein Schild hält. Schloß und Kollegiatkirche blicken, ein wenig abgesondert, über die Dächer, und ihr gelber Stein macht einen hellen Fleck auf den dunkelblauen Bergzug des Chaumont.«

So beschrieb Gonzague de Reynold das alte Neuchâtel, so sehen wir es noch heute. Der Hochmut wohnt da oben, heißt es. Wer in den ansteigenden Gassen lebt, hinter den honiggelben Fassaden prächtiger Patrizierhäuser, wessen Vorfahren Prediger und Professoren waren, wer ein ›de‹ vor seinem Namen hat, der gibt hier den Ton an. Der Adelstitel ist oft preußischer Herkunft, etwa von Friedrich dem Großen verliehen, der im Neuenburger Land »herrschte, aber nicht regierte«. Nach 1848 beeilte man sich, seinen Namen den veränderten Verhältnissen anzupassen. Die ›von Wunderlich‹ zum Beispiel sollen seither ›de Merveilleux‹ heißen.

So ist's im alten Neuchâtel. Aber vor die stolze Stadt der Vergangenheit hat sich eine andere geschoben. Den Neuenburgern wurde es zu eng zwischen den Hängen des Chaumont im Norden und ihren Ufern im Süden. In immer neuen Anstrengungen wurden dem See breite Straßen, Plätze und Promenaden, ganze Stadtviertel abgewonnen. Die einander rasch folgenden Terrainaufschüttungen im späten 19. Jahrhundert haben das Wasser immer weiter abgedrängt. Gerade vom Boot aus wird das deutlich sichtbar, wenn man zwischen den Bauten einer ›Gründerzeit‹, dem Postamt und dem Musée d'Art et d'Histoire, in den Hafen einfährt.

In den zweiten Rang zurücktreten mußten die noblen Palais einer früheren Epoche, die den Faubourg de l'Hôpital säumen und deren Gärten einmal bis ans Wasser reichten – das Hôtel du Peyrou etwa, dessen erster Besitzer in Holländisch-Guyana reich wurde, oder das Haus Pourtalès Castellane.

In den See hinaus bauen, oder unter die Erde gehen – das sind die einzigen Möglichkeiten, die den Neuenburgern noch bleiben. Für eine Autobahn, die am Nordufer des Lac de Neuchâtel entlangführt, wurde soeben ein Tunnel durch die Felsen unter der Stadt fertiggestellt. Eilige Reisende werden von ihren Schönheiten nichts mehr sehen.

Yverdon-les-Bains war schon zur Römerzeit als Eborudonum für seine Heilquellen berühmt. Ein modernes Kurviertel ist im Entstehen.
Schloß Grandson ist nach wechselvollen Schicksalen Eigentum einer Stiftung und soll kulturelles Zentrum werden.
Die Kirche Saint-Jean-Baptiste in den Gassen der kleinen Altstadt: in romanischer Zeit begonnen, Umbau im 14. Jahrhundert; frühe Kapitelle.
Das Schloß von Vaumarcus, zwischen Concise und Saint-Aubin hoch über dem See, stammt wie die anderen viertürmigen, einander ähnlichen Wehrbauten dieser Gegend aus savoyischer Zeit.

Neuchâtel: Unter den zahlreichen Sehenswürdigkeiten der Stadt seien noch erwähnt: Maison des Halles von 1570. Der Renaissancebau am Fuß der Altstadt diente ursprünglich als Kornspeicher und Tuchhalle.
Rathaus im strengen klassizistischen Stil, erbaut von Pierre-Adrien Pâris (1784-90).
Über der Stadt: Collégiale des 12. und 13. Jahrhunderts. Eindrucksvoller Kenotaph der Grafen von Neuenburg mit betenden Rittern und Damen. Am Schloß (15. und 16. Jahrhundert) romanische Fenstergalerie in der südwestlichen Außenmauer. Wehrgang mit weiten Ausblicken.
Am Stadtrand: Musée Ethnographique.
Ausflüge: mit dem Auto oder der Seilbahn auf den Chaumont, Alpenblick; zu den ehemaligen Steinbrüchen nach Hauterive, deren berühmtes honiggelbes Gestein so rar geworden ist, daß es nur noch zur Instandsetzung bestehender Gebäude verwendet werden darf.

Valangin: Burg des 12. und 15. Jahrhunderts, an der Straße von Neuchâtel nach La Chaux-de-Fonds, oberhalb der Schluchten des Seyon. Im Museum zahlreiche Erinnerungsstücke an die preußische Zeit Neuenburgs, für deutsche Besucher von besonderem Interesse. Am Fuß der Burg malerische Gasse mit abschließendem Torgebäude und Kirche des 16. Jahrhunderts.

Eine Drei-Seenfahrt geht im Sommer täglich ab Neuchâtel durch Kanäle zum Murtensee und nach Murten sowie zum Bieler See und zur St. Petersinsel.
Zitat: Gonzague de Reynold, Schweizer Städte und Landschaften, Zürich.

Im Zihlkanal

Von nun an durften wir mit dem Motorboot der Wasserwacht fahren. Wenn der ›Joran‹, ein heftiger Jura-Wind, von den Bergen fällt, die Gewässer aufwühlt und Unheil anrichtet, ist die Besatzung in Alarmbereitschaft. Aber an diesem stillen Tag bestand keine Gefahr.

Saint-Blaise ist der letzte größere Ort am Neuenburger See. Draußen im Wasser werden mit riesigen Maschinen Dämme aufgeschüttet: Ein neues Hafenbecken entsteht. Über das alte wird sich in Zukunft ein Stück Autobahn schwingen.

Unser Boot fuhr in weitem Bogen dem Zihlkanal zu, der den Neuenburger mit dem Bieler See verbindet. Die Ufer sind hier unbesiedelt und menschenleer, ein Naturschutzgebiet; die Wasserfläche spiegelt ferne Horizonte.

Auch am Kanal fehlen Häuser und Dörfer. In den Wiesen jenseits der Böschungen weidete Vieh; auf dem Uferpfad zogen Radler ihres Weges. Diese stille Welt, die an Holland erinnert, wurde erst nach 1878 erschaffen. Und das kam so: Überschwemmungen der Aare, die nur wenige Kilometer vom Bieler See entfernt ihr Flußbett hatte, machten jahrhundertelang den Bewohnern der Gegend zu schaffen. Schon 1480 hieß es: »d'Lüt müessen uf Bäum ucha flieh«, und im 18. Jahrhundert war es nicht besser: »He nu, so het ma doch iez ämmel Wasser im Chäller, we nid Wii.« Wer immer wieder Wasser statt Wein im Keller hat, gibt auf und zieht fort. Das verödete Umland der Aare wurde nur noch ›Großes Moos‹ genannt. Im vorigen Jahrhundert taten sich schließlich fünf Kantone zusammen und nahmen das Werk der ›Juragewässerkorrektion‹ in Angriff. Die Aare wurde durch den neu gegrabenen Hagneck-Kanal in den Bieler See umgeleitet; Zihl und Broye, die den Neuenburger mit dem Bieler See und südlich mit dem Murtensee verbinden, wurden begradigt und vertieft. Schließlich senkte man den Wasserspiegel der drei Seen um mehr als zwei Meter. Auf den ehemals überschwemmten Ebenen und dem hinzu gewonnenen Land wird vor allem Ackerbau und Gemüseanbau betrieben. Neue Dörfer sind dort nicht entstanden.

Nur wenige Brücken überspannen den Zihlkanal. Zum Jura hin hat sich Industrie angesiedelt; die Raffinerien von Cressier verarbeiten Rohöl, das 88 Kilometer weit, von Besançon her, durch die Berge geleitet wird. Vom Boot aus schienen uns die Tanks und Industrieanlagen, auch das Hin und Her der Autos auf einer Schnellstraße, entrückt zu sein – so, als spiele sich das Leben dort hinter einer gläsernen Wand ab. Dann wuchsen plötzlich wie Pilze mittelalterliche Türme über den Uferrand: Le Landeron. Ein Stück Vergangenheit zwischen zwei Toren aufbewahrt, im Kranz der alten Häuser um einen Marktplatz mit Brunnen und Linden. Ein Bild von fast musealer Vollkommenheit.

Ein Reiher stand reglos am Ufer, als wir vom Kanal aus in den Bieler See einbogen.

St. Petersinsel

Im Zihlkanal hatten wir es mit Technik zu tun; nun kehrten wir zur Natur zurück.

Der Bieler See ist viel kleiner als der Lac de Neuchâtel, aber ein in sich geschlossener, harmonischer, fast unverdorbener Landschaftsraum, an den nördlichen Ufern im Braun und Grün der aufsteigenden Weingärten, mit der Kirche von Ligerz in ihrer Mitte. Darüber setzt sich in strengen

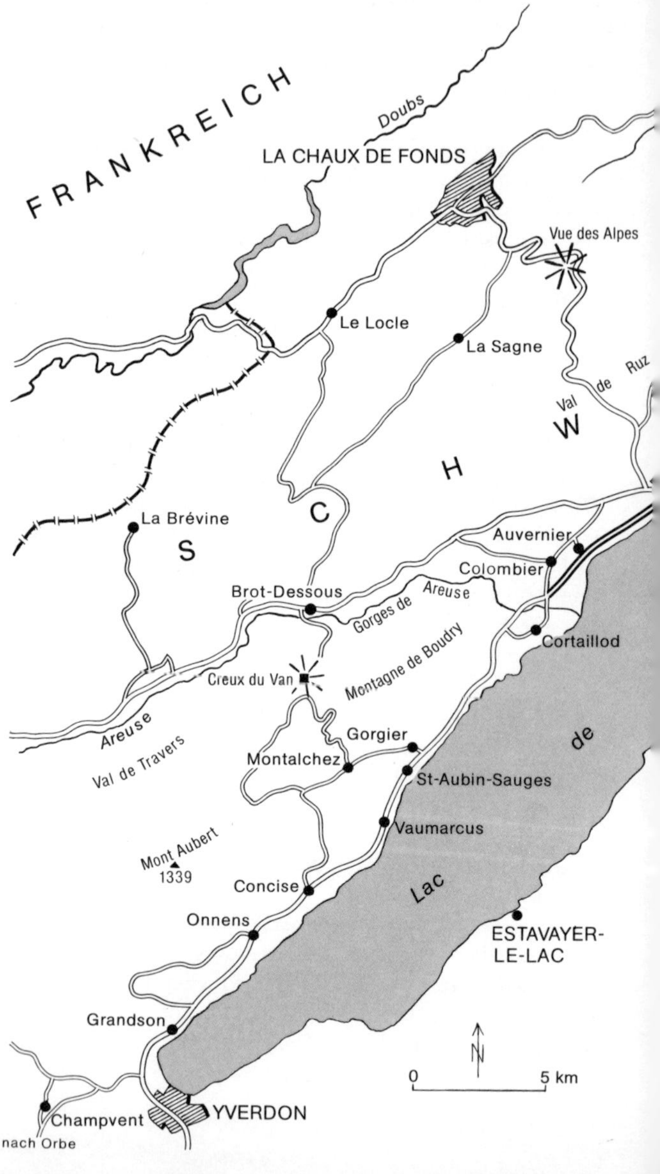
FRANKREICH
Doubs
LA CHAUX DE FONDS
Vue des Alpes
Le Locle
La Sagne
Val de Ruz
W
H
C
S
La Brévine
Auvernier
Colombier
Brot-Dessous
Gorges de Areuse
Cortaillod
Montagne de Boudry
Creux du Van
Areuse
Val de Travers
Gorgier
Montalchez
St-Aubin-Sauges
de
Vaumarcus
Mont Aubert
1339
Concise
Lac
Onnens
ESTAVAYER-
LE-LAC
Grandson
N
0
5 km
Champvent
YVERDON
nach Orbe

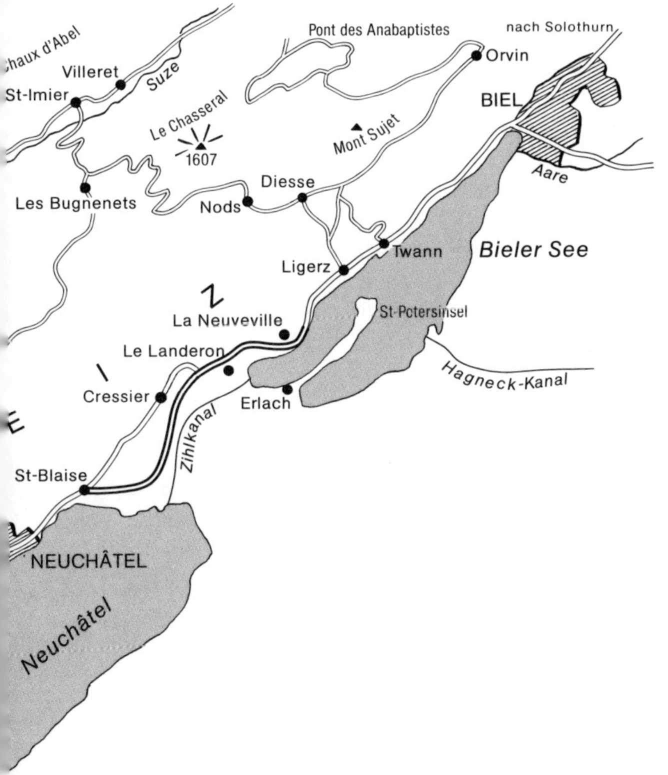

haux d'Abel
Villeret
Suze
St-Imier
Le Chasseral
1607
Pont des Anabaptistes
Mont Sujet
nach Solothurn
Orvin
BIEL
Aare
Les Bugnenets
Nods
Diesse
Twann
Bieler See
Ligerz
Z
La Neuveville
St-Petersinsel
Le Landeron
I
Cressier
Erlach
Hagneck-Kanal
E
Zihlkanal
St-Blaise
NEUCHÂTEL
Neuchâtel

Horizontalen der Wald ab, Jurawald. Dort beginnen die uns vertrauten Einsamkeiten.

Wir ließen Erlach rechts und Neuveville links liegen, fuhren geraden Weges auf die Isle de St-Pierre zu und umrundeten sie, um zum Anlegeplatz zu gelangen. Dann betraten wir die stille Welt dieses Eilands – einen mit riesigen Rotbuchen und alten Eichen bestandenen Hügel, dessen Hang sich langsam nach Westen hin absenkt –, »wie für das Glück eines Menschen geschaffen, der sich zu beschränken liebt«. Ein schilfgesäumter schmaler Weg führt, seit der See abgesenkt wurde, hinüber nach Erlach. Autos dürfen ihn nicht befahren.

»Ich habe an manch reizendem Ort geweilt, nirgends aber fühlte ich mich so wahrhaft glücklich wie auf der St. Petersinsel inmitten des Bieler Sees.« Das schrieb Jean-Jacques Rousseau, der nach einem »Hagel von Steinen« aus Môtiers geflohen war und hier ein neues Asyl gefunden hatte. Die Insel war – und ist immer noch – im Besitz des Berner Bürgerspitals. Ein Pächter bewohnte das einzige Haus, ein weitläufiges, schloßähnliches Gebäude in windgeschützter Senke, ehemals ein Kloster, umgeben von Gärten, Wiesen, Reben. »Ich nahm also gleichsam von meinem Jahrhundert und meinen Zeitgenossen Abschied und sagte der Welt Lebewohl ...«

Auf der Petersinsel ist alles so friedlich geordnet, noch so ganz Natur, daß man sich wie Rousseau im Gras ausstrecken möchte, das Vergrößerungsglas im Auge, den Linné vor sich, um »die Furchung der beiden langen Staubgefäße der Schlehe zu beobachten«.

Tage des Glücks. Eine ›Flora Petrinsularis‹ sollte entstehen. Der Philosoph legte sich ins Boot, ließ sich auf dem Wasser ziellos treiben. »Der Augenblick, in dem ich vom Lande abstieß, erfüllte mich mit einer Freude, die mich erzittern ließ.« Zur Zeit der Obsternte stieg er mit dem Sack über der Schulter in die Bäume; während der Weinlese schaute er zu, wie die jungen Leute von weither kamen und in einer Laube im Freien tanzten, aber nur am Sonntag.

»War der Abend schön, so machten wir alle nach der Abendmahlzeit noch einen Spaziergang über die Anhöhe hin, um die Seeluft und die Kühle zu genießen. Man ruhte in der Laube aus, lachte, plauderte, sang ein altes Lied ...« So wollte Rousseau bis ans Ende seiner Tage leben. Aber nur ein einziger Herbst war ihm vergönnt; dann kam aus Bern der Befehl, die Insel innerhalb von vierundzwanzig Stunden zu räumen. Verwirrter, trostloser Aufbruch, erneute Flucht, diesmal, auf Umwegen, nach England.

Heute erinnert nichts mehr an das traurige Ende einer Zeitspanne wunschlosen Glücks. Gleich bei der Anlegestelle ist in einem Halbkreis von Bäumen eine Büste Rousseaus aufgestellt. Der Philosoph lächelt. Gerade eben wurden die alten Gebäude des Gutshofs von Grund auf renoviert. Dabei kamen Relikte aus früher Klosterzeit zutage und wurden geschickt in den Neubau einbezogen. Das Haus ist nun Hotel; die Gäste reisen übers Wasser an. Sie sind zu beneiden. In einem quadratischen Innenhof sitzt man behaglich im Schatten. Wie auf allen Inseln gibt es auch hier, wenn die Boote anlegen, Stunden der Besucherflut; dann ist an den Tischen jeder Platz besetzt. Wenige nehmen sich die Mühe, über eine Steintreppe in den ersten Stock hinaufzusteigen, wo Rousseaus Zimmer gezeigt werden: sein Himmelbett – war es wirklich das seine? – und Tisch und Lehnstuhl. Der Blick geht weit über den See. »An keinen Aufenthalt denke ich mit so süßer Wehmut zurück.«

Biel ist die letzte Station der Boote, die den See befahren. Aber noch muß man das Wasser nicht verlassen. Bis Solothurn bietet sich die Aare an, durch Auen- und Wiesenlandschaften ziehend, noch ganz Natur, nicht begradigt. Dies ist vielleicht die schönste Wasserfahrt von allen im Seeland. Die Jurahöhen bleiben, unverändert ernst und dunkel, uns zur Seite. Altreu kündigt sich mit Störchen an; sie überfliegen niedrig unser Boot, stolzieren in den Wiesen, schauen neugierig von den Dächern. Fast jedes Haus trägt ein Nest. Dann tauchen Solothurns Türme und Mauern auf.

Von Neuveville über Nods Auffahrt zum Chasseral möglich.
Seilbahn von Ligerz zur Hochebene des Tessenberges.
In Erlach am Schloßberg malerische, von Lauben gesäumte Gasse.
Neuveville, Altstadt: Marktgasse mit Brunnen, Roter Turm, Seetor, Rathaus des 16. Jahrhunderts und ›Weiße Kirche‹ mit Fresken des 14. und 15. Jahrhunderts.
Beide Orte sind für ihre Erziehungsinstitute bekannt.
Die Gegend des Bieler Sees ist zweisprachig: Zihlkanal/Canal du Thielle; Erlach/Cerlier; Ligerz/Gléresse, Twann/Douanne und Tessenberg/Montagne de Diesse. Biel/Bienne ist berühmt als ›Zweisprachenstadt‹. Die beiden Sprachgruppen wohnen gemischt, haben aber eigene Schulen, Kirchen, Zeitungen.
Sehenswert in Biel ist die Oberstadt: der ›Ring‹ (Marktplatz) mit Bannerträgerbrunnen; das Rathaus im gotischen Flamboyant-Stil mit Gerechtigkeitsbrunnen; ferner das schöne Zunfthaus zu Waldleuten (1559/61) und die spätgotische Stadtkirche St. Benedikt.

Solothurn und Weissenstein

Am Ende jeder Reise sollte, auch wenn die Augen müde geworden sind, noch eine besondere Freude stehen. Unsere Freude hieß Solothurn.

Solothurn, französisch Soleure, italienisch Soletta, war einmal ›Ambassadorenstadt‹: Sitz der Botschafter Frankreichs bei den Schweizer Eidgenossen. Zweieinhalb Jahrhunderte lang, von 1530 und 1792, lebten Diplomaten hier und gaben der Atmosphäre der Stadt ihr Gepräge. Und nicht nur sie bauten Palais und Landsitze. Auch reich gewordene Söldnerführer, in die Heimat zurückgekehrt, taten es den Gesandten nach. Sie brachten aus den Ländern, deren Herren sie gedient hatten, Kunstverständnis und eine verfeinerte Kultur mit. Das spürt man auf Schritt und Tritt.

Bei beginnender Dunkelheit schienen die Gassen und Plätze der Innenstadt Zimmerfluchten und Säle eines vornehmen Hauses zu sein, und wie in einem solchen ging es gesittet zu. Die Solothurner promenierten noch zu später Stunde auf und ab oder saßen bei flackerndem Kerzenlicht beieinander, eng um Caféhaustische geschart. Ritter, Tod und Narrenkönig maßen ihnen vom Zeitglockenturm die Stunden zu, bis ein plötzlicher Gewitterguß alle heimscheuchte. Wir hörten es gerade elf Uhr schlagen.

Elf ist die magische Zahl dieser Stadt. Als elfter Kanton trat sie dem Bund der Eidgenossen bei. Sie zählt elf Kirchen und Kapellen in ihren Mauern, elf Türme und alte Brunnen. Über einem von ihnen hebt sich der Schimmel des hl. Georg zur Levade; auf einem anderen trägt ein silberner Bannerherr die Schweizer Fahne. Hat er seine schimmernde Rüstung aus dem hochgiebligen Zeughaus geholt, wo Harnische zu Hunderten nebeneinander aufgereiht stehen?

Dreimal elf Stufen führen auf der großen Freitreppe, am Rauschen zweier Brunnen vorbei, zur Fassade der St. Ursen-Kathedrale empor. Elf Altäre stehen im Inneren dieses Bauwerks, dessen kühle Pracht uns Jura-Fahrer fast erschreckte. Wir waren solche Ausmaße nicht mehr gewohnt. Elf Glocken hängen hinter den Schallöchern im hochragenden Turm.

In den unruhigen Träumen meiner letzten Reisenacht tauchten Schildkröten auf, jenes Getier, das einst in den Tiefen des jurassischen Meeres schwamm und sich, versteinert, bei Solothurn in den Kalkfeldern fand.

Am nächsten Morgen waren die Gassen vom Regen sauber gewaschen und glänzten in der Sonne. Die Schirme unter meinen Fenstern gehörten Obst- und Gemüseständen an. Es war Mittwoch, Markttag. Die Fassade von St. Ursen, nachts goldfarben im Scheinwerferlicht, leuchtete jetzt hell – wie die Treppenlandschaft zu ihren Füßen, wie die steinernen Schalen der beiden Brunnen, aus denen das Wasser in Fontänen aufsteigt. Darüber ein zartblau gespannter Himmel, silbriges Licht. Ich konnte mich kaum trennen von diesem Anblick, der den Betrachter in den Süden versetzt, nach Italien.

Aber wir mußten weiter, hinauf zum Weissenstein. Im Rücken von Solothurn wölbt sich der Jura noch einmal gewaltig auf, in mehreren Wellen. Keine andere Straße bisher war so steil wie diese zum Gipfel und zum ›Kurhaus‹ dort oben. Die meisten Besucher nehmen den Sessellift, gehen die wenigen Schritte hinüber zur Aussichtsterrasse.

Über dem dicht besiedelten, von der Aare durchflossenen, an diesem Tage blau verschleierten Mittelland stand die Reihe der Alpengipfel und ihrer Gletscher, als seien sie einem anderen Stern zugehörig.

Jenseits des Weissensteins fällt die Straße wiederum leitersteil ins nächste Tal, nach Gänsbrunnen und Welschenrohr.

Weiter nördlich, an einem Höhenweg Richtung Delémont – und damit schließt sich der Kreis unserer Entdekkungsfahrten – liegt eine unscheinbare, fast unbekannte und nur auf Spezialkarten vermerkte Erhebung, über die sich eine niedere helle Mauer aus lose gefügten Feldsteinen hinzieht. Der Ort heißt Welschgätterli. Welch ein Name! Eine Sprachengrenze mitten im Land.

Noch sind wir auf dieser Anhöhe in der Jurakette. Aber sie beginnt sich abzuflachen, senkt sich mit lieblichen Landschaften zum Rhein hin, weist mit den hellen Felsbändern des Lägern noch einmal ihr Gestein. Ihre Dramatik hat sie verloren; sie ist harmlos geworden.

Ich kehre dem Welschgätterli betrübten Herzens den Rücken zu und nehme damit Abschied von meinem Jura und von meinen Lesern.

Solothurn: Die St. Ursen-Kathedrale wurde 1762-73 im italienischen Barockstil nach Plänen von Gaetano Matteo Pisoni aus Ascona erbaut.
Domschatz im Untergeschoß des Turmes, u. a. mit dem ›Hornbacher Sakramentar‹, einer Reichenauer Handschrift, um die Jahrtausendwende entstanden.
Nahebei die Jesuitenkirche (1680-88) mit bedeutenden Stukkaturen.

Das Alte Zeughaus mit Rüstkammer (Museum) stammt vom Anfang des 17. Jahrhunderts.
Rathaus mit Renaissance-Portal von 1623/24.
Der Zeitglockenturm am Marktplatz soll das älteste Gebäude der Stadt sein. Berühmtes astronomisches Uhrwerk (16. Jahrhundert). Zyklopische Rundtürme der ehemaligen Befestigungen (Baseltor).
Kunstmuseum mit bedeutenden Exponaten. Im Naturmuseum die versteinerten Schildkröten.
Zum regen kulturellen Leben von Solothurn gehören das Stadttheater mit eigenem Ensemble, zahlreiche Galerien und die jährlich stattfindenden Filmtage und Literaturtage.
In der Verena-Schlucht nahe der Stadt lebt ein Einsiedler im Wald und erinnert damit an die frühchristliche Zeit der Juraberge.

Ein Nachwort für Sportliche: Randonnée

Wir haben ein solches Wort nicht. *Randonnée,* das kann ein großer Ausflug sein oder ein langer Marsch. Zumeist ist's eine Unternehmung, die sich über mehrere Tage hinzieht. Im Wörterbuch finden sich noch als Übersetzung: Radtour, Ritt, Flug. Mir scheint, als sei dieser Ausdruck eigens für den Jura erfunden oder dort geboren worden.

An erster Stelle steht das Wandern. Schon von ferne locken die geradlinigen blauen Höhen, so nahe den Wolken. Schweizer und Franzosen wußten es längst, welche Möglichkeiten sich dort bieten. Die Wege sind markiert, die einschlägigen Führer geschrieben. Aber immer neue Vorschläge kommen: von Bahn und Post, von privater Seite; sogar große Bankhäuser bieten Routen an. Die schönsten heißen ›Chemins des Crêtes‹ und ziehen sich über die Höhen hin, unbeschadet der Grenze. Gelegentlich begegnet man Reitern, die ihre eigenen Pfade verfolgen, in den Franches Montagnes durch ein Hufeisen gekennzeichnet. Diese Reviere werden wohl immer der Höhepunkt einer Jura-Wanderung sein, über federnde Waldböden, vorbei an Riesenfichten, deren unterste Zweige, in Augenhöhe, grau geworden sind wie die Haare alter Männer. Auch nach schweren Regenfällen geht man hier trockenen Fußes; der Kalkboden unter einer dünnen Humusschicht hat alle Feuchtigkeit aufgesogen.

Ich habe noch nichts von den Hochwäldern der Forêt de la Joux gesagt, die sich östlich von Andelot-en-Montagne erstrecken und eine Fläche von zweieinhalbtausend Hektar bedecken. Weitere Wälder schließen sich an.

Wörtlich übersetzt würde Forêt de la Joux ›Wald des Waldes‹ heißen – und tatsächlich sollen mächtigere Bäume dieser Arten in Europa nur noch vereinzelt vorkommen. Zwischen ihnen kann man sich sogar mit dem Auto verirren. Im Gegensatz zu den Wetterfichten im hohen Jura, diesen herrischen Einzelgängern, gibt es in der Forêt de la Joux vor allem Tannen. Sie stehen, meine ich, ein wenig eng beieinander, es sind fast zu viele, und das mindert die Schönheit des einzelnen Baumes. Auch sind die Reviere gepflegt, mit Spiel- und Picknickplätzen versehen. *Aménagé* liest man in den Beschreibungen, das kann ›ordnungsgemäß verteilt‹ heißen und ist nicht jedermanns Sache. Dem jeweils höchsten aller Bäume gibt man den Ehrentitel ›Sapin Président‹. Der gegenwärtige soll beinahe fünfzig Meter hoch und 250 Jahre alt sein. In den endlosen Alleen und Wegen dieser Wälder würde ein Fußgänger wohl befürchten, nie sein Ziel zu erreichen. Das ist eher etwas für Radfahrer. Auf einer ›Route des Sapins‹ kann man auch mit dem Auto fünfzig Kilometer weit zwischen Bäumen fahren: von Champagnole aus in nördlicher Richtung bis Villers-sous-Chalamont.

Radeln im Jura: dem Lauf seiner Flüsse folgen, am linken Ufer des Doubs vielleicht, zwischen l'Isle-sur-le-Doubs und Laissey. Gelegentlich anhalten, ein altes Waschhaus bewundern oder ein Kruzifix; an einem Dorfbrunnen einen

Schluck trinken. Nicht immer kann man in Sichtweite des Flusses bleiben; manchmal geht der Weg am Rhein-Rhone-Kanal entlang, oder man muß in die Höhe hinauf. – Auch an der unteren Loue ist es noch schön, nicht nur auf ihren glanzvollen Strecken um Ornans. Etwa vom freundlichen Port-Lesney an, wo man in der Abendkühle an der Schleuse sitzt und sich ausruht. Dann geht der Weg zwischen Pappelreihen, die beide Ufer säumen. Eine alte Mühle spiegelt sich im Wasser. Am Ende der Fahrt taucht zur Rechten, jenseits einer Allee, Arc-et-Senans auf, wie aus einer anderen Welt stammend.

Mit dem ›mountain bike‹, dem stabilen Bergrad mit den vielen Gängen, einer amerikanischen Erfindung, tat sich in den letzten Jahren auch für den Jura-Radler eine neue Dimension auf.

Randonnée: An der alten Brücke von Saint-Ursanne, der mit dem hl. Nepomuk, versammeln sich einmal im Jahr, im Sommer, Kajak- und Kanufahrer. Sie haben einen langen Weg vor sich, dem Lauf des Doubs folgend, über Besançon hinaus ins Flachland, bis sie die Saône erreichen und auf ihr in südlicher Richtung weiterfahren – von der Saône in die Rhone und durch die Provence nach Avignon. Für diesen ›Marathon Fluvial‹ sind neun Tage vorgesehen. Zugelassen ist jeder, »der ein unsinkbares Boot mit einem Ruder oder einem Paddel bewegt«. Für die Teilnehmer gibt es keine Altersgrenze; an jedem Tag ist eine längere Strecke von etwa fünfzig Kilometern vorgesehen, und eine kürzere für die weniger Ehrgeizigen.

Die Jura-Prospekte bieten ›blaue, grüne und weiße‹ Sportmöglichkeiten für die Touristen an. Überall, wo im Sommer gewandert wird, trifft man im Winter die Langläufer. Aber das große Abenteuer heißt ›La Haute Route du Jura‹ und führt in einer Länge von etwa 260 Kilometern vom Weissenstein über die Gipfel zum Col de la Faucille, wiederum zu beiden Seiten der Grenze. Für diese Unternehmung braucht man etwa zwölf Tage, vor allem, weil Berghütten im Jura noch rar sind, und man zu den *gîtes d'éta-*

pes, den Herbergen und Nachtlagern, öfters talwärts fahren muß.

Alpiner Skilauf? Den möchte ich im Jura als eher gemütlich bezeichnen. Keine spektakulären Abfahrten – aber auch keine Lawinen. Am Tête de Ran oder in Métabief oder am Mont-Rond sind die Eltern mit ihren Kindern unterwegs, und Hektik ist ein unbekannter Begriff.

Randonnée: Ein Ballon gleitet über die Hügelketten im Wechsel aufsteigender und absinkender Luft. Er fliegt niedrig, denn es sind keine plötzlich ragenden Bergspitzen zu befürchten wie drüben in den Alpen. Eine solche Fahrt, über die grünen Wellen der Plateaus, die aufblitzenden geschlängelten Bänder der Flüsse, über Talkessel, Gehöfte und Weiler – das ist gewiß keine Sensation, aber eine Reise, die das Herz weit macht und das Gemüt heiter stimmt.

Noch einem anderen französischen Wort begegnet man häufig, wenn vom Jura die Rede ist: *espace*. Raum heißt das, kann auch Weltraum bedeuten; vor allem aber: unbegrenzte Weite.

Von den Drachenfliegern, die mit ihren Flügeln den Raum ausmessen, hörten wir schon. Die fordernden Weiten des Jura sind es, meine ich, diese scheinbare Grenzenlosigkeit trotz einer Grenze, die den Besucher immer aufs neue bewegen, seine Kräfte mit einer spröden und strengen Natur zu messen.

REGISTER

Abbildungsverweise in Kursiv

Für guten Rat und freundliche Hilfe zu beiden Seiten der Grenze dankt die Autorin Mme Yette Perrin, Neuchâtel; Mme Jœlle Mauerhan-Pontefract, Besançon; Mme Dr. Edouard Leuba, Fleurier; M. Maurice Ditisheim, La Chaux-de-Fonds; M. Gilbert Lovis, Rossemaison; M. und Mme Eric Marti, Saint-Blaise, und M. Jean-Claude Piroué, La Chaux-de-Fonds.

Alle Abbildungsvorlagen wurden eigens für dieses Buch gefertigt. Sie entstanden auf Reisen mit der Autorin: die Aquarelle von Eugen Sporer, die Farb- und Schwarzweißaufnahmen von Werner Neumeister und Astrid Fischer (Farbtafeln 5, 20, 21), von der auch die Kartographie stammt.